10
18

12, AVENUE D'ITALIE. PARIS XIIIe

Sur l'auteur

Américaine de 34 ans, Koren Zailckas est l'auteure de deux mémoires salués par la critique outre-Atlantique, *Smashed* et *Fury*, dans lesquels elle abordait son addiction de jeunesse à l'alcool, son rapport à l'autodestruction et le long chemin entrepris pour en sortir. *Notre mère* est son premier roman publié en France. Elle vit avec son mari et leurs enfants dans les Catskills Mountains.

KOREN ZAILCKAS

NOTRE MÈRE

Traduit de l'anglais (États-Unis)
par Samuel Sfez

10/18

BELFOND

Ce livre est une œuvre de fiction. Les noms, les personnages, les lieux et les événements sont le fruit de l'imagination de l'auteur ou utilisés fictivement. Toute ressemblance avec des personnes réelles, vivantes ou mortes, des événements ou des lieux serait pure coïncidence.

Titre original :
Mother, mother
publié par Crown Publishers, une marque de Crown Publishing Group, une division de Random House, Inc., New York

ISBN 978-2-264-06674-9

« Une famille est une tyrannie dirigée
par son membre le plus faible. »

George Bernard SHAW

« À travers la brume impossible d'apercevoir
les yeux luisants
les griffes avides
la gueule

à travers la brume
on ne voit que
le clignement du néant [...]

sans ce poids étouffant
et la mort qu'il répand
on pourrait le prendre pour
une hallucination
une maladie de l'imagination

mais il existe
il existe sûrement »

Zbigniew HERBERT,
« Le monstre de M. Cogito[1]. »

1. Traduit du polonais par Brigitte Gauthier dans Z. Herbert, *Monsieur Cogito*, Bruit du temps, Paris, 2012, p. 361-363. (*N.d.T.*)

WILLIAM HURST

Le visage de sa mère fut la première chose que vit William Hurst quand il se réveilla de ses rêves pas si beaux. Josephine lui souriait, ses yeux bleus embués, le soleil jouant à travers ses cheveux comme ceux du petit Jésus dans sa *Bible illustrée*.

Ce samedi-là, *mère* était à la fois un nom et un verbe.

Derrière elle, au pied du lit de Will, se trouvait l'aquarium de grenouilles qu'il avait réclamé tout l'été. Il y avait un petit bassin pour les têtards et un rebord rocailleux où les batraciens pouvaient somnoler sous une canopée de trèfles en plastique.

Will savait qu'il aurait dû être tout excité. Elle était là, à attendre qu'il bondisse de joie (il n'oserait jamais sauter sur son lit), mais quelque chose ne tournait pas rond. Le timing ne collait pas.

« C'est mon anniversaire ? J'ai fait quelque chose pour mériter une récompense spéciale ?

— Non, répondit Josephine. Ce n'est pas ton anniversaire. Et toi, mon chéri, tu es ma plus belle récompense. »

Elle tendit la main vers son visage, comme si elle voulait gentiment pincer son menton bandé ou replacer derrière son oreille une mèche de ses cheveux trop longs. Mais le téléphone sonna et sa main fraîchement hydratée resta suspendue en l'air. Elle s'éloigna dans un bruissement de pantoufles pour répondre, laissant échapper de ses cheveux un bigoudi qui vint s'attacher à la moquette comme du velcro.

La maison des Hurst aurait dû être calme maintenant que Violet, la sœur de Will âgée de seize ans, en avait été bannie. Mais, étrangement, elle était plus bruyante. Même après que sa mère eut raccroché son téléphone portable, sa voix resta nerveuse, ses gestes brusques. Il descendit après elle à la cuisine, où la radio était déjà allumée sur WRHV. Les portes des placards claquèrent. Les couverts valsèrent quand elle referma le tiroir.

L'odeur d'œuf pourri de la douche matinale de son père arriva par l'escalier. L'eau du puits était sulfureuse. Violet aimait répéter que l'enfer sentait le soufre. Comme tous les endroits infestés par des démons. Si Will en croyait sa mère – et il n'avait aucune raison de ne pas la croire –, les démons étaient des rebelles comme Violet. Ils tombaient en disgrâce le jour où ils plantaient leur regard dans les doux yeux du Seigneur et lui annonçaient qu'ils n'avaient plus besoin de lui.

Assise à la table de la cuisine, Josephine demanda :

« Un nom est-il un mot d'action, de description ou d'appellation ?

— Un mot descriptif », répondit Will entre deux bouchées de porridge.

Le sourire de Josephine – un beau croissant de lune penché – ne lui permit pas de savoir s'il avait bien répondu.

« Je vais reformuler ma question, dit-elle. Quel est le nom dans la phrase “Je sais toujours quoi faire” ?

— Quoi.

— J'ai dit “Je sais toujours quoi faire”.

— Non, maman, je ne te demandais pas de répéter. J'essayais de te dire que le nom est “quoi”.

— Ah. Je m'attendais à ce que tu dises “je”. Mais j'imagine que “quoi” est juste aussi dans ce cas. »

Le téléphone sans fil hurla sur son socle. Josephine décrocha et sortit de la cuisine.

« Non, je vous l'ai dit. J'ai un fils de douze ans qui a besoin d'une attention particulière. Elle est dangereuse pour lui. Je ne veux pas d'elle ici. »

Will souffrait de troubles du spectre autistique et d'une épilepsie comorbide. Cela lui avait toujours paru une bonne chose, parce que le mot *spectre* commençait comme *spectaculaire*. Mais sa famille avait secrètement honte de sa différence, en particulier Douglas, son père. Au magasin Cherries Deli, son regard s'attardait sur les jeunes joueurs de football américain qui mangeaient des glaces après leur match, Will en avait parfaitement conscience. Douglas rêvait sans doute d'un fils plus fort, plus sociable – un costaud au crâne rasé capable de se doucher ou de monter les escaliers tout seul sans crainte de crise.

Sa mère tentait de voir le côté positif de son état. Un jour, alors qu'il était d'humeur à s'apitoyer sur son sort, il avait pleurniché : « Je ne suis pas comme les gens normaux ! » Josephine l'avait consolé en lui disant : « Non, tu n'es pas comme eux. Dieu merci. Les gens normaux sont stupides et ennuyeux. »

Will avait reçu ce double diagnostic neuf mois plus tôt. Depuis, sa mère lui donnait des cours à la maison. Ancienne universitaire, elle était aussi douée que les ex-professeurs de Will. De plus, elle adaptait son programme. Elle était patiente avec lui en maths, où il lui fallait un temps infini pour comprendre les racines carrées, et elle ne lui laissait aucun répit dans les matières littéraires, où elle était fière de son écriture et de ses talents de lecteur hors norme.

Pour sa part, Violet lui répétait souvent à quel point il avait de la chance d'être autiste. Elle étudiait le bouddhisme et, selon elle, il devait avoir été une personne exceptionnellement bonne dans une vie antérieure. Un saint, patient et dévoué. Dans cette vie-ci, ses bontés passées étaient récompensées par une sensibilité exceptionnelle. D'après Violet, il ressentait tout plus profondément et comprenait des choses qui échappaient aux autres, rapprochant ainsi son quotidien du nirvana.

Josephine n'appréciait pas l'intérêt de sa fille pour les religions orientales. Elle n'aimait pas le son du bol chantant tibétain, son encens boisé, son portrait de Geshla dans un cadre doré sur sa table de chevet.

Les Hurst étaient catholiques. Dès qu'elle voyait Violet assise en tailleur avec un chapelet mala, Josephine lui disait de poser son « faux rosaire ». En août, Violet s'était rasé les cheveux avec le rasoir électrique de leur père. Will se rappelait que celui-ci avait déboulé dans le salon, une longue mèche de cheveux entre les doigts.

« Violet ! avait-il crié. Qu'est-ce que ça signifie ?! »

Sans même détourner son crâne chauve de son DVD de méditation, elle avait répondu :

« La signification n'est que le rêve d'un esprit en proie à l'illusion, papa. Cesse d'essayer d'enfermer la réalité dans une forme verbale. »

Violet ne se laissait attirer dans la réalité de personne.

« Violet est imprévisible, aimait dire Josephine. Quand on pense l'avoir cernée, elle se transforme comme de la glace en eau. »

C'est à ce moment-là que les problèmes avaient commencé, avec l'une des transformations de Violet. Ses « changements de personnalité extrêmes » étaient l'une des raisons pour lesquelles Josephine avait passé les quarante dernières minutes au téléphone à chuchoter des mots comme « unité de crise », « engagement involontaire » et d'autres encore que Will ne put trouver dans son dictionnaire scolaire.

« Ta sœur est malade, lui avait expliqué sa mère quelques semaines plus tôt, après que Violet l'avait à nouveau fait fondre en larmes. Tu sais, parfois une partie de notre corps tombe malade. Par exemple quand on a mal au ventre ou à la gorge. Eh bien, Violet est malade dans la partie du cerveau qui contrôle ses sentiments. »

Will supposait que le cerveau de Violet était malade parce qu'elle avait cessé de manger. Enfin, pas complètement. Elle avait récemment cessé de boire quoi que ce soit à part du jus de grenade et du lait, et elle ne mangeait que du riz Uncle Ben's instantané avec un mélange odorant de haricots et de sucre.

À mesure que son corps s'amenuisait, les vêtements de sa sœur commençaient à ressembler à un déguisement. Elle portait de longs débardeurs, les chemises de Douglas et des pantalons à l'entrejambe bas qui la faisaient ressembler à l'un des quarante voleurs d'Ali Baba. D'après leur mère, Violet mettait un foulard parce que ses camarades se moquaient de sa tête rasée. Mais quand Will lui avait posé la question, Violet avait répondu qu'elle se couvrait la tête parce qu'elle faisait un *sallekhana*.

« C'est bouddhiste ? avait-il demandé.

— Non. C'est jaïniste. »

« Mais elle est suicidaire, disait à présent Josephine à la personne au bout du fil. J'ai fait des recherches et ce truc jaïniste ou je ne sais quoi, c'est un jeûne rituel jusqu'à la *mort.* »

Toujours en peignoir, Josephine était perchée sur un tabouret devant l'îlot de la cuisine. Les bigoudis restants avaient disparu de ses cheveux marron Bambi, mais elle était trop distraite pour penser à les peigner. Ses boucles tire-bouchonnaient sur son crâne à des angles improbables.

« L'apparence compte. » Voilà ce qu'elle avait toujours appris à Will. La voir ainsi négligée le perturbait plus que tout, ce qui dans son cas voulait dire beaucoup.

Il tournait autour du poêle, essayant de sentir les points de suture sous le pansement à son menton. Il ne cherchait pas à cacher qu'il écoutait sa mère.

« J'ai l'impression que vous me demandez de choisir entre mes enfants, dit Josephine à son mystérieux correspondant. J'aime ma fille plus que je ne saurais le dire, mais elle me terrifie. Elle a gravement blessé mon fils… Mh-mh. Oui. Je crains pour nos vies. »

Whumpa whumpa whump. On n'entendait que le bruit du stylo à bille de Josephine tandis que la personne à l'autre bout du fil parlait longuement.

« Je sais que nous ne sommes pas les seules victimes. Violet souffre de sa condition plus que quiconque… Mh-mh. Je suis d'accord. Nous avons essayé de lui fournir l'assistance médicale dont elle a besoin, mais elle se met en rage dès qu'on suggère l'idée. » Elle marqua une brève pause pour écouter. « Ça… » La voix de Josephine se brisa. Elle nota « *Retenue psychiatrique involontaire* » sur son carnet et l'encadra avec des étoiles. « Ça me fend le cœur.

Mais si vous me dites que c'est le meilleur moyen pour qu'elle se remette, j'imagine que je n'ai pas trop le choix. »

La poitrine de Will se serra de pitié et de détresse. Il avait autant envie de protéger sa mère que celle-ci voulait le préserver. C'était lui qui avait été blessé la veille au soir, mais c'était après leur mère que Violet en avait réellement.

Parmi toutes les folies qui avaient eu lieu la veille, il s'était vraiment senti menacé quand il avait vu le regard que Violet jetait à sa mère depuis l'autre bout de la table de la salle à manger. N'importe qui d'autre aurait pu la croire docile et suicidaire, mais lui connaissait la vérité : Violet pensait incarner la supériorité de l'inné sur l'acquis. Elle n'avait pas besoin des soins attentionnés de Josephine.

Il traversa la cuisine et passa un bras protecteur autour de la taille de sa mère.

Josephine cacha le récepteur avec sa main et murmura :

« Ne t'inquiète pas, mon chéri. Tu es en sécurité maintenant. Je te le promets. Je ne la laisserai plus jamais te faire du mal. »

VIOLET HURST

Lors de sa première soirée aux urgences psychiatriques, Violet se retrouva recroquevillée sur un brancard dans un couloir qui sentait un mélange de cheveux sales et de désinfectant. Son cerveau était encore en surchauffe, un peu comme un moteur qu'on éteint après qu'il s'est emballé, mais grâce au charbon actif qu'elle avait bu, elle avait l'impression d'être un peu plus cohérente, l'Univers ne lui apparaissait plus comme une boucle temporelle holographique.

Sur un autre brancard en face d'elle se trouvait une lourde femme hawaïenne. Assise bien droite, elle clignait vivement des yeux.

« Je sens une question, dit la femme. Est-ce que c'est bien d'être moi ? »

Violet s'inquiéta d'abord pour l'intimité de la femme. De toute évidence, la patiente priait à voix haute ou discutait avec une personne qu'elle seule pouvait entendre. Violet s'efforça de ne pas la regarder, se contentant de fixer les pantoufles en mousse qu'elle avait reçues lorsqu'elle était arrivée pieds nus.

Au même moment la semaine précédente, Violet s'inscrivait pour passer son test d'admission à l'université. Elle écrivait une dissertation et se demandait si elle irait au bal d'Halloween. Tout cela semblait appartenir à une autre vie. Moins de trois heures plus tôt, elle s'était réincarnée en patiente d'un service psychiatrique. Elle avait franchi trois portes verrouillées et un détecteur de métaux, uriné dans plusieurs flacons, après quoi on lui avait prélevé du sang dans les deux bras. Ses vêtements avaient été remplacés par un pyjama qui refusait de s'attacher à la taille.

La femme hawaïenne poursuivait sa sinistre litanie :

« Pourquoi ne puis-je pas être moi-même ? Suis-je donc si difficile à aimer ?

— C'est de toi qu'elle parle, tu sais ? »

La phrase avait été prononcée par le jeune Portoricain sur le brancard à la droite de Violet. Il était allongé sur le ventre, un tabloïd posé entre ses coudes. Apparemment, il était occupé à en déchirer méthodiquement les pages puis à les rassembler pour créer de grotesques monstres de Frankenstein, associant la bouche d'Angelina Jolie avec le menton de John Travolta et le nez de Simon Cowell.

« Moi ? » demanda bêtement Violet.

Ils n'étaient que trois dans le couloir, à part le flot constant de brancardiers et d'infirmières.

« Elle prétend que c'est une intuitive, dit l'homme.

— Oh. »

Elle ignorait ce que cela signifiait, mais préféra ne pas l'avouer.

« Oahu, elle a le don. Elle est possédée par les gens qui l'entourent. Elle perçoit ce qu'on ressent, tu vois ? Genre *L'Invasion des profanateurs de sépultures*. »

Soudain accusatrice, la femme cessa de s'agiter et se tourna vers Violet.

« Et toi, qui te contrôle ? »

Violet repensa à Oahu une demi-heure plus tard, quand l'infirmière des admissions lui demanda :

« Est-ce que tu entends des voix ? Tu vois des choses que les autres ne perçoivent pas ? »

Tandis que la femme la mitraillait de questions, Violet pleurait convulsivement, tirant un mouchoir après l'autre de la boîte placée entre ses genoux.

« Est-ce que tu as déjà eu des problèmes mentaux ? demanda l'infirmière. Tu connais ton diagnostic ?

— Non, répondit Violet. Ni l'un ni l'autre.

— Est-ce que tu consommes des drogues ou des médicaments ?

— Non. » Elle marqua une pause. « Enfin, aujourd'hui, après les cours, j'ai mangé des graines que m'a données un ami. Des fleurs. Des belles-de-jour, je crois. »

D'après le forum sur les drogues qu'elle et sa meilleure amie Imogene Field avaient consulté sur Internet, le LSA que contenaient les graines était une version plus douce et légale du LSD. Le LSA était censé provoquer l'euphorie, des visions arc-en-ciel, et ce qu'un usager décrivait comme « un agréable état de défonce générale ». Mais ce qui avait commencé comme un divertissement avec ses amis avait tourné au désastre quand elle était rentrée à la maison pour le dîner. Ensuite, chaque seconde avait été une sorte de cannibalisme mental. Étrange, mais c'était exactement ce qu'elle avait ressenti : comme si son cerveau avait avalé les deux tiers de lui-même.

« Combien de graines as-tu mangées ? Qu'est-ce que tu as ressenti ?

— Cinq, je crois. Plus l'eau dans laquelle elles avaient trempé. J'ai surtout eu la nausée. Et mes cuisses se sont contractées. Je crois que j'ai aussi rigolé, et plus tard j'ai un peu halluciné. Mais ensuite, ma famille s'en est prise à moi. » Violet laissa ses yeux se remplir de larmes et déborder. « À moins que ce soit moi qui aie pété un câble. »

Après l'école, Imogene et elle s'étaient rendues chez les Field, où Finch, le frère d'Imogene, et son meilleur ami Jasper leur avaient montré un pot rempli d'eau, de jus de citron et des restes des graines de belle-de-jour qu'ils avaient écrasées dans le moulin à café des Field. M. et Mme Field, qui préféraient qu'on les appelle Beryl et Rolf, étaient partis dans leur studio à Manhattan, où ils devaient rencontrer un nouvel oncologue.

Finch avait assuré à tout le monde que les graines étaient bio.

Imogene avait suggéré d'ajouter du gingembre, au cas où la décoction leur donnerait la nausée.

Jasper doutait que le mélange soit assez puissant. Ils avaient donc plongé quatre ou cinq graines dans chaque verre en guise de garniture.

Le goût était pire que mauvais. Violet avait trouvé que cela ressemblait à des graminées. Pour Jasper, c'était plutôt comme un chocolat chaud très dilué. Au début, ça n'avait pas fonctionné.

« Que s'est-il passé quand tu as "pété un câble" avec ta famille ? demanda l'infirmière.

— Je regardais ma mère, et c'était quelqu'un d'autre. Mais c'est comme si elle avait *toujours* été quelqu'un d'autre. Comme si à la fin de la journée, quand personne ne la voit, elle retirait sa combinaison de chair. Je sais que l'acide distord les choses, mais l'analogie tient la route. »

Violet se frotta les yeux. Ses orbites lui faisaient mal.

« Comment s'entend ta famille, en général ?

— Mal.

— Revenons à ce qui s'est passé hier soir. Je sais que tu es secouée, mais c'est important. Tu peux m'en dire plus sur l'agression ? »

Le mot *agression* lui causa un choc, comme si on lui donnait un coup de pied dans l'estomac, comme si on l'abandonnait. Elle avait une terreur mortelle de sa mère. Elle se sentait coupable envers Will. Elle craignait d'avoir dit quelque chose qu'elle ne pourrait pas retirer, commis un crime qui lui vaudrait de porter le pyjama orange de prisonnier. La moindre tentative pour se rappeler ce qui s'était passé semblait la menacer physiquement.

« Tu as déjà essayé de te suicider ? demanda l'infirmière.

— Je pense. Techniquement, oui. » Violet tenta néanmoins d'expliquer que son jeûne jaïniste jusqu'à la mort n'était pas vraiment un suicide. « C'est une manière pacifique de renoncer à son corps. Un acte d'espoir. On ne renonce pas à la vie, on passe juste à l'étape suivante. »

Cela avait du sens pour Violet, mais l'infirmière ne paraissait pas convaincue.

« Est-ce que tu te considères comme anorexique ?

— Pas vraiment. C'est plutôt une désintoxication qui est allée trop loin. J'avais juste envie de me sentir purifiée, comme si tout le venin avait été aspiré. »

Le *sallekhana* se fait progressivement. D'abord, on jeûne un jour par semaine. Après on ne mange qu'un jour sur deux. Enfin, on abandonne les aliments un par un : d'abord les fruits, puis les légumes, puis le riz et le jus. Ensuite, on ne boit plus que de l'eau. Après on n'en boit qu'un jour sur deux. Lors de la dernière étape, on arrête également l'eau, on efface son mauvais karma et on prie pour ne pas se réincarner dans un nouveau cauchemar.

Violet regarda ses mains. C'était un tic récent. Au bout d'un mois de jeûne, ses mains étaient devenues froides, ses ongles avaient commencé à bleuir. Depuis, elle les cachait sous d'épaisses couches de Night Sky, un vernis bleu brillant censé rappeler un ciel nocturne.

Entre les murs de parpaings de l'hôpital, il était impossible de savoir si on était le jour ou la nuit.

« Il est quelle heure ? demanda Violet.

— Dix heures du soir. Je vais te poser à nouveau la question : as-tu attaqué ton frère avec un couteau ?

— Je ne me rappelle pas. Tout le monde me le demande sans arrêt. Quand vont-ils arrêter ? Comme toujours, je ne sais pas.

— Tu penses avoir besoin d'être admise à l'hôpital ? »

Les bras de Violet s'engourdirent. Une vieille peur d'enfance – la claustrophobie – s'empara d'elle.

« Je vous en prie, ne me faites pas rester, murmura-t-elle.

— Je sais que tu as peur. Quand les gens arrivent ici, l'idée de l'hôpital est effrayante. Mais tu traverses une période difficile, et ici les gens sont formés pour affronter les difficultés. Tu fais un voyage. Tu es dans le noir, mais la lumière reviendra. Pour l'instant, je pense qu'il faut te donner un lit et un cachet pour dormir.

— J'ai peur de rentrer chez moi, avoua Violet. Mais je ne veux pas rester ici.

— Je sais, ma chérie. Mais d'après tes parents, tu as dit et fait des choses qui font de toi une menace pour toi-même et pour les autres. Il faut qu'on te garde. »

Les murs du bureau parurent se resserrer. Violet jeta un regard désespéré au calendrier « nature » accroché au mur derrière l'épaule de l'infirmière. La photo d'octobre représentait une forêt de séquoias – le genre de paysage qui évoque le respect et la solitude.

« Pendant combien de temps ? demanda Violet.

— Les prochaines soixante-douze heures.

— Il y a autre chose que je ne vous ai pas dit. »

L'infirmière croisa les bras et attendit.

Violet poussa un profond soupir.

« J'ai vu ma sœur hier soir. »

WILLIAM HURST

D'habitude, ils ne faisaient pas cours le samedi, mais ils avaient pris du retard dans la préparation de Will pour l'examen de maths de Regent. Aux élèves handicapés, l'État ne demandait qu'un score de cinquante-cinq pour cent, mais pour Will comme pour sa mère, il était important qu'il obtienne au moins soixante-quinze. C'était la note qui permettait d'accéder à l'université, l'objectif de Josephine étant qu'il obtienne son bac en avance et s'inscrive à Columbia d'ici à quatre ans.

« Ce n'est pas la peine de trop en faire aujourd'hui, dit Josephine. Mais un peu d'histoire nous fera oublier les incidents d'hier soir. Ensuite, je dois passer à l'hôpital de Violet et signer des papiers. Ça te va ? »

Will hocha la tête. Il rajusta sa barbe postiche sur son bleu au menton et plaça le bandeau à cheveux noir de sa sœur autour de son cou en guise de cravate.

Depuis l'automne dernier et la controverse à l'école élémentaire de Stone Ridge, Will en était venu à considérer la table du petit déjeuner comme sa nouvelle école. Bien sûr, il avait dû un peu s'adapter. Disparues, les sensations familières de l'apprentissage : les copeaux de crayon, l'odeur du quatre-heures, le crissement de la craie sur le tableau.

Certaines choses lui manquaient encore : la récréation, la foire aux livres, les jeux du pendu avec les remplaçants paresseux. Quand il avait avoué à sa mère que les tâches hebdomadaires comme « effacer le tableau » ou « être responsable des calculatrices » lui manquaient, elle l'avait chargé de maintenir ses orchidées à humidité constante. Quand il avait appris que ses anciens camarades de classe iraient voir *Othello* au cinéma de Rosendale, Josephine avait, selon ses propres termes, « fait mieux ». Elle avait emmené Will jusqu'à Manhattan pour voir les choses en vrai, au Met. Elle lui avait même acheté un blazer neuf à boutons de cuivre pour l'occasion.

Et quand Will avait compris qu'il ne jouerait plus jamais dans le spectacle de l'école, sa mère avait eu l'idée de lui faire organiser seul une représentation d'« Annabel Lee » d'Edgar Poe. Il avait récité le texte dans le séjour solennel des Hurst, face à un public composé de femmes sirotant du Perrier, principalement des amies de Josephine et ses partenaires de golf du Rondout Country Club. Les vers s'étaient insinués dans sa mémoire, et des mois plus tard Will se murmurait encore :

Les anges, pas à moitié si heureux aux cieux,
vinrent, nous enviant, elle et moi –
Oui ! ce fut la raison (comme tous les hommes le savent
dans ce royaume près de la mer)
pourquoi le vent sortit du nuage la nuit,
glaçant et tuant mon Annabel Lee.

« Où est le thé ? » demanda Will à sa mère.

Les cours d'histoire commençaient généralement par un jeu intitulé « le thé à la Maison-Blanche ».

Tous deux incarnaient un personnage historique célèbre et ensemble, ils parlaient de comment ils avaient grandi, comment ils étaient morts et de ce qui les avait rendus célèbres. Ils buvaient le plus souvent du thé glacé dans un lourd pichet de cristal.

« Pas de thé aujourd'hui, lâcha Josephine d'un ton irrité. Fais comme si.

— D'accord. » Will se leva de la table, s'étirant pour tenter d'atteindre un mètre quatre-vingt-cinq. « J'ai grandi dans une cabane en bois dans le Kentucky… »

Il s'interrompit et demanda à sa mère pourquoi elle n'était pas en costume. Elle devait s'habiller comme Florence Nightingale.

Josephine ne parut pas entendre sa question. Elle fixait une tache de condensation sur la vitre.

Will insista pour monter chercher un napperon en dentelle dans la chambre de ses parents afin que Josephine le mette sur la tête.

En poussant la porte, il découvrit son père assis sur le lit, simplement vêtu d'une serviette, son téléphone portable collé contre l'oreille. Sa voix suppliante était inhabituelle, totalement différente du ton autoritaire qu'il avait employé pour convaincre Will de s'inscrire aux scouts.

« J'ai fait une erreur, disait Douglas. Il faut que je te voie. Quand je suis dans une situation comme celle-là, je ne vois plus la lumière. Tu m'entends ? Putain, je ne vois plus de lumière ! »

À la fin de la tirade de son père, la poignée de la porte heurta bruyamment le placard.

Douglas sursauta. Il avait retiré ses lunettes sans monture, ses yeux étaient gonflés de larmes.

« Pardon, papa », dit Will en saisissant le napperon sur la boîte à bijoux en acajou de sa mère. Il referma la porte derrière lui.

« Tu sais que papa est au téléphone ? demanda Will à sa mère quand il retourna à la cuisine.

— Et alors ?

— Alors on aurait dit une drôle de conversation, c'est tout. »

Les bras croisés et les sourcils froncés de Josephine rendaient Will nerveux.

« Comment ça, *drôle* ? »

Will se tritura les méninges pour trouver le bon mot. Il lui fallait quelque chose de précis, mais qui ne heurte pas la sensibilité de sa mère. Elle accordait une grande importance aux mots, alors lui aussi. Il passait beaucoup de temps le nez dans le dictionnaire. Il remplissait des carnets de mots longs et inhabituels susceptibles de l'impressionner (*rastaquouère : un étranger tape-à-l'œil ; abscons : difficile à comprendre*).

« Pas drôle genre ha-ha, répondit-il. Plutôt étrange. Peut-être que Violet l'a appelé.

— Oh, Will ! Tu es encore très inquiet pour Violet, hein ? Je te l'ai dit, elle ne peut plus te faire de mal là où elle est. Ils ne la laisseront appeler personne avant un bon moment. Maintenant, reprenons le thé à la Maison-Blanche. Vous me parliez de vous, monsieur Lincoln ? »

Redevenu Abraham, Will passa directement à la partie que sa mère aimerait le mieux.

« Quand j'avais neuf ans, ma mère a bu du lait tourné et elle est morte intoxiquée, répondit-il. J'avais l'habitude de dire : “Tout ce que je suis, tout ce que je peux espérer être, je le dois à cet ange qu'est ma mère.” »

Les yeux de Josephine s'embuèrent. Elle eut un petit sourire et effleura l'attelle qu'on avait posée sur la main de Will la veille aux urgences. Puis elle se pencha pour embrasser le pansement sur son menton. Étrangement, les points de suture lui firent moins mal.

Will décida d'ignorer certains détails pendant le thé du matin. Il ne parla pas de la grande sœur d'Abraham Lincoln, qui l'avait élevé après la mort de sa mère. Il omit également son petit frère Thomas, mort au berceau. Personne n'aime parler de bébés morts. Et sa mère n'aimait certainement pas parler de grandes sœurs.

La honte et la méfiance flottaient autour de Josephine telles les émanations d'un putois dès que quelqu'un mentionnait Rose, la sœur aînée de Will. La plupart des habitants de la ville n'auraient pas effleuré le sujet avec un bâton de trois mètres, sachant pertinemment la douleur qu'il causait aux Hurst. Cependant, de temps à autre, l'une des vieilles femmes bien intentionnées mais à moitié folles de l'église Saint-Peter demandait si Rose jouerait dans la dernière représentation du centre théâtral d'Ulster. Josephine répondait généralement par une formule polie et évasive du genre « On n'aura pas cette chance » et se hâtait de vanter les mérites de l'actrice principale. Mais Will savait qu'elle aurait voulu que le reste de Stone Ridge s'en tienne au programme et oublie Rose au moins aussi vite que cette dernière les avait oubliés.

Un peu plus d'un an auparavant, Rose s'était enfuie avec son petit ami, reniant les Hurst. « Laisse-la un peu respirer », avait dit Violet quand Josephine leur avait raconté les détails haineux du dernier appel de Rose. « Tu parles d'elle comme si elle était bien plus jeune que son âge. Elle a vingt ans ! Quand on est adulte, “s’enfuir de la maison”, ça s’appelle “déménager”. »

Rose était tellement égoïste ou lâche (ou les deux) qu’elle ne leur avait même pas annoncé qu’elle s’en allait. Les parents de Will avaient signalé sa disparition vingt-quatre heures après qu’elle n’était pas rentrée de ses cours à l’université de New Paltz. Il s’était écoulé une semaine avant que Rose prenne la peine d’appeler sa mère, tandis qu’ils avaient compté les heures, sachant que chacune réduisait les chances que la police la retrouve en vie. Josephine avait organisé des battues le long du ruisseau. Douglas avait créé un groupe Facebook « Retrouvons Rose Hurst ». Will avait aidé sa mère à coller des affiches dans les vitrines des magasins de la ville. On y voyait le visage angélique de Rose, sous lequel était imprimée la question suppliante : « Avez-vous vu cette fille ? »

La description disait :

Cheveux : châtains

Yeux : bleu-gris

La dernière fois qu’elle a été vue, elle portait un jean, un pull couleur pêche et une doudoune blanche bordée de fourrure.

Autres signes distinctifs : un grain de beauté sous l’œil droit et une marque de naissance de la taille d’une pièce derrière l’oreille gauche.

Sur le moment, Will s’était dit que sa mère aurait dû donner une autre photo au Centre national des enfants disparus.

« Pourquoi ? avait demandé Josephine.

— Parce que Rose sourit, sur celle-ci, avait répondu Will. Personne ne pourra la reconnaître. »

À présent, où que soit Rose, elle était probablement heureuse, tandis que sa mère gardait les sourcils froncés sans qu'il puisse rien y faire.

À présent, le mot *monanthe* paraissait s'appliquer. Cela signifiait n'avoir qu'une seule fleur. C'est tout ce qui restait aux Hurst. Une Violet. Plus de Rose.

Avec sa raie au milieu et son napperon sur la tête, Josephine était bien trop convaincante en Florence Nightingale. De ses yeux fatigués, abattus, elle lisait les mots censés prouver le trouble bipolaire de l'infirmière. Il s'agissait d'une lettre ouverte à Dieu, dans laquelle elle lui demandait pourquoi elle ne parvenait pas à être heureuse malgré tous ses efforts. « Pourquoi ne puis-je me satisfaire de la vie qui satisfait tant de gens ? coassait Josephine. Pourquoi y suis-je affamée, désespérée et malade ? »

La véritable réponse, que Will n'osa pas donner, était « Rose ». Avant que Rose ne s'enfuie, Douglas n'avait pas des horaires étranges. Personne ne s'en prenait à Will. Violet n'était pas aussi folle et aigrie. Rose avait laissé un vide dans la famille, et chaque jour elle semblait leur retirer quelque chose de plus. Le fossé entre leur situation actuelle et ce qu'ils avaient été semblait se creuser de jour en jour. C'était surtout cette différence qui faisait souffrir Josephine, Will le savait. Rose avait transformé la famille parfaite de leur mère en une parfaite épave, et il ne pouvait s'empêcher de penser qu'elle ne s'arrêterait pas là.

VIOLET HURST

L'infirmière conduisit Violet dans une pièce austère pourvue de grilles aux fenêtres, d'armoires en métal, avec une autre patiente qui dormait sur le dos tel un cadavre, faisant ressembler son lit à une table d'autopsie.

Violet venait d'avaler un somnifère rose et de poser la tête sur le matelas quand une torche éclaira son visage encore embué de larmes. « OK », fit l'infirmière dont la silhouette se découpait dans l'embrasure de la porte. Lorsque cela se reproduisit un quart d'heure plus tard, Violet comprit qu'elle se trouvait dans un service antisuicide comme celui décrit dans *Une vie volée*.

Pour la première fois, elle se demanda si elle était vraiment folle, pas seulement affamée et défoncée. Peut-être que les graines de belle-de-jour avaient fait ressortir une sorte de schizophrénie latente. Quand elles prenaient de l'acide, certaines personnes – dont elle-même ? – quittaient la réalité et n'y revenaient jamais tout à fait. Était-ce pour cela qu'elle n'avait aucun souvenir de ce qu'elle avait fait à Will ? Elle avait parfois du mal à se rappeler tous les détails d'un trip à l'acide, mais il ne lui était jamais arrivé d'oublier entièrement un souvenir. Le LSD ne provoquait pas de trous noirs. La schizophrénie ou une autre pathologie, peut-être.

Bien sûr, apercevoir Rose dans l'entrée avait pu être une hallucination. Une illusion d'optique, un tour joué par son esprit drogué et possiblement troublé. Avant d'avaler les graines de belle-de-jour, Violet était déjà mal nourrie, fatiguée. Plus elle maigrissait, plus la position allongée ou assise lui faisait mal. Elle passait donc le plus clair de ses nuits à méditer en marchant, à tourner en rond dans sa chambre pour tenter de pardonner à Rose. Privée de sommeil, elle subissait certaines distorsions. Les couleurs semblaient plus vives. Elle parvenait mal à contrôler ses pensées pleines de colère, revenant sans cesse à celle des Hurst qui était partie.

Au cours des quelques mois avant que Rose ne quitte la scène, Violet avait observé sa sœur de près. Elle avait vu Rose dire non aux drogues, non aux garçons, non à non, et elle s'était dit : *Et si je faisais exactement l'inverse ? À quoi bon être sage si Rose est quand même malheureuse ?* Bien que les filles Hurst n'aient jamais été proches, leur mère leur avait rendu la vie pareillement difficile. Pour Violet, Rose était partie car c'était la seule solution à un problème qui durait depuis longtemps. Et le problème était le suivant : Josephine avait clairement affirmé qu'aucun homme, femme ou enfant ne devait être plus important pour Rose que sa famille. C'est pour cette raison que Rose sortait rarement avec des garçons. C'est pour cette raison qu'elle était aussi renfermée. C'est pour cette raison que Rose s'était enfuie avec un inconnu nommé Damien. Comme dans *La Malédiction*. Comme le fils du diable.

Mais personne ne surgirait pour aider Violet à mener une vie indépendante. Elle devait traverser chaque journée dans cette maison sous contrôle comme on se fraie un chemin à la machette dans une jungle qui repousse plus épaisse et plus épineuse chaque nuit. C'était à cela qu'elle pensait dans la cuisine tandis qu'elle gesticulait avec le couteau de sa mère.

Le *couteau*. Elle s'en souvenait bien. Elle se rappelait combien la lame brillait sous son regard halluciné. La sensation de cette lame qui allait et venait sur la planche à découper. Le sentiment de puissance qu'elle avait éprouvé en brandissant la pointe effilée devant Josephine. Mais elle ne se rappelait absolument pas avoir exercé ses talents de découpeuse sur Will. Qu'avait-elle donc fait ? Émincé ses paumes comme une poitrine de poulet ? Saisi et amputé son pouce ? Pourquoi ?

Immobile dans son lit, elle essayait de découvrir pour quelle raison elle aurait fait du mal à son frère. Était-il intervenu en faveur de sa mère ? Avait-il dit quelque chose pour défendre Josephine qui avait énervé Violet ? Elle ne pouvait écarter la possibilité d'avoir blessé Will – ce drôle de petit béni-oui-oui – parce qu'elle l'enviait de s'attirer aussi facilement l'amour de leur mère.

Plus Violet s'attardait sur la question, plus elle se sentait étourdie.

Son souvenir le plus clair était une prémonition : le moment où elle avait réalisé à quel point sa défonce allait être désagréable.

Ils étaient assis à siroter leurs cocktails vert algue dans le confort oriental du salon des Field. Leur maison avait toujours donné à Violet une agréable sensation de défonce dès qu'elle en franchissait la porte. Des lanternes de verre coloré projetaient des arcs-en-ciel sur les ottomanes en cuir. Les plafonds étaient peints en bleu ou en safran vif. L'air sentait le cèdre. Josephine appelait les Field des « hippies de luxe ». Beryl et Rolf s'étaient rencontrés pendant leurs études à Bard College, et quand ils avaient découvert qu'ils attendaient des jumeaux, Rolf avait rasé sa moustache à la Fu Manchu et troqué sa vocation d'artiste naissante contre une carrière dans la finance.

Violet était encore parfois éblouie face à ses amis exotiques et blasés. Les cheveux teints de toutes les couleurs d'Imogene ressemblaient à un biscuit napolitain. Les lourdes boucles blondes de Finch retombaient sur ses lunettes d'écaille. Jasper portait une toque en peau de raton laveur et un T-shirt affichant une citation de l'artiste de rue Banksy : « *Beaucoup de parents feraient n'importe quoi pour leurs enfants, sauf les laisser être eux-mêmes.* » Comment se faisait-il qu'ils n'aient pas encore compris à quel point ils étaient trop cool pour elle ?

Une heure entière s'était écoulée sans que le moindre effet se fasse sentir. Sur son MacBook, Finch regardait des courts-métrages surréalistes du réalisateur tchèque Jan Švankmajer.

« Nique la botanique, avait lâché Jasper. Ces graines ne marchent pas.

— Peut-être qu'on aurait dû jeûner avant de les prendre », avait répondu Finch.

À ces mots, Violet avait vibré d'excitation, car elle avait jeûné en secret, pour des raisons qu'elle n'avait pas partagées avec ses amis.

Il s'était passé quelque chose tandis qu'elle se concentrait pour trouver le 40 horizontal (« jeune bœuf ») et que les garçons gloussaient devant *Viandes amoureuses*. À l'écran, deux tranches de bœuf se frottaient en gémissant sur une planche à découper enduite de farine.

« Ha ! s'était écrié Finch. Il l'a roulée dans la farine !

— Ça donne tout son sens à l'expression *s'en payer une bonne tranche* », avait lancé Jasper en riant.

La vue de ces steaks crus et luisants avait provoqué chez Violet un étrange picotement qui s'était répandu jusque dans ses jambes. Son estomac vide s'était contracté. Quand elle s'était levée pour aller à la salle de bains, elle avait senti la pièce sauter vers elle, comme si elle avait parcouru cinq pas au lieu d'un. Elle avait reculé, le même effet s'était reproduit à l'envers.

« Ça va ? avait demandé Finch.

— On dirait que Hurst s'est cognée contre un mur de défonce, avait commenté Jasper.

— Je viens avec toi, lui avait dit Imogene. Je ne me sens pas très bien non plus. »

Violet avait l'impression de tourner autour d'un axe incliné. Dans la salle de bains, elle avait soulevé le siège des toilettes pour vomir et avait vu un steak cru et sanglant au fond de la cuvette. Cette hallucination avait été immédiatement suivie par une autre, auditive. Elle avait entendu un rire perçant, puis la voix de sa mère qui lui murmurait à l'oreille : *C'est la chaîne alimentaire, Viola. Tais-toi et mange.*

À présent, elle se traînait sur le linoléum de l'hôpital (glacé) jusqu'à la salle de bains (sans verrou). À l'intérieur, elle fut accueillie par un miroir incassable de trente centimètres. L'image qu'il lui renvoya ressemblait plus à une Martienne qu'à une fille. Bien qu'elles ne soient plus les éclipses lunaires qu'elle avait vues chez Imogene, ses pupilles n'avaient pas encore retrouvé leur taille normale, sobre. Elle passa la paume de sa main sur les poils de hérisson qui couvraient sa tête, de la nuque jusqu'au front. Même dans une ville plutôt tolérante – les Hurst ne vivaient qu'à vingt kilomètres de Woodstock –, ses camarades trouvaient sa coupe et son jeûne un peu extrêmes.

Violet avait eu quelques prétendants en première année, quand elle avait une queue-de-cheval et non le crâne rasé. Troy Barnes lui avait fait un massage aux huiles essentielles la première fois qu'elle avait pris de l'ecstasy. Finch l'avait embrassée dans les grottes de Rosendale, après quoi il lui avait envoyé des messages hilarants pendant des semaines, du genre « *Tu as souillé mon âme. Je me sens enflé et honteux.* » Mais quand Violet s'était rasé la tête, la rumeur avait couru qu'elle était lesbienne et tous deux avaient fait machine arrière, ainsi que le reste de la population masculine. Finch voulait juste être ami avec elle. Troy l'appelait « Boule de billard », si jamais il parlait d'elle. Malgré les difficultés sociales que lui valait son fanatisme, elle ne pouvait s'empêcher de jeûner, méditer et lire des livres avec des fleurs de lotus ou des nuages sur la couverture. Après la fugue de Rose, Violet avait éprouvé le besoin de disparaître quelque part. La religion lui était apparue comme une échappatoire aussi valable qu'une autre, d'autant que celle-ci était commodément compatible avec les drogues psychédéliques.

Après le départ de sa sœur, Violet avait découvert qu'elle ne pouvait plus prier le dieu de leur mère – le tyran divin que celle-ci invoquait pour justifier ses actions, en particulier la manière dont elle avait traité Rose.

Violet avait toujours pressenti que Josephine n'était pas comme toutes les mères, mais au cours de la dernière année, elle était enfin parvenue à mettre le doigt sur les comportements étranges qui la rendaient différente. Rose partie, Josephine avait retiré Will et Violet de leur place au fond de l'étagère familiale. C'est alors que Violet avait compris à quel point sa mère considérait Rose comme sa poupée préférée : une personne qu'elle pouvait habiller, exhiber, manipuler. Violet avait toujours mieux résisté à ce genre de petit jeu : elle portait ce qu'elle voulait, tentait de dire ce qu'elle ressentait, et elle avait conscience des différences qui existaient entre elle et la femme gâtée, étouffante qu'elle appelait maman.

Bien qu'elle puisse maintenant compatir avec Rose, c'était l'une des raisons pour lesquelles les deux sœurs ne s'entendaient pas : Rose était capable de supporter les commentaires désobligeants de Josephine avec le sourire, pas Violet. Rose s'autocensurait même en l'absence de leur mère ; Violet, au contraire, avait développé un besoin presque pathologique de faire remarquer ce que le reste des Hurst voulait balayer sous le tapis, pour l'exhiber telle une tête au bout d'une pique.

Malheureusement, comme Violet l'avait rapidement découvert, le moindre succès de ses enfants ne faisait que renforcer les prétentions de Josephine à leur égard. Elle mettait toutes leurs réussites sur le compte de son patrimoine génétique exceptionnel. Les succès scolaires et sociaux étaient dus à une éducation attentive. Dans le cas contraire, si comme Violet vous deveniez un monstre et une renégate, que vous vous sabotiez au point qu'elle ne puisse plus tirer la couverture à elle, alors la matriarche vous donnait la responsabilité de ses propres défauts. Elle vous accusait de manipuler les gens (alors qu'elle-même le faisait). Elle disait que vous étiez revancharde (ce qu'elle était plus que n'importe qui). Ce petit jeu fonctionnait, car plus Josephine jouait les victimes, plus on avait envie de la persécuter. Plus elle vous disait que vous étiez en colère, plus ça vous énervait.

Malgré le flou qui régnait encore sur les détails, Violet savait que son éclat dans la cuisine n'avait été qu'une ultime tentative pour révéler la vérité sur sa mère à Will et Douglas. Jamais elle n'avait envisagé qu'ils puissent l'écouter jusqu'au bout et choisir de croire que Josephine n'était qu'une mère innocente qui préparait des sandwiches et embrassait les bobos. Bien sûr, la prestation de Violet avait peut-être joué en sa défaveur. Défoncée, ce n'était pas une grande oratrice. Il se pouvait que son discours n'ait consisté qu'en hurlements et en jurons incohérents.

Josephine devait être en train de sabrer le champagne pour fêter sa victoire. Elle avait poussé sa fille à attaquer son petit frère, prouvant ainsi qu'elle était invincible et que Violet souffrait de pauvremerdite incurable. Bravo Josephine. Elle avait gagné.

WILLIAM HURST

Le thé à la Maison-Blanche touchait à sa fin. C'était le moment du bouquet final de Will. Il commença par expliquer à Josephine que le 14 avril il était allé voir une pièce intitulée *Notre cousin d'Amérique*.

« Pendant l'entracte, mon garde du corps a quitté le théâtre pour se bourrer la gueule avec mon chauffeur.

— Comment connais-tu cette expression ?

— Quoi ? "Se bourrer la gueule" ? Je ne sais pas. Violet le dit. Ça signifie que tu as bu trop d'alcool et que tu tournes, mais sans bouger. »

Quand Josephine désapprouvait quelque chose, ses yeux se réduisaient à deux fentes, comme ceux des dinosaures en plastique de Will.

« Bref, pendant que mon chauffeur buvait de l'alcool, un acteur-espion m'a tiré une balle dans la nuque. Juste *ici*. »

Will s'effondra par terre. Tous les thés à la Maison-Blanche se terminaient ainsi : Will haletant, gémissant d'une douleur indescriptible, agrippant ses blessures et battant des paupières. Comme Rose avant lui, Will usait de ses talents d'acteur. D'habitude, il faisait rire sa mère sans problème. Mais cette fois-ci, Josephine n'esquissa pas un sourire, ne tenta pas de le surprendre à respirer dans sa tombe. Même si elle prétendait vouloir reprendre leur routine, elle était toujours accaparée par les événements de la veille. Elle avait beau avoir nettoyé le risotto renversé et le sang par terre, l'atmosphère de la cuisine conservait quelque chose d'inhabituel.

Will rouvrit les yeux, avec son air « j'essaie de ne pas trembler parce que je suis mort ».

« Qu'est-ce qu'il y a ? demanda-t-il. Je me suis trompé ?

— Non, c'était bien, répondit Josephine. Mais tu aurais pu insister davantage sur l'abolition de l'esclavage et le discours de Gettysburg. Le thé à la Maison-Blanche est une leçon pour l'école, tu te rappelles ? Pas un exercice de théâtre. On ne fait pas ça seulement pour s'amuser. »

Will était anéanti. Il laissa sa barbe tomber autour de son cou tel un collier poilu.

« Pardon, maman. Peut-être que je ne devrais pas mourir, la prochaine fois ?

— Ce n'est pas grave si tu meurs.

— Je ne suis pas obligé.

— William, je n'ai pas la force, aujourd'hui. Tu peux mourir, d'accord ? Ça ne me dérange pas. Mais n'en fais pas tout un plat. »

Le regard de sa mère glissa vers la fenêtre. Dehors, le facteur attendait dans son camion sans porte. Il avait un ventre de femme enceinte et portait un short en toute saison. Il laissait toujours la boîte aux lettres entrebâillée.

« Sur Internet, les gens disent que Lincoln prenait de la marijuana.

— De la marijuana ?

— Et qu'il était homosexuel, aussi.

— Oh, Will, ne sois pas ridicule. Je n'ai vraiment pas le temps pour ça aujourd'hui. Si on ne part pas maintenant, on va être en retard à l'hôpital. »

Ridicule. Un terme descriptif réservé aux gens et aux personnes qu'on n'avait pas besoin de prendre au sérieux.

Qu'est-ce qui n'allait pas chez lui ? Will réfléchit à la question tout en grimpant sur la banquette arrière de la berline rouge braise de sa mère. Dernièrement, son autisme était revenu, la racine de son mal. Tous les livres sur Asperger que sa mère laissait traîner dans la maison affirmaient que les gens comme lui manquaient d'empathie. Mais il ne pensait pas que c'était son véritable problème. Au contraire, il percevait trop de signaux de la part des autres. Il était comme une fréquence radio encombrée, il avait du mal à lire clairement les gens (y compris lui-même). Chaque interaction humaine était couverte par des grésillements. Chaque conversation crachotait.

Will regarda le profil de Josephine dans le rétroviseur. Il examina ses cils recourbés et la ligne parfaite de son nez. Ce devait être difficile pour elle d'afficher une expression distante et confiante pour son bien à lui, car il voyait que ses jointures étaient blanches sur le volant.

Elle soupira et fit marche arrière devant la boîte à lettres.

« Il l'a encore laissée ouverte. Will, tu veux bien descendre prendre le courrier ? »

La pile de lettres à la main, Will remarqua un sceau derrière une enveloppe. C'était un symbole musical – une *clé de sol*, avait-il appris sur la méthode de piano de sa mère – gravé dans la cire rose clair. Il n'y avait pas grand-chose d'autre sur l'enveloppe, à part le nom de Violet, l'adresse des Hurst à Old Stone Way et une adresse anonyme à New York dans le coin en haut à gauche : 130 Septième Avenue, n° 123.

Quand Josephine ralentit au péage du pont de Poughkeepsie, Will jeta un regard vers le siège passager, où le courrier dépassait de son énorme sac en cuir d'autruche. Il comprit alors pourquoi cette enveloppe lui paraissait aussi familière : *disparu* pouvait être un adjectif ou un verbe. La New-Yorkaise qui écrivait à Violet était sa sœur perdue, Rose, qui posait partout un baiser de cire.

VIOLET HURST

Le lendemain matin, lorsque l'infirmière en chef apparut dans l'embrasure de la porte, Violet lui posa toute une série de questions :

« Je peux avoir une brosse à dents ? J'ai le droit de téléphoner ? Vous avez eu des nouvelles de ma famille ?

— Plus tard, répondit l'infirmière. Pour l'instant, il faut que tu viennes avec moi. Il y a des policiers qui veulent te parler. »

Violet la suivit dans le couloir jusqu'à la salle des visites, où deux policiers en uniforme buvaient du café noir.

C'était le moment de vérité. Violet entendait déjà le bruit des menottes autour de ses poignets.

Les deux hommes se levèrent quand elle s'approcha. Ils avaient des carrures de rugbymen.

Violet ne se rappelait pas avoir jamais associé la police à la sécurité. Face à un uniforme bleu, Josephine se pâmait, elle offrait du café de station-service aux policiers et leur demandait comment organiser des patrouilles de voisinage. Violet, elle, éprouvait une peur viscérale de l'autorité. Même quand elle n'avait pas les lèvres rouges de vin ou une pipe dans la poche, la vue d'un uniforme lui glaçait le sang.

« Voici Viola », annonça l'infirmière aux agents.

Viola était son vrai nom, d'après la variété sauvage jaune *Viola pubescens*. Mais depuis la maternelle, elle voulait qu'on l'appelle Violet.

« Je ne comprends pas pourquoi tu veux être une stupide petite Violet timide, disait Josephine. C'est aussi ridicule qu'être une Rose commune. »

Cette pique était adressée à sa sœur, dont le prénom était Rosette.

Violet retenait son pantalon de pyjama et tentait de ne pas avoir l'air trop démente. Elle était tellement nerveuse qu'elle entendit à peine les hommes se présenter. Leurs noms entrèrent par une oreille pour ressortir par l'autre sans même un sifflement ; tout ce qu'elle percevait, c'était une bête avec deux têtes et deux pistolets.

Tweedledee et Tweedledum, mais armés.

« Je dois d'abord vous informer que vous ne faites l'objet d'aucune accusation pour l'instant, dit Tweedledee. Il me semble que vous êtes mineure et non émancipée, c'est exact ? »

Violet devait lui avoir renvoyé un regard de zombie, car l'autre policier traduisit.

« Tu as moins de dix-huit ans ?

— Mh-mh.

— Et tes parents sont toujours tes tuteurs légaux ?

— Oui. »

L'agent Tweedledee croisa les bras.

« Tu vois, Viola, nous sommes ici à la suite d'une plainte pour violence domestique. Ton frère est arrivé hier soir à l'hôpital de Kingston avec de graves blessures à la main droite. Il avait aussi des plaies mineures. Et ta mère affirme que c'est toi qui les lui as infligées.

— Je n'ai jamais fait de mal à Will ! »

Elle eut honte de son ton pleurnichard. Elle prit une inspiration et s'efforça d'adopter un ton plus doux, avec un succès mitigé.

« Je n'ai essayé de blesser personne. Je ne me souviens pas de tout, mais ça, j'en suis sûre. C'est sa parole contre la mienne…

— Tu parles de ta mère ? demanda l'agent Tweedledee.

— Oui, de ma mère. »

Secrètement, Violet préférait le terme *donneuse d'utérus*. Bien qu'elle soit convaincue que sa mère mentait, elle ne savait toujours pas si elle pouvait se fier à sa propre version des événements. L'essentiel de ce qui s'était passé dans la cuisine ressemblait à une étrange semi-réalité. La drogue avait fragmenté les choses avant de les recomposer d'une manière qui ne collait pas tout à fait. Sa mémoire s'était changée en kaléidoscope. Dès qu'elle tentait d'examiner les détails, toute la scène se délitait. Elle voulait dire quelque chose au sujet de Rose, mais chaque fois qu'elle évoquait le nom de sa sœur, cela semblait lui attirer plus d'ennuis. Quand elle l'avait prononcé dans la cuisine, toute sa famille s'était retournée contre elle. Quand elle l'avait mentionné lors de son admission, on aurait dit qu'elle tentait de se raccrocher à des brindilles.

« Écoute, fit l'agent Tweedledum, celui avec le visage rond et le regard doux. Nous n'étions pas là. Nous n'avons pas vu s'il s'agissait d'une agression ou pas. Nous avons lu ses droits à ta mère, et elle essaie de décider si elle doit porter plainte. Elle a dit qu'elle demanderait une mesure d'éloignement à moins que tu n'acceptes de rester ici.

— Une "mesure d'éloignement" ? »

À nouveau, Violet s'en voulut d'avoir l'air aussi jeune.

Tweedledum jeta un regard à l'infirmière en chef, qui tournait dans un coin telle une matonne chaussée de Crocs.

« Ta mère dit que tu es une menace pour toi-même et pour ta famille. Il est dans l'intérêt de tout le monde que tu restes ici. »

Elle encaissa le coup, mais au fond elle préférait être à l'hôpital que chez elle. Ainsi, sans connaître son diagnostic clinique, Violet Hurst entra volontairement dans une institution qui traitait de graves dysfonctionnements mentaux à l'aide de médicaments psychotropes.

Au bureau des admissions, la conseillère de service lui expliqua la situation :

« Tu pourras rentrer chez toi quand les médecins l'estimeront raisonnable. Si tu veux absolument sortir, tu peux écrire une lettre demandant une décharge. L'hôpital a cinq jours ouvrés – du lundi au vendredi, les week-ends et jours fériés exclus – pour rendre sa décision. Soit nous te relâchons, soit nous déposons une déclaration et tu auras une audience au tribunal. Tu comprends ?

— Je crois.

— Signe là, s'il te plaît. »

Son cœur battait à se rompre. Le stylo paraissait trop épais pour ses doigts froids. Le nom *Violet* griffonné sur la dernière ligne commençait par un V conquérant avant de s'effondrer en une graphie enfantine. Son nom de famille, *Hurst*, ressemblait à une cloque sur son prénom, ce qui était effectivement le cas.

Après avoir renoncé au peu d'indépendance dont on jouit à seize ans, Violet se lava pour la première fois depuis des jours. Elle dut retirer une pomme de douche à l'accueil – une procédure étrange née du fait que d'anciens patients aimaient les dévisser pour les jeter sur le personnel. Après s'être essuyée avec une serviette blanche rêche et avoir enfilé un nouveau pyjama d'hôpital, elle entra dans la salle commune. Dans le couloir, elle sentit son estomac vide se retourner. Pour la première fois depuis son admission, elle se sentait prisonnière. Elle n'avait pas de papiers, pas de téléphone, pas de vêtements, aucune échappatoire. Une pensée terrifiante s'insinua à travers son indifférence de façade. *Et s'ils ne me laissaient jamais sortir ?* Bien qu'elle soit soulagée d'échapper à sa mère, l'idée de passer sa jeunesse enfermée ne la faisait pas rêver. Et s'ils lui donnaient des médicaments – le genre d'antipsychotiques qui vous faisaient fixer le mur en bavant et vous rendaient diabétique ?

Dans la salle commune, deux filles se disputaient pour changer les chaînes sur le téléviseur. Elles avaient à peu près le même âge que Rose. L'une avait une masse de cheveux teints en rouge et de fins sourcils dessinés au crayon. L'autre était grande et anguleuse, avec des yeux d'un bleu presque agressif qui dardaient entre les longues mèches de sa coupe à la Mick Jagger. Une cicatrice récente, rose et terrifiante, courait du lobe de son oreille jusqu'à sa trachée. Violet ne put s'empêcher de penser que cette fille dégageait une majesté triste. Elle était belle dans sa décrépitude. Un rayon de soleil faisait ressortir des reflets rouille dans ses cheveux noir de jais.

Quand l'infirmière les sépara, l'écran était couvert de traces de doigts. Violet saisit un mouchoir dans la boîte posée sur le poste et l'essuya rapidement.

« Merci, fit la brune. Et désolée. Je m'appelle Edie. Elle, c'est Corrina. »

Corrina fixa Violet telle une cible, puis reporta son regard de sniper sur la télé.

« Violet.

— Tu viens d'arriver ? »

Violet se tendit et acquiesça.

« Hier soir, répondit-elle.

— C'était les pilules ? » demanda Edie.

Violet mit un moment à saisir. La fille était déjà en train de poursuivre.

« Tentative de suicide ? C'est rien. Pas la peine d'être gênée. Je veux dire, regarde. » Edie montra sa cicatrice. « Tu as déjà vu quelque chose de plus gênant que ça ? »

Plus tard, Violet apprit qu'Edie s'était pendue à une tringle à rideau avec un câble électrique. Au lieu de la tuer, la tringle s'était rompue et le fil lui avait laissé une entaille de dix centimètres dans le cou. Sa colocataire de Vassar l'avait découverte en train de faire une nouvelle tentative avec un sac en plastique sur la tête tandis qu'elle se vidait de son sang. Cent points de suture et une transfusion de trois litres plus tard, Edie s'était retrouvée à Fallkill. C'était son deuxième séjour en deux ans.

« Crise psychédélique, lâcha Violet, avant d'ajouter, par souci de simplicité : LSD.

— Wouah, fit Edie. T'as pas l'air trop mal en point. C'était grave ? »

C'était grave ? Défoncée par les graines, Violet avait rejoint Imogene devant le miroir et avait constaté avec étonnement la taille de ses pupilles dilatées. On aurait cru des trous noirs dans un masque d'Halloween en latex à l'effigie de Violet.

« Tu te sens pas très lourde ? avait demandé Imogene. J'ai l'impression que la gravité a triplé. »

Violet ne se sentait pas lourde. Bien au contraire. Elle faisait un bad trip, et après avoir entendu la voix de sa mère elle ne sentait plus son poids, comme si, à ce moment-là, même ses amis ne pouvaient plus la ramener sur terre. Un courant invisible la tirait déjà jusqu'à l'autre bout de la ville, vers l'endroit où elle avait le moins envie d'être : la maison de ses parents, où sa mère la piégerait sans doute avec une nouvelle accusation. *Bon sang, Violet ! Avoue-le ! Tu étais en colère contre nous et tu as cassé la fenêtre ! Tes amis ont rayé la voiture de ton père ! Tu es encore rentrée bourrée et tu as renversé les poubelles !* Violet avait beau se défendre autant qu'elle voulait, personne ne la croyait jamais. Sa mère était un adversaire trop redoutable, qui enfilait les histoires comme des perles et pleurait sur commande. Violet n'était pas capable d'expliquer ces événements incroyables, mais ce n'était pas sa faute.

Elle n'en pouvait plus. C'était pour cette raison qu'elle avait pris les graines. Vendredi matin, sa mère était entrée dans sa chambre et l'avait accusée (à tort et de manière très homophobe) d'être lesbienne. « Je ne suis pas idiote, Viola ! Toi et ton crâne rasé ! Et cette petite gouine d'Imogene avec ses cheveux de toutes les couleurs ! » Ç'aurait pu être drôle si sa mère ne lui avait fait la leçon parce qu'elle s'habillait comme une « lesbienne négligée » et si elle n'avait évoqué un camp de redressement dans le comté de Sullivan. Quand Violet avait hurlé à Josephine de sortir de sa chambre avec ses bigoteries, cette dernière l'avait frappée plus durement qu'elle ne l'avait jamais fait.

« Tu es malade, Violet ! J'aimerais que les autres voient la colère que tu me réserves ! Tu es tellement superficielle ! Tellement fausse, avec ces gros yeux de vache que tu poses sur ton père ! Cette fausse compassion que tu as pour Will ! Tu me fais pitié, tu sais ?

Et tu peux bien t'habiller avec tous les vêtements en fibres naturelles que tu veux, rien ne cachera à quel point tu es artificielle. Continue à chanter tes prières bouddhistes à longueur de journée, ma petite. Elles ne cacheront pas le fait que tu n'es qu'une salope égoïste. Tu es laide, Viola. Tu es laide à l'intérieur ! »

C'était le discours qui avait poussé Violet à chercher l'oubli une dernière fois. Tandis qu'elle écrasait les graines entre ses molaires, elle aurait seulement voulu s'arracher le visage. Il lui fallait Lumière, Salut, Délivrance. Du LSD. Étant donné les circonstances, elle pensait mériter au moins cela.

WILLIAM HURST

« Maman ? demanda Will tandis que la voiture passait sous la barrière jaune du péage qui se relevait.

— Quoi ? dit-elle sans dissimuler son agacement.

— Tu sais, cette lettre qui est arrivée pour Violet ?

— Eh bien ?

— Il y a ce truc derrière. Le même que Rose utilisait.

— Tu veux dire un sceau de cire. Il faut que tu appelles les choses par leur nom, Will. Combien de fois dois-je te dire que *truc* n'est pas descriptif ? Pas plus que *machin*, d'ailleurs. Ni *super*, ni *cool*, ni *incroyable*.

— Pardon. Le sceau de cire. Rose adorait ça.

— Oui, c'est vrai. Tu as toujours été un garçon tellement observateur. » Dans le rétroviseur, ses yeux se plissèrent avec tristesse et chaleur. « Même quand tu étais bébé. À dix-huit mois, quand tu entrais dans une pièce, tu remarquais immédiatement ce qui avait changé. Tu te fixais dessus. Même si c'était un petit détail : quelqu'un qui portait une nouvelle broche, un livre qu'on avait déplacé sur une autre étagère.

— Vraiment ?

— Oui. On est pareils là-dessus. On a l'œil pour les détails. Si tu t'appliques, ce genre d'observation peut faire de toi un écrivain célèbre, un jour.

— Tu crois vraiment ?

— Bien sûr. Tu es tellement observateur. C'est pour ça que je suis sûre que tu sais toujours ce que je vais te dire… » Les essuie-glaces décrivirent un arc de cercle en chuintant et ses épaules tremblèrent. Elle eut un sanglot guttural et articula : « Ton père me trompe. »

Will hésita. Même depuis la banquette arrière, il voyait les larmes couler sur ses joues dans le rétroviseur.

« Je n'en étais pas tout à fait sûr », dit-il.

La voiture fit un léger écart quand elle saisit un mouchoir dans la portière.

« Mais tu t'en doutais.

— Eh bien, il est allé *travailler* samedi. Et puis je l'ai entendu parler au téléphone.

— Ton père et ce satané téléphone ! Il croit que personne ne remarque quand il chuchote dans le noir, à cœur ouvert. »

Elle lâcha le volant et porta la main à sa poitrine en un geste ironique, comme si le contenu du cœur de Douglas ne pouvait remplir une petite cuiller.

« Tu as regardé son journal d'appels ?

— Oui ! Il l'efface ! Cet homme est tellement sournois. »

Devant eux, la circulation ralentit à cause de travaux, et il fallut quelques secondes terrifiantes à Josephine pour s'en apercevoir et freiner.

Will émit un vague son de soutien. Le chauffage était réglé trop fort, mais ce n'était pas le moment de demander si elle pouvait le baisser.

« Peut-être que j'aurais dû garder ça pour moi. Mais ça te touche, toi aussi. Ton père se sert de toi. D'un côté, il aime le reflet que nous lui renvoyons. Nous sommes la famille parfaite qu'il n'a jamais eue. Mais il déteste les restrictions que ça lui impose. Il déteste devoir rester dîner quand il pourrait être ailleurs, à parler de programmation avec d'autres surdoués. »

En dessous d'eux, l'Hudson avait la même couleur gris ardoise que le ciel couvert. Will se sentit déconnecté, comme s'il volait ou qu'il tombait. Sa peau glissa sous son pull plein de sueur.

« Qu'est-ce que tu vas faire ? »

Devait-il se préparer à un divorce ? L'éventualité de la garde alternée s'imposa dans son esprit, lui donnant le tournis. Il ne supporterait pas de passer la moitié de la semaine loin de sa mère.

« Je ne sais pas, répondit-elle en se mouchant ostensiblement. Avant même d'y penser, il faut qu'il le reconnaisse. Comme si je n'avais pas assez à faire avec ta sœur en chute libre. »

Will se pencha en avant pour entrouvrir sa fenêtre et eut comme un picotement dans tout le corps. Un choc le traversa des pieds à la tête et il ressentit le serrement tant redouté à la poitrine. *Recumbentibus : un coup qui vous étend.* C'était le mot que Will avait copié dans son carnet de mots rares quelques mois plus tôt. D'après son expérience, c'était à ça que ressemblait une crise d'épilepsie : recevoir un coup d'un adversaire bien plus fort et bien plus méchant que lui. À chaque fois, encore et encore, c'était comme un coup de poing derrière la nuque.

Il revint à lui sur le parking d'un fast-food, où sa mère s'était garée sur une place pour handicapés. La carte de handicap derrière son pare-brise était flambant neuve – l'un des rares aspects positifs de l'état de santé de Will.

Dans son cerveau, les neurones continuaient à exploser en tous sens, surtout dans des directions où il sentait qu'ils ne devraient pas aller. Sa tête était posée sur les jambes de sa mère. Après s'être garée, Josephine était passée sur la banquette arrière, lui avait détaché sa ceinture pour le mettre sur le côté. Elle avait roulé en boule son manteau de cachemire pour le placer sous sa tête. Le col de fourrure lui chatouillait l'oreille. L'odeur de son parfum, *Shalimar*, le ramena brutalement au monde.

« Ça va ? » demanda Josephine.

Il répondit par un grognement.

« Oh, chéri, je n'aurais pas dû te stresser », dit-elle.

Quand Will se trouvait au bord d'une crise, il suffisait d'une grosse dose d'inquiétude pour la déclencher. Maintenant qu'il était réveillé, il se sentait plus stressé que jamais. Chaque crise lui rappelait qu'il avait perdu la capacité de mener une vie normale, et il mettait généralement un ou deux jours pour sortir de la spirale de la frustration et de la honte.

« Ce n'est pas ta faute », dit Will.

Si quelqu'un l'avait stressé, c'était son père.

Josephine rattacha sa montre à son poignet. Elle devait l'avoir enlevée pour chronométrer la crise.

« Ça a duré longtemps ? demanda Will.

— Objectivement, non. Subjectivement, mon Dieu, oui. »

Quand Will avait eu ses premières crises, il voulait absolument savoir de quoi il avait l'air pendant qu'elles se produisaient. Il imaginait tous les pires clichés de l'épilepsie : il se voyait s'agiter comme un poisson hors de l'eau, la langue retournée dans sa bouche grande ouverte. Mais il souffrait de ce que le médecin appelait des « crises d'absence », pendant lesquelles sa mère disait qu'il la regardait simplement comme si elle était une inconnue. Ça ne paraissait pas très impressionnant et, d'après le docteur, Will en serait libéré vers ses dix-huit ans, mais en attendant, chaque attaque effrayait Josephine et épuisait Will physiquement.

Il avait à peine repris ses esprits qu'il sombra dans une sieste baveuse.

Il se réveilla affamé. Son cerveau exténué réclamait de la nourriture.

« On a quelque chose à grignoter ? » coassa-t-il.

Josephine prit un paquet de bonbons dans la boîte à gants. Jamais cela ne suffirait à calmer la faim qui lui dévorait l'estomac : il aurait pu engloutir un immeuble entier et avoir encore de la place pour un sandwich.

« De l'eau ? »

Elle secoua la tête et coupa le contact.

Will sentit son crâne résonner quand il se redressa. La voiture était arrêtée devant un bâtiment de briques aux fenêtres arrondies avec des tourelles de forteresse. Il paraissait aussi triste et compliqué que les gens qui se trouvaient à l'intérieur.

Josephine saisit son sac à main sur le siège passager.

« Attends-moi dans la voiture, dit-elle. Je dois juste entrer signer ces formulaires. »

Will enfila une manche de son manteau.

« Je t'accompagne », répondit-il.

Il ne voulait pas rester seul. Les crises étaient comme les tremblements de terre : il pouvait y avoir des répliques.

« Je reviens tout de suite, promis. Je ne veux pas t'impliquer davantage. Ce que Violet a fait est déjà assez grave, mais ce stress qui te déclenche des crises… Non. Reste là, je reviens. »

Le klaxon résonna deux fois, et Will s'aperçut qu'elle avait verrouillé la voiture.

Il appuya à nouveau la joue contre le tissu de la banquette. Son esprit retourna à la lettre dans le sac à main de sa mère. Il regretta de ne pas avoir noté l'adresse de l'expéditeur avant qu'elle prenne l'enveloppe. Il se demandait si Josephine pensait à la même chose. Pourquoi la remettait-elle à Violet sans l'ouvrir ?

Le portable de sa mère interrompit ses pensées. Il se mit à vibrer entre les sièges avant, heurtant les bords du porte-gobelet qui amplifiait son bourdonnement. Will le saisit et inspecta l'écran. « *DOUG* », annonçait l'appareil. Peut-être aurait-il dû appuyer sur Ignorer. Au lieu de ça, il appuya sur le bouton vert.

« Papa ? »

À l'autre bout du fil, il entendit des bruissements. Il y avait une sorte de brouhaha. Un restaurant, peut-être. La pause-déjeuner de son père ?

Un rire de femme fendit le tumulte tel le tintement d'une cuiller à thé. Il fut suivi par la voix caractéristique de son père :

« Tu es une femme remarquable, dit Douglas. On est quelques-uns à aller au Bull and Buddha. Tu veux te joindre à nous ? »

Quand la conversation s'interrompit, Will se jura que s'il ne pouvait aider sa mère en ramenant Rose pour qu'elle s'excuse de la douleur qu'elle leur avait causée, il la sauverait en découvrant les tenants et les aboutissants des indiscrétions de son père.

« Tu vois ? Je n'ai pas été longue, fit Josephine en se glissant derrière le volant, puis en jetant son sac à main sur le siège passager. Maintenant, on est en sécurité. Plus besoin de s'inquiéter, on n'aura plus un gros nuage en forme de Violet au-dessus de la tête. »

Will leva le regard vers le bâtiment pointu avec ses fenêtres trop sombres.

« Comment c'est à l'intérieur ?

— Ne t'inquiète pas pour elle, Will. C'est l'un des plus beaux hôpitaux qu'on puisse se payer. Autrefois, ce terrain appartenait aux Roosevelt. Et ces bâtiments – ils sont néogothiques, d'ailleurs – font partie du patrimoine national. »

Elle employait le même ton que quand elle cherchait à vendre à ses sœurs une université qu'elle aimait.

Will éprouva un élan de culpabilité lorsqu'il se rendit compte que Violet risquait de prendre du retard à l'école et de ne plus pouvoir entrer à Bard College, la faculté qu'elle avait choisie.

Sa mère parut lire ses pensées.

« Will, soit elle se soigne, soit non. Ça n'est plus de notre ressort maintenant. »

Will mourait toujours de faim quand ils arrivèrent chez eux et aperçurent une voiture arrêtée dans l'allée à Old Stone Way. Il s'attendait à trouver son père, mais le véhicule n'appartenait pas à Douglas. Il était compact, couleur citron vert. Sur la plage arrière, une rangée d'animaux en peluche semblaient attendre qu'on les sauve.

Devant la porte des Hurst, une femme forte vêtue d'un imperméable leva négligemment le regard d'un bloc-notes.

« Je peux vous aider ? » demanda Josephine en ouvrant sa portière.

La femme se retourna en boitillant et tendit sa main.

« Madame Hurst ? »

La mère de Will hocha la tête.

« Et vous êtes ?

— Trina Williams, des services sociaux de protection de l'enfance. »

VIOLET HURST

C'était à peine l'heure du déjeuner, et Violet n'en pouvait déjà plus d'avoir été enfermée toute la matinée. Elle s'était toujours sentie plus en sécurité à l'air libre, surtout avec de la terre sous les ongles et des feuilles dans les cheveux, à l'époque où elle les avait longs.

Même pendant son bad trip, son humeur s'était améliorée dès que ses amis l'avaient amenée dehors. La maison écologique des Field se trouvait au cœur de cinq hectares enchantés, protégés au sud par les montagnes Mohonk comme par un muret. Le vent soulevait des vagues de feuilles sur la pelouse. Violet avait vu des vortex et des motifs dans la lueur infernale du coucher de soleil. C'était tout ce qu'elle désirait dans la vie, avait-elle songé alors : s'envelopper dans la brume rouge et or de l'automne. Elle voulait faire de ces trois créatures magiques – Imogene, Finch et Jasper – sa famille pour toujours.

Imogene faisait des tours sur le BMX de Finch dans l'allée tandis que Violet se tenait sur les barreaux arrière. Finch souriait béatement derrière les flammes qui tournoyaient dans le foyer de cuivre. Les éclats rouges et or se reflétaient sur son visage.

« Hurst, tu me rappelles cette histoire inuit de l'enfant de pierre, avait-il dit.

— Quoi ? »

À ce moment-là, Violet était étendue sur le dos, la joue enfoncée dans l'herbe haute, improvisant un dos crawlé dans un tas de feuilles mortes.

« Donc il y avait cet orphelin – ses parents étaient morts attaqués par un ours. Il vivait tout seul, il était en colère et il mourait de faim. Tout ce qu'il avait, c'était un rocher de la même taille que lui. Il s'y était agrippé avec les bras et les jambes et refusait de le lâcher. »

Violet trouvait que ça ressemblait à l'histoire de ses parents : Douglas amoureux qui se raccrochait à un rocher glacé.

« C'est pourquoi on l'a surnommé l'enfant-pierre, avait poursuivi Finch. Les villageois pensaient qu'il était complètement taré, mais cette petite fiente de chauve-souris ne lâchait pas prise. Il a continué à s'accrocher jusqu'à ce qu'un jour, le rocher se casse en deux. À l'intérieur se trouvait la fille la plus parfaite qu'il pouvait désirer. Elle donna à l'enfant-pierre un arc, des flèches et un harpon. Ils se sont mariés et ont eu des enfants.

— Mais qu'est-ce que ça veut dire ? avait braillé Jasper.

— Et quel rapport avec Violet ? avait renchéri Imogene en riant.

— J'essaie juste de dire que Violet a de l'intuition. Elle me fait penser aux grands guérisseurs. »

Violet avait senti ses organes palpiter de chaleur.

Son portable s'agitait dans sa poche. C'était un message de Josephine :

ON A BESOIN DE TOI À LA MAISON. TON PÈRE ET MOI AVONS LE DIVORCE SUR LA TABLE.

Après avoir passé son portable à tout le monde – elle voulait s'assurer qu'elle n'hallucinait pas au point d'imaginer un truc pareil –, elle avait envoyé la réponse prudente :

QUOI ??? ÇA VA ?

« Il était temps », avait-elle dit à ses amis.

La relation de ses parents ne ressemblait pas du tout à celle de Beryl et Rolf, ou de n'importe quel couple qu'elle connaissait. Elle ressemblait plus à un arrangement commercial, dans lequel son père fournissait le capital et où sa mère faisait sortir l'argent. Les seules « affaires » dans lesquelles ils s'impliquaient consistaient à nier la réalité et leur véritable nature, et ils se trouvaient en faillite depuis que Rose s'était enfuie.

Le téléphone de Violet avait vibré avec la réponse de Josephine :

OUI, ÇA VA. DÎNER. JE VOULAIS DIRE NOUS AVONS LE DÎNER SUR LA TABLE. MON TÉLÉPHONE CHANGE LES MOTS. RENTRE À LA MAISON TOUT DE SUITE.

Ils avaient failli se pisser dessus de rire. Violet était rentrée à vélo par la promenade le long de la voie ferrée. Les nuages s'étaient assombris à l'horizon, et les arbres tordus semblaient vouloir l'attraper avec leurs griffes.

Tout en pédalant, elle avait prévu de feindre une migraine pour esquiver le dîner familial. Elle avait répété toutes ses répliques à mi-voix. Elle avait pensé au mantra pour la paix de l'esprit – *asato ma sadgamaya* – qui signifiait en gros « menez-nous de l'obscurité à la lumière / de la connaissance de l'irréel au réel ». Peut-être était-ce une hallucination auditive, mais les roues du vélo faisaient un bruit de sitar.

Si elle avait eu le choix, Violet aurait largement préféré dormir au bord de la voie ferrée. Lorsqu'elle était descendue de son vélo, elle avait trouvé la porte d'entrée verrouillée. Chaque fois qu'elle avait abattu le heurtoir de bronze (personne ne répondait), elle s'était sentie encore un peu plus étrangère. Et tandis qu'elle faisait les cent pas sur le paillasson personnalisé qui disait *HURST* en grosses lettres sévères, elle avait eu la sensation d'être une intruse.

Pour finir, sachant parfaitement que sa mère détestait ce son, elle avait appuyé sur la sonnette et écouté une version électrique et dissonante de « When the Saints Go Marching In ».

La porte s'était ouverte et le visage grimaçant de Josephine était apparu.

« Pourquoi as-tu sonné ? avait-elle demandé. J'ai horreur de cette sonnerie. Je n'exagère pas. Je la déteste… Douglas ! Combien de fois t'ai-je dit de reprogrammer cette chose ? Ce n'est pas ta faute, Violet, c'est ton père. »

En entrant dans le hall où le lustre paraissait s'ouvrir tel un chrysanthème de cristal, Violet avait eu l'impression d'avoir franchi un seuil psychique irréversible. Elle voulait battre en retraite dans sa chambre, mais elle ne parvenait pas à articuler un mot.

« C'était verrouillé, avait-elle finalement dit en tapotant un doigt sur sa tempe.

— Laisse-moi te sentir, avait dit Josephine en repoussant Violet contre la porte. Tu as fumé des cigarettes ? Ce soir, tu manges. Tu m'entends ? J'espère que tu as faim, ma petite. »

À présent, à l'hôpital, Violet avait vraiment l'impression d'être comme une petite fille. Elle était aussi désœuvrée que pendant les vacances d'été, quand sa mère lui confisquait ses livres pour la punir de s'être disputée avec Rose. Puisqu'elle ne tenait pas en place, elle décida d'arpenter chaque mètre carré de la salle. Elle parcourut un carton de livres donnés par des aides-soignantes (il s'agissait principalement d'histoires d'horreur et de cochonneries érotiques inappropriées). Elle inspecta les œuvres des patients accrochées aux tableaux d'affichage avec du gros scotch (sans doute parce que les punaises pouvaient être avalées ou servir à se faire mal). Un collage d'empreintes de mains ramena pour la millionième fois ses pensées à Will. On l'avait interrogée plusieurs fois à son sujet, mais personne ne lui avait dit comment il allait. Était-il rentré de l'hôpital ? Elle espérait qu'il ne souffrait pas.

Après avoir fait le tour complet de la pièce, elle emprunta le long couloir jusqu'à sa chambre. Elle y était presque lorsqu'une infirmière l'appela :

« Violet ? Ta mère a laissé ça pour toi à la réception quand elle est venue signer les papiers. »

Violet se sentit rougir tandis qu'elle saisissait l'enveloppe. Une lettre laissée par sa mère ne manquerait pas d'énumérer tous ses défauts. Ou bien de faire allusion à la punition à laquelle elle devrait s'attendre en rentrant à la maison. Son anxiété se changea en incrédulité lorsqu'elle aperçut l'écriture perfectionniste et l'adresse de l'expéditeur. Et quand son regard se posa sur le sceau de cire, elle sut sans l'ombre d'un doute que la lettre venait de Rose. Rose la pyro, qui faisait tout fondre, depuis les pastels jusqu'aux emballages de Babybel, avant d'y apposer un bouton.

Violet frémit en repensant à ce qu'elle avait vu le soir de son hospitalisation : Rose, debout dans l'entrée. Sa gorge se serra tandis qu'elle déchirait l'enveloppe d'un ongle bleui. À l'intérieur, elle trouva la graphie rigide de Rose, tout en cercles parfaits et en lignes droites, légèrement trop appuyée. Leur mère était toujours stupéfaite que personne de leur génération n'emploie la cursive.

Chère Vivi,

Salutations depuis l'enfer de l'entreprise. J'étudie le théâtre presque tous les soirs, alors j'ai seulement le temps de t'écrire pendant la journée, quand je travaille. À ce que je vois, la vie de bureau ressemble à un grand exercice de théâtre où tout le monde brasse du papier et essaie d'avoir l'air occupé. Je joue le jeu et je fais semblant de prendre des notes pour une réunion pendant que j'en profite pour t'écrire un an de questions comme...

Comment est le lycée de Stone Ridge ?

Tu as ton permis ?

Tu as un petit copain ?

Tu penses toujours faire une école d'art ? J'espère que oui. Je sais que par le passé je n'ai pas toujours « compris » ce que tu faisais, mais tu es douée. Tu devrais foncer. Quoi que tu fasses, ne te retrouve pas esclave dans un bureau comme moi. Chaque minute est tellement ennuyeuse. La moitié des gens pour qui je travaille ne prennent même pas la peine de me demander comment je m'appelle, et les autres sont trop pleins de fric pour se rappeler ce que ça fait d'être jeune et fauché. « Fauchée, à quel point ? » pourrais-tu demander. Ce matin, j'ai acheté des filtres à café à crédit !

Ça paraît peut-être bêtement optimiste, mais j'espère que ça ira mieux bientôt. J'ai passé une audition, ils doivent me rappeler, je croise les doigts.

Mon nouveau prof de théâtre est le meilleur que j'aie jamais eu. L'autre jour, il m'a dit : « Rose, tu es jeune, tu as vingt ans, et vous êtes plein dans ton cas. Il faut que tu réfléchisses aux gens à qui tu plais le plus dans la vraie vie. Quel genre de personnes te sourient avant même de te connaître. Ensuite, passe des auditions pour des publicités de produits que ces gens-là achèteraient. » Pour moi, c'est les personnes âgées et les enfants. D'après ce prof, je suis une bonne fille, mais pas un premier rôle. Je suis plus la gentille employée de bureau ou la grande sœur aimante. C'est drôle, tu ne trouves pas ? Dans la vraie vie, ce sont des rôles pour lesquels je suis nulle !

Ce qui m'amène à la raison pour laquelle je t'écris... Je suis désolée de t'avoir larguée avec le reste de la famille. Je sais qu'on a toujours fait chacune nos trucs, mais je me rends compte que j'aurais dû te prévenir. C'est juste que je ne voulais pas qu'on me critique, et surtout pas que quelqu'un tente de me convaincre de rester. Damien m'a proposé d'emménager avec lui, papa et maman n'auraient jamais été d'accord. Tu sais comment ça se serait passé... Papa l'aurait invité à dîner, maman l'aurait titillé sur le thème « vivre dans le péché ». Je me suis dit que sauter dans un train serait la meilleure manière d'épargner tout le monde !

J'espère vraiment que tu voudras bien m'écrire et que tu garderas mon adresse secrète. Enfin, si maman n'a pas déjà vu ça et additionné deux et deux. Je ne suis pas encore prête à voir toute la famille frapper à ma porte. Je suis sûre que tu comprendras que je préfère leur rendre visite à ma manière.

Tu me manques !

Rose

Violet n'était pas surprise que sa sœur soit vivante et en bonne santé, ni qu'elle vive à New York. C'était ce qu'avait dit la police l'année précédente quand ils avaient mis un terme à leur courte enquête pour disparition. Tout s'était terminé entre gêne et soulagement lorsque la fourrière avait enlevé la voiture de Rose devant la gare de Poughkeepsie. Son ticket de stationnement avait expiré, et la police avait trouvé sa lettre d'adieux à sa famille en évidence sur le siège du conducteur. Les vidéos de surveillance de la gare montraient Rose en train d'acheter un billet pour Grand Central – un montant correspondant au débit sur la carte qu'elle utilisait toujours, sa banque l'avait confirmé. Tout prouvait ce que Violet soupçonnait en secret : toute cette « affaire » n'était qu'une exagération insensée de la part de sa mère, ainsi qu'un gâchis de compassion et d'argent public.

Une fois sa disparition déclarée volontaire, d'autres émotions s'étaient engouffrées pour combler le vide que l'absence de Rose avait laissé dans la famille. Les parents avaient (tout juste) réussi à gérer leur panique face au prétendu enlèvement de Rose, mais ils n'étaient pas du tout armés pour affronter le fait que leur enfant adorée les détestait au point de les exclure de sa vie. À sa manière retenue, même Douglas avait paru déprimé pendant des mois. Josephine, quant à elle, était outrée qu'on l'ignore. Will aussi était en colère, par allégeance à leur mère. Et Violet… Une fois qu'elle avait été sûre à cent pour cent que Rose était en sécurité, elle avait été envahie d'une jalousie maladive. Elle voulait la liberté dont jouissait sa sœur. Bien sûr. Mais elle était surtout jalouse de la manière subversive dont Rose s'était libérée. Elle s'était échappée en faisant exactement ce que Josephine attendait d'elle, elle avait joué le jeu jusqu'au dernier moment avant de se révolter. En comparaison, les petites rébellions quotidiennes de Violet mettaient sa mère sur la défensive. Plus Violet se débattait, plus Josephine la contrôlait. Elle s'étouffait dans une chaîne qu'elle-même avait forgée.

Ses parents n'avaient pas exagéré face à la police. Ça ne ressemblait vraiment pas à Rose de disparaître pendant plusieurs jours sans avertir personne. Mais ils n'avaient pas parlé de toutes les choses inhabituelles que Rose avait faites ces derniers mois, et qui n'avaient fait qu'augmenter la tension – abandonner le théâtre et faire de longues promenades seule. Le long de la voie ferrée, disait-elle.

Seules Violet et sa mère savaient pourquoi Rose était aussi pensive et isolée. Elle souffrait du genre de maladie qui se soignait soit par *a)* un rendez-vous de deux heures au Planning familial, soit par *b)* dix-huit à vingt ans de servitude. Rose avait choisi la première solution : A pour avortement. Si Violet avait compris plus tôt, elle aurait applaudi Rose de ne pas porter l'enfant de Damien simplement pour flatter son ego (transmettre ses gènes, son hérédité). Elle aurait tout le temps de maltraiter une petite personne portant son nom de famille. Au fond d'elle-même, Violet savait que Josephine était la principale raison pour laquelle Rose avait agi de la sorte. Avec une mère comme la leur, il était impossible de ne pas assimiler le fait de devenir mère à celui de devenir un monstre.

« Puis-je vous demander de quoi il s'agit ? »

Will se redressa et croisa les bras, imitant l'indignation de sa mère.

« Je dois vous poser quelques questions au sujet de votre fille Viola. Votre famille nous a été signalée quand votre fille aînée… » – Trina Williams jeta un regard à ses notes – « … Rosette s'est enfuie. C'est une simple formalité. Dorénavant, chaque fois que vous aurez un souci domestique, les services de protection de l'enfance seront obligés d'enquêter. Ça ne prendra pas longtemps.

— D'accord, dit Josephine. Laissez-moi mettre Will au lit et je me ferai un plaisir de vous parler.

— Je suis désolée, mais je dois aussi interroger votre fils.

— Dans ce cas, il faudra que vous repassiez. Je ne sais pas si cela figure dans votre dossier, mais mon fils souffre d'épilepsie. Il a eu une semaine difficile. Il doit se reposer, prendre ses gouttes et son Keppra. »

Elle souleva à nouveau le bras de Will, remonta sa manche et agita son bracelet d'argent. C'était la bonne main de Will. Instinctivement, il rentra l'autre – celle avec l'attelle – dans la manche de sa doudoune orange telle une patte de tortue.

« Désolée de l'apprendre. » Le ton de Trina ne respirait pas exactement la compassion. « Je vais le noter dans votre dossier. Voici ma carte. Est-ce que je peux passer demain ? »

Josephine appuya la tête de Will contre sa hanche et lui caressa le front comme pour évaluer sa température.

« Peut-être. Tout dépendra de William.

— Je comprends, acquiesça Trina. On reste en contact. »

Depuis le perron, Will observa sa voiture métallisée reculer et dépasser la boîte à lettres grande ouverte.

De retour à la cuisine, Josephine lui servit un bol de glace Stewart – le parfum, Death by Chocolate, sonnait grave et important – et s'assit en face de lui à la table du petit déjeuner tandis qu'il mangeait par cuillerées lentes et mesurées.

« Il faut qu'on parle de la nuit où Violet est partie, dit-elle. Je veux être sûre que tu es capable de synthétiser tes idées sur ce qui s'est passé. Cette femme qui est venue va te demander de lui expliquer. Si elle n'arrive pas à te suivre ou si tu n'es pas clair, il y aura de graves conséquences. Tu ne voudrais pas lui embrouiller les idées ou lui donner l'impression que tu ne sais pas de quoi tu parles.

— OK », répondit-il.

Il leur arrivait de faire ça. Elle l'aidait à jouer des scénarios quand elle redoutait que son syndrome d'Asperger ne crée un obstacle.

« Allez, vas-y… Dis-moi ce que tu te rappelles.

— Toi, papa et Violet étiez en train de vous battre. »

Elle hocha la tête.

« C'est ça. Sauf qu'on était en train de se *disputer*, pas de se battre. “Se battre”, ça peut vouloir dire se taper dessus. On ne se tapait pas, on se disputait simplement.

— Vous vous disputiez, se corrigea Will. Parce que Violet avait mis le bazar dans le lave-vaisselle. »

Nouveau hochement de tête approbateur. Elle était fière qu'il se soit souvenu de ce détail.

« J'avais préparé un dîner végétarien spécialement pour elle, non ? »

Will hésita.

« Oui.

— Et Violet a refusé de le manger.

— Oui.

— Que s'est-il passé ensuite ? Que s'est-il passé dans la cuisine ?

— Violet a commencé à pointer le couteau vers toi.

— Comment c'était ?

— Ça faisait peur.

— Tu as eu vraiment peur, hein ?

— Oui. »

Will avait vraiment eu peur. Il ne pouvait supporter l'idée que quiconque veuille faire du mal à sa mère.

« Souviens-toi de le dire à la femme. C'est le genre de chose qu'elle voudra entendre.

— J'avais peur. Je le lui dirai.

— Que s'est-il passé ensuite ? »

Will fixa les traces que la cuiller avait laissées dans son bol de glace.

« Violet a dit qu'elle avait vu Rose dans l'entrée. »

Quand il leva la tête, une ombre était tombée sur le visage de sa mère, et on voyait le blanc tout en bas de ses yeux.

« Non, répliqua-t-elle. Tu mélanges tout. As-tu idée de ce qui pourrait se passer si tu dis ça à cette Trina ? »

Il savait. Bien sûr qu'il savait. Le menton de Will tremblota comme de la gelée.

« Arrête un peu. Tu exagères. »

Will essuya avec sa manche son visage larmoyant.

« Prends un mouchoir ! »

Elle lui demanda de reprendre l'histoire depuis le début.

« Toi, papa et Violet étiez en train de vous disputer dans la cuisine. Et j'avais très peur. »

Elle acquiesça.

« Oui, mais certainement pas autant que quand Violet s'est tournée vers toi avec le couteau.

— Quand elle s'est tournée vers moi avec le couteau… »

La voix de Will s'estompa, comme toujours quand il était inquiet – l'un des symptômes d'Asperger qu'il détestait.

« Tu aurais pu te recroqueviller lorsque Violet est venue vers toi avec ce couteau, mais tu ne l'as pas fait, tu te rappelles ? Tu as tendu ta main droite vers la lame pour essayer de la lui arracher. »

Will marqua une pause pour tenter d'absorber l'héroïsme que sa mère lui attribuait. Puis il posa la seule question qui lui importait vraiment :

« Tu as été fière de moi ?

— Tu plaisantes ? J'ai été si fière de toi ! Tu m'as sauvée. Tu nous as tous sauvés. »

Will toucha l'attelle sur sa main. Il se rappela le torchon sanglant qu'elle avait enroulé autour avant de partir pour l'hôpital.

« Comment tu t'es senti ? lui demanda sa mère.

— Quand j'ai pris le couteau à Violet ? »

Elle hocha la tête.

C'était un autre détail que sa mère voulait l'entendre raconter à Trina, il le savait. Mais les émotions n'étaient pas son fort. Il ne pouvait que deviner.

« Je me suis senti courageux, dit-il.

— Oui, ce que tu as fait était héroïque. Mais tu sais, même les héros ont peur dans le feu de l'action. Tu ne crois pas que tu étais un peu effrayé ?

— Oui, fit Will. J'ai eu peur.

— Et qu'est-ce que tu as senti quand le couteau t'a transpercé la peau ? »

Will fit la moue. *Quand le couteau lui avait transpercé la peau.* C'était trop horrible pour s'en souvenir.

« J'ai eu mal », dit-il.

Josephine se mordait le doigt. Son regard rêveur semblait perdu.

« Oui, dit-elle en se mordillant la peau. Ta sœur t'a vraiment fait mal. »

Même quand son père rentra du travail, l'estomac de Will était encore noué.

Douglas se dirigea tout droit vers le placard pour saisir son verre préféré. Il s'agissait d'un gobelet en plastique bleu – grand et opaque, de sorte qu'on pouvait seulement deviner ce qu'il buvait dedans.

Ce soir-là, Will regarda son père le remplir d'eau gazeuse aromatisée à la cerise. Douglas buvait environ un pack de douze bouteilles d'un litre d'eau pétillante par semaine. Ces derniers temps, chaque fois qu'il en ouvrait une, elle explosait comme si quelqu'un l'avait secouée.

Quand ils eurent fini de passer en revue leur version des événements, Josephine appela Trina pour prendre rendez-vous. À présent, en regardant son père, Will ne pouvait s'empêcher de penser au rappel que sa mère avait griffonné sur le calendrier familial. « *Visite Trina, 14 heures* », pouvait-on lire. Sa mère en parlerait-elle au dîner ? Dans son hébétement postcoïtal, Douglas s'en rendrait-il compte ? Ferait-il même semblant de s'y intéresser ?

Tandis qu'ils avalaient leur dîner en silence, Will suivit le regard de son père vers les chiffres romains de l'horloge de la cuisine. La petite aiguille était sur le VII. Dans quelques minutes, il disparaîtrait dans son bureau et on entendrait le bruit d'un match à travers la porte fermée.

Will se rappela le coup de téléphone clandestin de son père. *Tu es une femme remarquable*. Il se souvint du ton affirmé de Douglas, tellement différent de la voix faible, mesurée qu'il employait à la maison.

« Ça dérange quelqu'un si je me retire ? » demanda Douglas en reculant sa chaise à cet instant précis.

Josephine se tourna vers Will, l'air blessé, la bouche pincée.

« Non, répondit Will. Tu vas où ?

— Où ? » répéta Douglas.

L'assiette dans sa main n'était qu'à moitié terminée.

Josephine haussa les sourcils.

« Je vais juste répondre à des e-mails. »

Avant de battre en retraite dans son bureau, Douglas gratta le plan de travail en granit avec agressivité. Il frotta les poêles avec une expression de martyr qui surpassait celle de Jésus sur la croix.

Will avait sérieusement l'intention d'enquêter sur la double vie de son père. Il ne pouvait pas trahir sa mère comme ça, se moquer de Will et du reste des Hurst. Douglas pensait-il vraiment que personne ne remarquerait comme il avait changé, tant physiquement que dans ses comportements ? Croyait-il que personne ne remarquerait la lueur qui brillait dans ses yeux ? Ou qu'il fréquentait la salle de sport comme s'il visait une médaille d'or aux prochains Jeux olympiques ? Will était bien décidé à aller au fond des choses. Il était certain de posséder la plupart des qualités pour faire un bon détective privé. Certes, il ne pouvait pas boire de whisky cul sec ou tirer au pistolet, mais il était mûr pour son âge et il faisait attention aux détails. Il croyait à l'importance de la loi, de l'ordre, et au fait de protéger les innocents. Tout serait une question d'opportunités. À ses yeux, son défi était double : il serait déjà assez difficile d'échapper au regard d'aigle de sa mère, mais se rapprocher de son antisocial de père exigerait un véritable talent.

Plus tard, tandis qu'il regardait la télévision avec Josephine, Will sentit qu'il tenait une occasion. Il s'agissait d'une série qui avait pour cadre un bureau, et l'épisode tournait autour de la journée où l'on amène son enfant au travail.

« Maman ? C'est quand, le jour où les enfants vont voir leurs parents au travail ?

— Je ne me rappelle pas. Au printemps, je crois. »

Zut, songea Will. On était en octobre.

Il savait qu'il ne fallait pas trop insister, mais ce serait peut-être sa seule chance et le temps pressait.

« C'est une autre chose qui me manque depuis que je ne vais plus à l'école. »

Les yeux bleus de sa mère se plissèrent. Il tenta une autre approche :

« C'est juste que… je me rappelle que Tyler McCastle racontait que c'était vraiment cool d'aller au bureau de son père à New York. Son père a *deux* secrétaires et un canapé dans son bureau. Par la fenêtre, on voyait Radio City. »

Tyler McCastle était un ancien camarade du primaire. Will ne l'avait plus revu depuis le mois de juin.

« Le père de Tyler McCastle vend des publicités *écrites*, se moqua Josephine. Et les magazines sont en train de mourir. Je me demande s'il verra Radio City depuis la queue de l'agence pour l'emploi.

— Tyler dit que son papa est un génie. »

Josephine leva les yeux au ciel.

« Ton père aussi est un génie. Il a déposé cinq brevets. Il sait tout ce qu'on peut savoir en informatique et en programmation. Le père de Tyler McCastle est un *vendeur*. Il ne fabrique rien. Il ne contribue pas au bien-être de la société. Il se contente de profiter des contributions des autres.

— Alors je ne peux pas aller au travail avec papa ?

— Tu as vraiment envie de passer une journée entière au bureau de ton père ? Tu te rends compte à quel point c'est ennuyeux ? As-tu la moindre idée de qui sont ses collègues ? Tu veux vraiment passer la journée entouré de petits hommes suffisants avec des lunettes graisseuses qui parlent de plates-formes et d'interfaces alors que tu pourrais rester avec moi ? »

Will retint sa respiration. Il ne voulait pas dire oui.

Josephine changea d'expression. Elle avait l'air pensive.

« D'accord, dit-elle, j'en parlerai à ton père. »

Plus tard, à l'heure du coucher, elle changea les draps de Will. Elle lui donna son bain du soir ; l'eau était presque bouillante, et la baignoire disparaissait sous la mousse du savon à la menthe poivrée qui ne semblait pas laver la peau mais l'arracher pour en révéler une couche plus rouge. Ensuite, enveloppé dans sa serviette à capuche, Will s'allongea entre les jambes de sa mère. Penchée sur lui, elle lui brossa les dents et lui passa du fil dentaire.

C'était presque fini. La veilleuse était allumée, et Will put s'enfouir sous sa couette à motifs de bulldozers. La fatigue le submergeait, mais il devait encore prendre ses derniers cachets – des vitamines et ses médicaments du soir – que Josephine alignait telles des fourmis sur sa table de chevet. Elle lui chanta une petite chanson pour l'encourager à les avaler par ordre de taille et de couleur.

« Commence par les plus gros, lui disait-elle toujours. Ensuite, ça sera du gâteau. »

Mais rien n'était du gâteau. Will ne parvenait pas à mettre son cerveau en veille. Il ne pouvait s'empêcher de penser au rendez-vous avec Trina l'assistante sociale. *Mercredi, 14 heures.* Il était dans sa nature de paraître insensible. La manière froide, logique dont il se présentait provoquait déjà des désastres avec les gens normaux. Trina, qui se considérait sans doute comme une personne chaleureuse et attentionnée pour se lancer dans le travail social, trouverait certainement son détachement malsain.

Il y avait tant de choses que sa mère et lui n'avaient pas passées en revue. Devrait-il raconter à Trina la façon dont Violet parlait en boucle quand elle était partie – répétant les mêmes choses encore et encore, avec les mêmes gestes étranges, saccadés ? Elle criait. Agitait les mains. Disait : « Boum ! Argh. OK. OK. OK. OK. »

En tout cas, il savait qu'il ne devrait pas parler de Rose. Il ne dirait pas un mot sur ce moment où Violet avait écarquillé les yeux en s'écriant :

« Regardez ! Rose est là ! Vous l'avez vue ? Moi, je l'ai vue ! »

VIOLET HURST

À la cantine de l'hôpital, Violet ouvrit son sandwich et laissa la chair rose rouler sur son plateau. Mais il était trop tard. La viande avait transpiré, imbibé le pain telle une créature vivante.

L'estomac de Violet se contracta. Son dîner du vendredi avait été un risotto aux champignons.

« Spécialement pour ma Violet », avait dit Josephine en versant une louche dans son bol.

Pour Violet, défoncée, le dôme de riz grouillait comme une colonie de vers. Chaque grain semblait bouger, pencher vers l'intérieur ou escalader le dos tremblant de ses semblables. Sa mère avait cuisiné avec un bouillon cube de bœuf, Violet le savait car elle n'avait pas pris la peine de cacher la boîte, et parce que le riz était aussi marron qu'un steak.

« Oh, zut, je n'y ai pas pensé, avait-elle dit quand Violet le lui avait fait remarquer. C'est ce qu'il y avait écrit dans la recette. Mais quel est le problème ? C'est juste du bouillon, pas de la viande. »

Manger dépassait l'entendement de Violet. Elle s'étonnait de voir sa famille bouger les mâchoires et ne parvenait pas à se rappeler comment fonctionnait la mastication, à s'en représenter la mécanique, les mouvements de la langue, comment on mâchait.

Tout le monde la fixait.

« Maman, avait dit Will, Violet ne mange pas son assiette. Ça veut dire que je ne suis pas obligé de finir la mienne ? »

Josephine avait bruyamment posé sa fourchette.

« Violet mange son assiette. N'est-ce pas, Violet ? Parce que je ne vais pas faire deux repas séparés tous les soirs. Un pour le dalaï-lama et un pour les autres.

— Josephine, Josephine », était intervenu Douglas.

Violet avait compris depuis longtemps pourquoi il se répétait autant pendant le dîner – pour qu'on entende ce qu'il n'avait pas articulé la première fois. Dans ce cas précis, sa première tentative de *Josephine* ressemblait plus à « Je sais fine ».

« Elle traverse juste une phase. »

Josephine avait soupiré, puis avait parlé de la voix pincée de quelqu'un qui s'imagine avoir beaucoup de patience.

« Comment ça, "une phase", Douglas ?

— Elle fait ça pour attirer l'attention. Ce n'est qu'une phase de jeûne. »

Peut-être qu'il avait voulu dire « une phase de jeune ». Sa tête dodelinait à un angle impossible.

Violet avait jeté un regard à la chaise vide de Rose et s'était demandé pourquoi toute sa vie elle avait laissé sa famille la mettre tant en colère. Quelle que soit la dose de stress, de peur ou d'illumination qu'elle apportait à table – peu importait même qu'elle s'enfuie comme Rose –, les Hurst poursuivraient leur spirale descendante, tous resteraient exactement les mêmes. Elle s'était levée sans un mot. Elle avait pris son assiette intacte et l'avait placée dans le lave-vaisselle, risotto compris.

Josephine avait surgi derrière elle en criant de toutes ses forces, mais aux oreilles de Violet sa voix ressemblait à une publicité qui serait passée dans une pièce éloignée : distante, lissée, prévisible. Dans n'importe quelle autre situation, cette hallucination auditive – la surdité sélective – aurait été perturbante, mais là, c'était une bénédiction. Le nirvana sur terre.

Quoique ne supportant toujours pas l'idée de manger, Violet avait ouvert la porte et les tiroirs du réfrigérateur à la volée, pour en sortir tous les légumes qui lui tombaient sous la main : un jalapeño, un concombre flasque, un quart d'oignon dans un sachet, un morceau de chou frisé, une pomme abîmée, un demi-citron vert. Elle avait jeté le tout sur la planche à découper gargantuesque de sa mère, pris le plus grand couteau imaginable du bloc et s'était mise à préparer son propre putain de dîner.

Elle leva les yeux juste à temps pour voir le plateau rouge d'Edie toucher la table. Une fois assise en face de Violet, Edie tortilla le peu de cheveux qu'elle avait à la base de son long cou. Sur le stylo bleu qui tenait son chignon en place était inscrit le mot *Zoloft*.

« Ce matin, au groupe, tu as dit que tu avais une sœur qui s'était enfuie. Tu crois qu'elle te laisserait squatter chez elle ?

— Je sais pas. » Violet marqua une pause. « Je sais même pas si j'aurais envie.

— Tu ne l'aimes pas, ta sœur ? »

Edie avait vécu dans une famille d'accueil. Les services sociaux l'avaient retirée à sa mère droguée pour la placer dans un foyer avec des garçons couverts d'acné tout excités qui rotaient sans cesse et une femme qui se brûlait la langue avec une cuiller chauffée à blanc. Elle idéalisait sans doute les relations entre sœurs.

« Je ne sais pas, répondit Violet. Honnêtement, je ne la connais pas très bien. Quand on était petites,

Rose ressemblait à un diaporama bien arrangé qui projetait tout ce que ma mère voulait qu'elle soit. Pas seulement les trucs habituels de bonne petite fille, genre être polie et gentille. Ma mère voulait vraiment que Rose soit une petite actrice. Elle l'emmenait chez des profs de théâtre pour qu'elle améliore son faux accent anglais, elle lui teignait les cheveux pour des castings : roux irlandais, blond californien. »

Violet eut un bref flash-back de sa mère penchée au-dessus de la baignoire et occupée à verser de l'eau de Javel sur les cheveux de sa sœur âgée de neuf ans. Comme elle était jalouse, à l'époque ! Avec le recul, cette histoire l'horrifiait. Plus tard, elle avait vu Rose pleurer parce que son cuir chevelu la brûlait. Violet passa une main tremblante sur sa bouche.

« Même dans sa vie quotidienne, on aurait dit que Rose lisait un script. Elle n'a quitté son rôle que l'année dernière.

— Elle a craqué ?

— En quelque sorte. Elle a abandonné ses études de théâtre pour je sais pas trop quoi. Je crois qu'elle a demandé une équivalence en sciences. Elle ne voulait plus vivre à la maison. Elle s'est mise à crier qu'elle voulait une chambre d'étudiante à New Paltz, sûrement pour être plus près de son copain. Impossible qu'elle le ramène à la maison. Mes parents ont toutes sortes de règles sur "pas de portes fermées" et "pas de garçons à l'étage".

— Il est bien pour elle ? Son copain… comment il s'appelle ?

— Damien.

— Oh, très sombre… très français. J'ai connu un Damien à Vassar. C'est quoi son nom de famille ?

— Koch.

— Alors ? Il est bien pour elle ?

— Je sais pas. Sans doute. Apparemment il l'a convaincue de reprendre le théâtre. Personnellement, je ne l'ai jamais rencontré. Rose a toujours gardé ses relations top secret. Elle n'en parlait jamais. Elle n'a jamais présenté un seul garçon à mes parents.

— Peut-être qu'elle n'aime pas les garçons ? En général, c'est pour ça que les gens cachent avec qui ils sortent. »

Violet secoua la tête. Impossible que Rose ait des penchants saphiques.

« Je pense qu'elle savait surtout que personne ne serait jamais assez bien pour elle aux yeux de ma mère. En plus, j'ai toujours eu l'impression qu'au fond, Rose était un peu allumée. Quelques mois avant qu'elle quitte la maison, un jour où je me moquais d'elle parce que c'était une vraie sainte-nitouche, elle m'a regardée avec un sourire coquin et m'a dit : "Si seulement tu savais ce que je fais." Après, quand les flics ont fouillé sa chambre, ils ont trouvé un petit vibromasseur caché derrière le sourire d'un masque de comédie. Ma mère était furax. Mon père a failli mourir de honte.

— Les flics ? demanda Edie avec intérêt.

— Ouais. On a eu peur pendant quelques jours. Ma sœur superattentionnée était partie sans nous prévenir. Mes parents l'ont portée disparue. Sauf qu'elle s'était seulement enfuie. Les flics n'ont pas mis longtemps à trouver des images du train pour New York. On voyait Rose acheter un aller simple pour Grand Central. Elle était seule, avec une valise, et ne paraissait pas perturbée le moins du monde. »

Comment quelqu'un que l'on détestait jusqu'à la moelle pouvait-il vous manquer ? Car Rose manquait à Violet. Désespérément. Elle ne s'était jamais autorisé cette pensée avant, pas une seule fois au cours des mois qui s'étaient écoulés depuis que l'agent l'avait prise à part et lui avait demandé avec insistance : « Et toi, que crois-tu qu'il lui soit arrivé, à ta sœur ? » Même quand Josephine avait ostensiblement jeté son dévolu sur Will et quand Douglas – qui était déjà une figure marginale – avait disparu des pages de l'histoire familiale.

Certes, il y avait eu une époque pas si lointaine où Violet pleurait et jetait des choses contre son mur, et elle avait pris la disparition de Rose comme une preuve supplémentaire que tout le monde finirait par l'abandonner. Mais à mesure que l'année avançait, Violet avait trouvé les buvards, le THC et la transcendance. Elle avait appris à retourner son cerveau comme on retourne un gant et à laisser ses émotions de côté.

Depuis qu'elle avait reçu la lettre de Rose, Violet avait l'impression d'avoir remis les pieds dans la même merde. Ses sentiments hurlaient à plein volume. Elle se sentait étourdie, déséquilibrée. Ses épaules étaient tellement raides que tourner la tête lui faisait mal.

Edie lui jeta un regard qu'elle avait probablement emprunté à l'un des nombreux psys qu'elle avait vus au fil des ans.

« C'était une sorte d'appel à l'aide ? Tu crois que ta sœur a un TPL ?

— Je sais pas ce que c'est.

— Pardon. Trouble de la personnalité limite. C'est un truc genre "Je t'aime, moi non plus". L'ascenseur émotionnel. Tu crois qu'elle s'est enfuie en espérant que vous alliez la poursuivre ?

— Peut-être. Quand on était petites, son jeu préféré, c'était cache-cache. Elle adorait se cacher au fond du panier de linge sale et savoir que tout le monde s'arrachait les cheveux pour la retrouver. »

Après le déjeuner, Violet emprunta la carte téléphonique d'Edie. Le récepteur jaune gras serré dans la main, adossée à la porte en accordéon de la cabine, elle se trouva confrontée à un problème propre aux pays développés : elle ne se rappelait pas le numéro de sa meilleure amie, qu'elle avait toujours composé depuis le répertoire de son portable.

Elle fit trois faux numéros.

Elle réfléchit un instant en contemplant un graffiti qui persistait malgré les efforts de la femme de ménage pour le nettoyer (« *C'est solipsiste ici ou c'est juste moi ?* »). Puis elle eut l'idée d'appeler les renseignements. Heureusement, les parents d'Imogene avaient une ligne fixe.

Deux voix répondirent en même temps, la plus fatiguée appartenant à la mère d'Imogene. La charmante et monocorde à Finch.

« C'est bon, maman », dit-il.

Violet eut l'impression qu'on lui avait coupé la langue.

« Finch », lâcha-t-elle.

Son désespoir – elle voulait à tout prix parler à Imogene – rendait sa voix rauque comme celle d'une harceleuse téléphonique.

« Ouais. C'est Violet ? »

Ces derniers mois, elle avait tenté d'oublier ses sentiments pour Finch. Elle ne s'autorisait pas à appeler ça un faible. Avoir un faible n'était pas le préambule à l'amour, ce n'était qu'une manière de voir son cœur déchiqueté comme dans *Shark Week*.

« Ouais, c'est moi, répondit-elle. Écoute, Imogene est là ?

— Elle est sous la douche. Qu'est-ce qui se passe ? Où tu es ?

— Tu peux aller la chercher ? Je ne sais vraiment pas quand je pourrai rappeler.

— Eh, Hurst, t'es en taule ou quoi ? C'est ton seul coup de fil ? Tu veux que je t'appelle un avocat ?

— Je suis pas en prison. Va chercher Imogene, OK ? J'appelle avec une carte téléphonique et je sais pas combien il y a dessus. »

Au bout de quelques minutes pendant lesquelles Violet continua à décrypter le graffiti, Imogene prit le combiné.

« Violet ? Ça va ? Finch dit que tu t'es fait arrêter pour les graines. C'est un scandale ! Elles sont autorisées ! On les a achetées au rayon jardinage à la ferme équitable !

— J'ai pas été arrêtée. C'est une longue histoire. Ma mère ment sur ce que j'ai fait, je crois. Elle dit que j'ai fait du mal à Will. Mon père m'a amenée à Falkill.

— Attends… Quoi ? L'hôpital psychiatrique ?! Qu'est-ce que tu fiches là-bas ? Tu veux qu'on vienne te chercher ?

— Tu peux venir me voir, mais je peux pas partir sans leur accord.

— L'accord de qui ? Des médecins ou de tes parents ?

— Des médecins.

— Comment peut-elle dire que tu as fait du mal à Will ?

— J'en sais rien. Il est arrivé quelque chose à sa main. Un couteau, je sais pas. J'ai peur d'avoir de sérieux ennuis. Ma mère doit décider si elle porte plainte.

— Mais tu plaisantes ? C'est grave, Violet. Il faut que tu te tires de là. Mes parents vont venir te chercher. Ma mère est ici.

— Non. Imogene, n'embête pas ta mère avec ça. Elle a déjà suffisamment…

— Violet, ça va ? »

Violet considérait la chaleureuse Beryl Field comme la mère qu'elle aurait toujours voulu avoir. C'était elle qui lui avait appris à faire un créneau, qui lui avait montré comment mettre du crayon (« Penche ta tête en arrière, ferme l'œil à moitié. Imagine Marilyn Monroe »). Le soir du concert de printemps de la chorale, Beryl lui avait gentiment suggéré de retirer les collants à pointe renforcée que Josephine avait insisté pour lui faire porter. (« Là ! C'est mieux, tu ne trouves pas ? avait dit Beryl une fois les collants roulés en boule dans la poche de Violet. Tu étais belle avant, mais maintenant, tu peux profiter pleinement de tes espadrilles ouvertes. ») Beryl posait à Violet les questions que Josephine ne lui posait pas : où elle voulait voyager, quelles qualités elle trouvait attirantes chez les garçons, où elle pensait aller à l'université. Naturellement, Josephine trouvait Beryl molle et trop indulgente ; elle aimait se moquer d'elle car elle élevait sa fille comme « un précieux flocon de neige », alors que, selon elle, tout ce dont Imogene avait besoin, c'était d'une mère qui ait le courage de « lui arracher tous ces piercings du visage ».

« Je vais bien, répondit Violet en ravalant ses larmes.

— Imogene dit que tu es à l'hôpital psychiatrique de Falkill. Qu'est-ce qui s'est passé, ma chérie ? »

Violet ne put s'empêcher de remarquer le ton rauque et fatigué de la voix de Beryl. Elle semblait tellement différente de la femme pleine de vie qui trouvait le temps de faire des statues abstraites en tuyaux de PVC et de donner des cours de hula hoop au centre communautaire de Stone Ridge.

Violet aurait voulu demander de l'aide, mais elle n'était pas encore prête à affronter les accusations de sa mère. Il lui fallait plus d'informations. Elle avait besoin de temps pour organiser sa défense. Quoi qu'il soit arrivé à Will, c'était sa parole contre celle de Josephine, du moins jusqu'à ce qu'elle sache avec certitude si Rose était là ou non.

Tout ce qu'elle parvint à articuler fut l'euphémisme du siècle.

« Il ne s'est rien passé. Je me suis disputée avec ma mère et j'ai eu une crise de panique. À moins que ce soit l'inverse. »

Soudain, Violet eut un flash – plutôt une succession de flashs : le visage de sa mère ce soir-là dans la cuisine. Elle vit les yeux de Josephine s'étrécir, s'élargir puis se plisser comme si elle visait quelque chose. Et elle vit autre chose encore : la bouche de sa mère, d'abord contractée nerveusement, puis ouverte pour crier d'horreur, et enfin les lèvres retroussées révélant ses canines. Qu'avait-elle donc pu dire pour déclencher sur le visage de sa mère – qui s'en tenait habituellement à des mimiques sadiques et à des sourires hypocrites – dans une telle série d'expressions ?

Ça n'avait pas de sens : comment l'éclat de Violet avait-il pu pousser Josephine à se déchaîner à son tour ? En raccrochant, elle repensa à l'expression de sa mère tandis qu'on l'emmenait à l'hôpital. Elle l'avait fixée avec une mine assassine. Son visage portait une mise en garde vindicative. Il disait : *Attends un peu...*

WILLIAM HURST

« Tu veux un Coca ? » demanda Douglas sans regarder Will dans les yeux.

Ils se trouvaient dans son bureau, où il était en train d'allumer l'un des trois ordinateurs dont l'écran lui réclamait un mot de passe.

Will tressaillit mais tenta de dissimuler son choc. Josephine lui avait toujours interdit le soda, il ne l'avait donc jamais apprécié. Dans le Coca-Cola, tout – l'odeur, la couleur d'excrément, le crépitement carbonique – lui faisait monter le vomi à la gorge.

« Non, merci, répondit Will. Je n'ai pas soif. »

Il tenta de regarder vers le bureau pour suivre le mouvement des doigts de son père sur le clavier tandis qu'il tapait son mot de passe. Mais Douglas était rapide. Trop rapide. En moins d'une seconde, il était connecté. Le logo à bandes d'IBM apparut à l'écran.

Will ne put s'empêcher de remarquer que son père était différent au travail. Il avait l'impression d'assister à une transplantation de personnalité. Avant, Will redoutait que son père ne mène une vie parallèle, mais la réalité était encore plus perturbante : il paraissait avoir une identité parallèle.

Le Douglas d'Old Stone Way – le type évasif qui passait mécaniquement son dimanche à aller à l'église et à prendre le petit déjeuner à la Maison du pancake avant de pouvoir s'échapper à la « gym » pendant près de cinq heures – avait disparu. Remplacé par le Douglas Hurst d'IBM, le genre de baratineur amical à qui les gens adressaient un sourire un peu dégoûté avant de détourner le regard. Il n'était pas exactement confiant, mais il avait un numéro bien rodé, composé de jargon managérial et d'un sens du timing comique.

L'espace d'un instant, Will se demanda quelle personnalité était la vraie, avant de trancher : aucune des deux. Il tenta d'observer son père d'un point de vue extérieur – de le voir comme Douglas et non comme papa – mais il ne vit qu'un geek vieillissant avec son épaisse chevelure grise et sa chemise boutonnée trop haut, jusqu'à la pomme d'Adam. Will n'avait pas la moindre idée de qui était son père derrière la surface de ses lunettes légèrement graisseuses.

Peut-être Douglas aussi se sentait-il mal à l'aise en sa présence. Soudain, il se mit à parler sans s'arrêter.

« Il y a quelques années, on avait cette assistante qui ne voulait jamais porter deux fois les mêmes vêtements… C'était une obsession. Alors tu sais ce que j'ai fait ? Je lui ai créé un programme pour l'aider à suivre ses tenues. Il lui suffisait d'entrer ce qu'elle désirait porter – robe à pois et veste marron, tout ce que tu veux –, l'ordinateur réfléchissait et lui disait qu'elle avait mis la même chose le 5 décembre. » Douglas rit et but une gorgée de son mug de voyage. « Will, ne laisse jamais personne te dire que les geeks ne connaissent rien aux femmes. On n'est pas tous des parias sociaux. Bon… sauf Don, ici présent, bien sûr. »

Don, le collègue appuyé au montant de la porte, rit un peu trop bruyamment et s'éloigna en se tenant la poitrine comme si on lui avait tiré dessus.

Les *femmes*. Le mot frappa Will au visage comme un verre d'eau glacée. Cela le ramena à son véritable objectif. Officiellement, le cahier à spirale posé sur ses genoux devait servir à prendre des notes (sa mère voulait qu'il écrive un rapport sur « La technologie, le consulting multinational et ce que ça veut dire pour toi ») mais, officieusement, Will s'en servait pour enregistrer les interactions de son père avec le sexe opposé. À huit heures quarante-neuf, Douglas avait retenu la porte de l'ascenseur pour une femme blonde (Cindy) raisonnablement jolie malgré ses yeux endormis. Dix minutes plus tard, il s'était arrêté au milieu du couloir pour discuter avec une autre femme (Marnie) au visage inquiet, tombant, et aux cheveux frisés roux qui la lui firent imaginer portant la combinaison jaune de Ronald McDonald.

La veille, alors que Josephine s'était éclipsée aux toilettes pendant une leçon de maths sur Internet, il en avait profité pour rechercher des images correspondant au mot *maîtresse*. Il voulait se préparer pour savoir quel genre de femme chercher, au cas où toutes les destructrices de foyers se seraient ressemblé. Le résultat (Will n'avait alors vu que des décolletés, jamais des seins entièrement nus) lui avait donné un sentiment de culpabilité. Mais il lui avait également suggéré qu'il cherchait un type particulier de femme aux yeux de chat vêtue de latex noir. Depuis, il avait lutté contre les images de son père nu et menotté léchant les pieds d'une femme qui grognait.

Le téléphone sur le bureau de Doug sonna.

Il répondit en appuyant sur le haut-parleur.

« Oui ? »

C'était bizarre d'entendre la voix de sa secrétaire en stéréo, à la fois par le téléphone et par la porte ouverte du bureau.

« Carrie en ligne », annonça-t-elle.

L'espace d'un instant, son père rougit.

Carrie. La familiarité de cette annonce n'échappa guère à Will. Le fait que la secrétaire n'ait pas employé de nom de famille signifiait que cette personne appelait souvent. Très discrètement, il griffonna le prénom dans son carnet et le marqua d'une étoile.

Le combiné dans une main, Douglas fouilla dans la poche de son pantalon de l'autre.

« Tiens, dit-il en ouvrant son portefeuille et en jetant quelques pièces de monnaie à Will. Va te chercher quelque chose à grignoter au distributeur automatique.

— Je viens de prendre mon petit déjeuner. Et je dois te suivre *toute* la journée. J'ai un rapport à écrire. Que va dire maman quand je lui raconterai que tu ne m'as pas laissé faire mon travail ? »

Les joues de Douglas s'empourprèrent. Il semblait agité.

« Ton observation ne doit pas m'empêcher de faire le mien. » Douglas marqua une pause et opta pour une approche plus douce. « Laisse-moi quelques minutes. S'il te plaît. Je t'en serais reconnaissant. Quand tu reviendras, tu pourras assister à une réunion très importante. »

Will soupira. Dès qu'il eut franchi la porte de son père, il fourra la monnaie dans sa poche et se pencha pour « renouer » son lacet déjà bien en place, prenant garde que personne ne le voie écouter aux portes.

« Carrie, dit son père d'une voix neutre. Non. Je suis content de te parler. J'avais peur que tu ne me rappelles pas… »

Il y eut une pause déchirante. Deux hommes portant un bouc passèrent en dévisageant Will avec intérêt.

Le secret d'un bon détective privé était de se fondre dans le décor – pas précisément le fort de Will, mais il se redressa et feuilleta son cahier d'une manière qu'il espérait concentrée.

« Tu ne peux pas savoir comme j'en ai envie, dit Douglas. Mais j'ai mon gosse au bureau aujourd'hui. J'allais l'emmener déjeuner… Oui, je sais. Je suis complètement tordu… Oui, je t'appelle plus tard. Promis. Je t'appelle. Je ne te laisserai plus jamais tomber comme ça. Je t'apprécie. Je sais que tu t'inquiètes. »

Les oreilles de Will rugirent. Il éprouvait une horreur pareille à un tremblement de terre. Autour de lui, les murs du couloir vacillèrent, se liquéfièrent. Il sentit le sol verni gonfler sous ses chaussures bateau et il craignit d'être au bord d'une crise.

Il y avait une femme quelque part dans le monde – plus près, même, dans l'État, dans le comté – qui se sentait assez proche du père de Will pour s'inquiéter à son sujet. Malgré un sentiment de triomphe à l'idée que ses talents de détective avaient payé, il était écrasé par une vague de colère et de chagrin pour sa mère. L'aventure de son père ne ressemblait pas à une passade. Elle avait l'air puissante, dévastatrice – c'était quelque chose qui briserait leur vie à tous.

Plus tard, Douglas partit pour une réunion, laissant Will regarder une vidéo YouTube sur IBM, ce qui signifiait qu'il aurait pu la voir depuis le confort du bureau de sa mère. La vidéo ne disait rien sur les collègues de son père et ne lui apprenait pas grand-chose sur la personnalité extravertie que Douglas paraissait enfiler chaque matin en même temps que sa chemise antiplis.

En revanche, elle permit à Will de ne pas être dérangé pendant quarante minutes, le temps de parcourir les fichiers sur l'ordinateur de son père.

Will n'était pas un prodige de la technologie. Sa mère n'agrémentait pas précisément son programme de leçons de HTML. Elle croyait même qu'on utilisait encore WordPerfect.

Il parvint malgré tout à rechercher dans le disque dur de son père tous les documents qui pourraient contenir *sexe*, *Carrie*, *aventure* ou *aimer*. Il ne trouva aucun résultat, à part une présentation PowerPoint intitulée « Huit raisons d'aimer Lotus Notes ». Il fouilla donc dans ses maigres connaissances en matière de vice et chercha *hôtel*, ce qui ne lui donna que d'anciens itinéraires pour des congrès de travail. Il tapa ensuite *divorce*, *avocat* et même *garde*, avant de se concentrer sur l'e-mail ouvert de son père.

J'ai mon gosse au bureau aujourd'hui. Qui que soit Carrie, elle était au courant que Douglas avait une famille. Will décida de commencer par Rose. *Aîné*, un mot qui veut dire « premier-né ». Une recherche dans la boîte e-mail au nom de Rose fit apparaître des dizaines de messages.

Les plus récents avaient été échangés avec un homme que son père semblait envisager d'engager pour retrouver l'adresse de Rose. D'après la signature de sa messagerie, cet homme travaillait pour une « entreprise d'enquête privée assermentée desservant New York et ses environs ». Voyant qu'il n'était pas le seul détective privé sur l'affaire, Will se sentit un peu en compétition. Il ne pouvait s'empêcher d'imaginer son concurrent. Avait-il de vrais outils d'espion, modificateurs de voix et lunettes de vision nocturne ? Remontait-il le col de son imperméable noir ?

Dans le premier message, envoyé quelques mois plus tôt, Douglas écrivait qu'il voulait « juste vérifier » si sa fille qui s'était enfuie ne harcelait pas sa femme et ses autres enfants. Il y avait eu quelques incidents, disait-il, et sa femme se sentait nerveuse.

« *Quel genre d'incidents ?* » écrivait le détective.

« *Rien de sérieux*, répondait Douglas. *Ma voiture a été rayée. Quelques objets personnels ont disparu. Les visages de certaines photos ont été découpés dans l'album de famille, mais ma cadette a pu faire ça.* »

« Tout va bien là-dedans ? »

Il leva la tête et vit la secrétaire de son père dans l'embrasure de la porte, affichant le genre de sourire forcé qui fait ressortir les tendons du cou.

Il mit quelques secondes à comprendre de quoi elle parlait. C'était comme s'il avait du chewing-gum dans les oreilles.

« Mh-mh », répondit-il avant d'augmenter le volume de la vidéo sur l'esprit d'entreprise d'IBM.

L'assistante – elle s'appelait Peggy – hocha vigoureusement la tête. Proche de la retraite, elle avait de gros bijoux et des photos de ses petits-enfants sur son bureau. Par souci d'exhaustivité, Will avait tout de même ajouté son nom sur la liste des maîtresses potentielles.

« OK, fit Peggy. Tu es très indépendant, n'est-ce pas ? Exactement comme ton père. OK… Si tu as besoin de quoi que ce soit, n'hésite pas. »

Will se mordit les lèvres. Ses oreilles bourdonnaient et ses doigts étaient devenus si étrangement froids qu'il avait du mal à déplacer le curseur à l'écran.

Les photos défigurées, les objets volés… tout cela était nouveau pour Will. Pourtant, il avait bien senti quelque chose d'étrange, à part la bizarrerie habituelle de Violet. Deux fois, des ours avaient fouillé dans les poubelles et répandu des détritus dans tout le garage (mais aucun Hurst n'admettait avoir laissé la porte ouverte). Une fois, il avait trouvé sa mère dans sa chambre pleurant devant les débris de sa bouteille de parfum préférée.

Bien sûr, il se souvenait que la voiture de son père avait été rayée. Il avait entendu ses parents se disputer à ce sujet, à travers la porte de leur chambre.

« Tu as forcément mis quelqu'un en rogne, Douglas ! gémissait sa mère. Reconnais-le ! Tu as fait une queue de poisson ! Ou tu as bloqué une piste cyclable ! Ou, je sais pas… tu as piqué une place que quelqu'un attendait !

— C'est arrivé ici, Josephine ! avait répondu son père. Dans notre garage !

— Eh bien ça t'apprendra à laisser la porte ouverte !

— Tu crois que Violet aurait pu faire ça ? Ou un de ses amis ? »

Et ainsi de suite.

Il y avait également eu un incident quelques jours avant que Violet ne perde la boule. C'était une nuit humide, chaude pour la saison. La fenêtre de Will était ouverte, et ses rideaux rayés oscillaient dans la faible brise. Il se réveillait toutes les demi-heures, en jouant au catch avec ses draps. Il avait les cheveux trempés, son oreiller était humide de transpiration. Quand il avait tendu la main sous son coussin pour le retourner du côté frais, ses doigts avaient rencontré une pointe métallique. À la lueur de sa veilleuse en forme d'arche de Noé, Will avait reconnu les ciseaux de couture de vingt centimètres de sa mère. Il avait retourné le manche orange dans sa main tout en se demandant comment ils s'étaient retrouvés à quelques centimètres de son visage. *Une blague de Violet ? Maman les a-t-elle oubliés par erreur en faisant le lit ?* Will avait fini par se lever pour les remettre dans la boîte à couture sur le bureau de sa mère. À son réveil le lendemain, il n'en avait soufflé mot à quiconque, attribuant l'incident à un rêve très réaliste.

Le dernier e-mail du détective potentiel de son père était daté d'une semaine avant la crise de Violet.

> *Je pense qu'il ne sera pas difficile de retrouver votre fille. Pour commencer, il faudra que vous me fournissiez certaines informations, notamment sa date de naissance, une photo récente, son numéro de permis de conduire, son numéro de Sécurité sociale, une liste de noms qu'elle pourrait utiliser ainsi que des renseignements sur ses moyens de communication électroniques, comme son téléphone portable et son adresse e-mail.*

Pour autant que Will puisse le voir, son père n'avait pas répondu, à moins qu'il n'ait effacé les messages suivants pour couvrir ses traces.

Will fixa la feuille criblée d'inscriptions. Il tenta de forcer son cerveau à adopter le même genre d'algorithme, chaque flèche menant d'une pensée logique à une autre.

Les explications étaient infinies, mais deux lui apparurent immédiatement. L'une était que Douglas avait changé d'avis. Peut-être avait-il trouvé un autre coupable pour les photos de famille découpées et pour sa voiture. Il n'était pas impossible que son père ait raison et que ce ne soient que d'autres effets de la rébellion dilettante de Violet. L'autre hypothèse était qu'il ait engagé le détective. Dans ce cas, soit il avait passé les dernières semaines à lui parler exclusivement par téléphone, soit il avait entrepris d'effacer toute trace de ce qu'il avait découvert.

Les pensées de Will furent interrompues par Peggy, qui transférait un appel à la messagerie de Douglas. Il regarda la lumière rouge des messages clignoter sur le téléphone et le soupçon s'insinua en lui. Peut-être son père avait-il commencé à faire attention à ses e-mails parce que le détective privé avait retrouvé Rose. Il y avait une possibilité pour que les coups de téléphone clandestins de son père n'aient rien de romantique. Pas de sexe, mais quelque secret concernant Rose. Après qu'elle s'était enfuie, le père de Will s'était montré bien plus optimiste et indulgent que sa mère. Mais ce n'était pas lui que Rose avait appelé pour un dernier affront une fois arrivée à New York. Rose et Damien avaient téléphoné à Josephine, et celle-ci ne pouvait pardonner ce qu'ils lui avaient dit. « Elle m'a dit que nous étions morts pour elle, Douglas. Elle m'a dit que si je la contactais, elle me le ferait payer. Elle a dit que nous étions toxiques. »

Will ouvrit son carnet à la liste de noms de femmes. Dans la marge, en grosses lettres, il écrivit « *ROSE* ».

VIOLET HURST

La patronne de Violet, Mme D., s'était montrée plus que compréhensive quand elle l'avait appelée pour s'excuser d'avoir manqué le travail à la boutique de la ferme Dekker. Il n'y avait pas beaucoup de travail, et ils fermeraient pour la saison dans moins d'un mois.

« Prends tout le temps qu'il te faut, ma chérie. Les touristes sont partis et il n'y a presque plus rien à faire ici de toute façon. Les autres sont derrière à égrainer le maïs. Je leur dirai que tu as appelé. »

Violet sourit malgré elle en pensant à ses collègues.

« Écoute, quand tu te sens mieux, passe me voir, poursuivit Mme D. J'ai ton chèque et une pile de tartelettes à la poire dont il faut que tu me débarrasses. Je ne sais pas pourquoi, ceux de la ville ne les achètent pas cette année. Ils doivent tous faire le même régime. Personne ne m'a prévenue. »

Violet travaillait chez Dekker depuis plus d'un an. C'était un job amusant et varié : tenir la caisse, aider à dessiner le labyrinthe dans le champ de maïs, arranger les plantes annuelles dans les paniers suspendus. Violet avait fait partie du personnel depuis le tout premier instant où elle avait eu le droit de travailler. Mme Dekker était la seule personne sur terre qui pouvait réveiller l'appétit de Violet, et ce sans proférer de menaces de mort. Non seulement Mme D. aimait nourrir les gens, mais elle aimait suffisamment les gens eux-mêmes, quels qu'ils soient, pour vouloir les nourrir. À n'importe quelle heure de la journée, en regardant à travers les étagères du rayon boulangerie – derrière les donuts faits main et les scones qui suintaient la myrtille –, on pouvait voir Mme D. rire et s'affairer avec son tablier, une tache de gras sur le verre de ses lunettes.

Un jour, vers la fin de son *sallekhana*, alors que Violet était censée n'avaler que du bouillon ou du jus de céleri, elle avait succombé au chant des sirènes de la cuisine chaude et bruyante de Mme D. L'odeur du pain frais et du beurre de pomme l'avait prise à la gorge, un peu comme une canne de vaudeville vous attrape le cou, et elle s'était emplie de tout ce qui lui tombait sous la main. C'était l'équivalent d'une cuite, mais avec de la nourriture – un trou noir gastronomique. Lorsqu'elle avait relevé la tête, elle avait à moitié vidé un saladier de chili aux haricots noirs sans même se rappeler l'avoir englouti.

Les gens de chez Dekker s'appelaient eux-mêmes la Boîte de jouets cassés. Tous étaient des rebuts, des marginaux, des tordus… et fiers de l'être. Piercings scintillants sur le visage, triant les patates nouvelles avec les yeux injectés de sang, Violet et ses collègues savaient de quoi ils devaient avoir l'air face aux clients qui, au volant de leur Audi ou de leur Beemer, s'étaient trompés de route pour se rendre dans le comté de Dutchess. Une fille de la bande de Dekker – une mère célibataire d'une vingtaine d'années qui s'appelait Trilby – avait le mot *Dickavore* tatoué bien en vue à l'intérieur de son pouce, mais Mme D. la laissait tout de même travailler à la caisse alors que les clients le verraient forcément tandis qu'elle compterait les billets.

Violet imaginait que Mme D. aussi devait avoir eu une jeunesse mouvementée. La lueur dans son œil chaque fois qu'elle entendait quelqu'un parler d'aller au Burning Man en stop trahissait son approbation tacite. Une fois, quand quelqu'un lui avait demandé ce qu'elle avait étudié à SUNY, elle avait répondu avec un clin d'œil : « C'était les années soixante-dix. J'ai étudié la paix. »

Après avoir téléphoné à Imogene et Dekker – les amis qu'elle considérait comme sa famille –, Violet se demanda si elle devait appeler sa vraie famille. Mais pour leur dire quoi ?

C'était surtout pour Will qu'elle s'inquiétait. En fait, ça la rendait presque folle, l'empêchait de se concentrer sur les psychiatres qui tentaient de réveiller un souvenir dans son cerveau embrumé. Violet craignait que son frère soit gravement blessé. Elle se sentait coupable, non seulement de ce qu'elle pouvait lui avoir fait, mais de l'avoir laissé seul à la maison avec leur mère.

Violet ne pouvait s'empêcher de l'imaginer aux urgences, en pleine nuit : Will, les épaules levées jusqu'aux oreilles, ses dents serrées et ses narines gonflées, les sourcils froncés de douleur. *De graves blessures à la main droite.* C'est l'expression qu'avait utilisée le policier, ce qui ne permettait pas de savoir à quel point Will avait eu mal. Avait-il eu les doigts ou une autre partie de la main coupée puis recousue ? Pourrait-il à nouveau jouer du piano ? Elle imagina une lampe chirurgicale ronde éclairant l'espace entre Will et le médecin. En revanche, elle ne parvenait pas à se représenter la main de son frère. La pensée même du sang coulant d'une plaie ouverte lui serrait la gorge et lui embuait les yeux. Sa peur du sang dépassait la simple aversion qui vous pousse à fermer les yeux pendant un film d'horreur. Elle en souffrait depuis qu'elle avait vu la photo sur le bureau de sa mère, quelques semaines avant que Rose ne s'enfuie.

À ce moment-là, Rose et Violet étaient assises à la table du petit déjeuner, où elles faisaient parfois leurs devoirs en silence, chacune à une extrémité comme si elles s'affrontaient en duel. De l'autre côté de la pièce, Josephine préparait un ragoût de bœuf tandis que les *Gymnopédies* de Satie passaient en arrière-fond sur la chaîne stéréo. Violet mémorisait des fiches d'espagnol. *Hermana. Madre. Amiga. Conocida.* (Le chapitre portait sur « Famille et amis ».) Rose faisait un travail pour son cours de biologie à SUNY. Elle devait dessiner un schéma du cerveau et indiquer où étaient stockés les trois types de mémoire humaine.

Comme Josephine, Rose était douée en dessin. C'était l'une des rares choses qui les unissaient et qui rendaient Violet malade de jalousie, surtout les après-midi où elles emportaient leur chevalet sur la promenade des Poètes à Rhinebeck et passaient des heures à discuter tout en peignant l'Hudson encadrée par les montagnes. Malgré tous ses efforts, Violet ne parvenait pas à s'insinuer dans leurs conversations sur la peinture et les techniques de dessin – des échanges sans fin sur le « frottis », « alla prima » ou le bleu phtalo. Josephine affirmait que les paysages de Violet manquaient de richesse et que ses portraits ressemblaient à des caricatures de foire. (Pour finir, Violet s'en était amusée. Sans jamais montrer ses dessins à personne, elle avait réalisé une série de portraits atroces des Hurst en personnages de cirque. Leur mère incarnait le maître de cérémonie, tandis que Rose était l'animal savant qui saute dans des cerceaux.)

Quoi qu'il en soit, Rose se sortait très bien de son croquis au stylo-bille. Après tout, c'était pour un cours de sciences, pas pour l'Institut national d'art. Cependant, dès que Josephine avait vu le dessin, elle avait insisté pour que Rose colorie le cerveau au crayon.

« Non, maman, avait répondu Rose. Ça suffit comme ça. Je dois encore écrire une dissertation d'anthropologie. »

Mais Josephine avait fait toute une histoire à propos des crayons de couleur qu'elle avait dans son bureau.

« C'est une boîte de soixante-douze Prismacolor ! Je viens de les acheter au Catskill Art Supply ! »

Les yeux de Josephine brillaient de joie quand elle avait dit cela. Sa bouche était tirebouchonnée en une expression étrange, comme si elle luttait pour réprimer un sourire.

Rose était finalement montée à contrecœur en marmonnant que son chef-d'œuvre n'impressionnerait pas son professeur, M. Cadaver-Travers.

Elle n'était pas partie longtemps. Une vingtaine de secondes à peine s'étaient écoulées quand Rose avait dévalé l'escalier comme une furie. Son visage était un masque de larmes et de maquillage.

« C'est pour ça que tu voulais que je monte ?! avait-elle crié d'une voix brisée. Tu es malade ! Tu le sais, ça ?!

— Oh, Rose, tu es trop sensible. C'est un accident, j'avais oublié que c'était là ! avait répondu leur mère en posant son couteau sur la planche à découper à côté d'un morceau de tendon.

« Mais bien sûr ! avait hurlé Rose. Combien de temps tu vas encore me torturer ? Jusqu'à la fin de l'université ? Jusqu'à la fin de ma vie ?

— C'est moi qui suis torturée ! Je porte le deuil de ce bébé !

— Dans ce cas, mets ce bébé en papier dans une boîte et enterre-le ! »

Rose avait adressé un doigt d'honneur à Josephine, et Violet avait remarqué que sa sœur tremblait jusqu'aux épaules.

Violet ne l'avait jamais vue se laisser autant emporter par les émotions. À l'époque, elle était âgée de quatorze ans, et si elle mourait d'envie de s'arracher au coussin de la banquette devant la baie vitrée pour prendre sa sœur dans ses bras, elle avait aussi l'impression que sa colonne vertébrale s'était changée en ciment. Elle était restée figée, naïve, confuse quant à l'origine de la dispute.

Violet n'était parvenue à se reprendre qu'une fois que sa sœur avait franchi la porte d'entrée, avec Josephine sur les talons qui vociférait :

« Chaque jour, je dois vivre sachant ce que tu es et ce que tu as fait ! Tu es *perdue*, Rose ! Moralement et scolairement, tu es dans les choux ! Vivre comme tu le fais ne sert à rien ! »

Violet se rappelait encore ce qu'elle s'était dit en montant l'escalier. Au fond d'elle, honteusement, elle était contente que quelqu'un d'autre ait des ennuis.

Le bureau de Josephine était une petite pièce en haut de l'escalier. À l'intérieur se trouvaient une table à dessin, une lampe de bureau et des dizaines de livres d'art remplis de marque-pages. Si son style l'ennuyait, Violet ne pouvait nier que Josephine connaissait son affaire. Sa mère avait toujours été dans son élément quand elle parlait de la composition en croix du *Martyre de saint Barthélemy* ou du fait que les *Deux femmes à la fenêtre* de Murillo étaient en réalité des prostituées.

Cependant, ce que Violet avait vu en s'approchant de la table de sa mère n'était ni un Francisco de Zurbarán ni un Jusepe de Ribera. C'était une photocopie en couleurs d'une photo représentant un bébé mort et possiblement démembré, le cou tordu à un angle impossible, comme si quelqu'un avait tourné exprès son visage tailladé et sanglant vers l'objectif. Le cordon ombilical (toujours attaché) plongeait à l'autre bout dans un seau rempli de sang. En fait, le sang constituait ce que Josephine aurait pu appeler « le thème majeur de la composition ». La table en était barbouillée. Son ombre rouge visqueuse maculait la serviette qui enveloppait le bébé. Il luisait sur l'instrument pratiquement situé hors cadre qui ressemblait à une énorme paire de pinces. La légende disait : « *Quelle fière société nous sommes : tuer les innocents au nom du droit des femmes à choisir.* » Dans le coin en haut à droite, un message amical du sponsor : « *La Coalition de l'Hudson pour la vie vous invite à vous opposer à l'avortement.* »

Cette photo était la principale raison pour laquelle Violet était devenue végétarienne. Dès qu'elle sentait une odeur de bœuf, qu'elle voyait un morceau de viande saignante, elle repensait à cette photo d'un avortement tardif. Quant à l'incident, Violet n'en avait jamais parlé à personne. Elle l'avait laissé reposer – ou plutôt pourrir – dans la partie de son esprit que Rose avait étiquetée « amygdale » sur son schéma du cerveau humain. Elle n'avait plus jamais remis les pieds dans le bureau de sa mère et évitait de penser à ce qu'elle y avait vu – ce que cela disait de sa mère, qui avait paru se réjouir de la douleur qu'elle provoquait, et ce que cela signifiait pour Rose, qui s'était enfuie parce qu'elle ne supportait plus que ses épreuves personnelles soient exposées au grand jour par plaisir sadique.

Violet appuya la tête contre la paroi de la cabine téléphonique. Quand son étourdissement passa, elle composa le numéro des renseignements pour obtenir celui de l'hôpital de Kingston. La standardiste lui répondit que personne du nom de Will n'était enregistré et lui expliqua qu'il avait sans doute déjà été soigné.

Will n'avait donc pas de complications. Ç'aurait dû être un immense soulagement, mais elle ne savait pas trop quoi en penser. Cela voulait-il dire que sa mère avait simplement exagéré un petit incident ? Elle trouvait menaçant – mais pas très surprenant – que tout le monde la laisse volontairement dans l'ignorance.

Violet imagina son frère à la maison, sur le canapé dans sa robe de chambre de fille tandis que leur mère lui faisait manger de la glace. L'image était perturbante par bien des côtés. Car, malgré l'agacement que lui procurait son petit frère gâté, elle voulait aussi le protéger contre celle qui était pour l'instant la lumière de sa vie. Ce n'était sans doute qu'une question de temps avant que Josephine ne le trahisse comme elle avait trahi Rose, de manière « accidentelle » et donc parfaitement réfutable.

Will accomplirait un jour la prophétie de sa mère, exactement comme le reste des Hurst. Josephine avait annoncé que Rose était perdue, et Rose s'était perdue. Josephine aimait accuser Violet d'être « folle », et voilà que, soudainement, elle avait pété un boulon. Josephine traitait Will comme une extension d'elle-même, et bientôt il se mettrait à traiter les gens comme elle le faisait. C'était un bon garçon, mais il ne deviendrait jamais quelqu'un de bien tant que sa mère pèserait sur lui et lui apprendrait à punir et à manipuler.

Violet avait lu l'histoire d'une divinité venue trouver Bouddha et qui lui avait demandé : « Quel est le meilleur ami qu'on ait à la maison ? » Bouddha lui avait répondu : « *Mata mittam sake ghave.* » (« La mère est le meilleur ami qu'on ait à la maison. ») Mais une mauvaise mère engendrait soit des criminels, soit des victimes pour la vie. Dans l'esprit de Violet, la seule vraie question était : lequel des deux deviendra Will ?

Après l'heure des coups de téléphone, Violet et Edie restèrent allongées sur le sol de la salle commune à jouer avec un bingo récemment offert par une infirmière.

« Vingt-quatre, annonça Edie. Alors, qu'est-ce que tu vas faire au sujet de Rose ? »

Pendant la thérapie de groupe de l'après-midi, Violet avait parlé de la fuite de Rose et de son étrange réapparition.

« Bingo ! » Violet avait trop de dignité pour se livrer à une danse de victoire. « L'ignorer, peut-être. Je ne sais pas trop si je me fie à Rose. J'ai l'impression qu'elle fait ça seulement parce qu'elle veut quelque chose.

— À ton tour de tirer… Alors tu ne vas pas lui répondre ?

— Tu as remarqué que certains chiffres sont effacés sur ces jetons ? Ce jeu doit avoir cinquante ans. Combien tu crois qu'on en tirerait sur eBay ? »

Sa tentative de diversion ne fonctionna pas. Il y eut un silence pesant. Les autres filles regardaient Violet en coin tout en empilant leurs pions de bingo.

« Même si j'étais furieuse quand Rose est partie, je suis contente qu'elle s'en soit tirée. J'ai toujours pensé qu'elle aussi. C'est un peu perturbant qu'elle revienne, surtout maintenant, au sommet – au putain de zénith, même – de l'hystérie des Hurst…

— Attends un peu, fit Corrina en levant sa carte de bingo pour l'interrompre. Tu crois que ta sœur vit sous une fausse identité ? » Sans laisser Violet répondre, elle poursuivit : « C'est dur. J'ai essayé. Inventer des noms et des adresses. Toujours avoir peur que quelqu'un te reconnaisse pendant que tu fais le plein, t'appelle par ton nom…

— Et toi, pourquoi tu t'es enfuie ? lui demanda Edie.

— Je sais pas, j'aime l'idée de tout reprendre de zéro », répondit Corrina en haussant les épaules.

Peut-être était-ce le fruit de son imagination, mais il sembla à Violet que tout le monde dans la pièce expira en même temps. Quiconque avait fait une tentative de suicide savait que ça aussi, c'était une façon de repartir de zéro.

D'une certaine manière, le *sallekhana* de Violet n'était pas si différent de la décision de Rose de s'en aller. Jeûner jusqu'à la mort était la seule manière que Violet avait trouvée pour mettre de l'espace entre sa mère et elle. C'était la seule manière qu'elle avait trouvée d'abandonner son poste de fille haïe et de bouc émissaire adoré.

Corrina joua mélancoliquement avec son bracelet d'identification.

« Non, sérieusement. Écris à cette salope de Rose pour lui demander comment elle a fait pour s'enfuir sans que personne s'en aperçoive. Quand je sortirai d'ici, je dois retourner vivre dans un mobil-home avec ma mère de cent cinquante kilos et ses chiens infestés de vers. J'ai besoin de la méthode magique de ta grande sœur. S'il te plaît. Je te donnerai même le timbre. »

Violet n'avait toujours pas la moindre idée de ce qu'elle ferait quand on la laisserait sortir. Elle refusait de rentrer chez elle, mais l'idée de s'émanciper la terrifiait et la culpabilisait. Coupable… Ne faut-il pas être sans cœur pour renier sa propre mère ? Terrifiée… Parce que la télé, ou peut-être la société entière, lui avait appris qu'on ne pouvait réussir dans la vie sans le soutien d'une famille aimante. Mais si la vie ne vous a pas fourni de bons modèles ou de bons enseignements, n'êtes-vous pas obligé d'aller les chercher vous-même ?

Cependant, Corrina n'avait pas tort : comment faisait-on ? Si ç'avait été l'été, Violet aurait pu prendre une tente et vivre dans des campings. Mais l'hiver approchait, et ses économies presque inexistantes ne lui permettraient pas de s'acheter un camping-car. Elle pouvait faire du stop ou prendre un bus vers le Sud où le temps était plus clément, mais ensuite ? Ironie du sort, la seule personne qui pouvait apprendre à Violet comment disparaître totalement était celle pour qui elle nourrissait des sentiments contradictoires. Soudain, toutes les routes menaient à Rose.

WILLIAM HURST

Le père de Will l'emmena déjeuner à dix minutes au nord de Poughkeepsie.

Douglas étudia l'explication de chaque plat comme s'il devait ensuite y avoir un contrôle-surprise. Pour sa part, Will s'interrogeait : serait-il plus mal élevé de demander à la serveuse de garder la crème de truffes sur le fromage grillé ou de commander les macaronis en essayant de remplacer le gruyère par du cheddar ?

Quand Douglas eut commandé des côtes braisées et un thé glacé, Will sentit ses épaules se détendre. Il redoutait que son père ne prenne du whisky.

À la table d'à côté, un serveur lisait les plats du jour avec l'enthousiasme d'un grand chef. Douglas se recula dans sa chaise tout en l'observant.

« Parfois, je regrette de ne pas avoir fait une école de cuisine, dit-il. J'adore la nourriture. Simplement, je n'ai plus besoin de cuisiner car ta mère est un véritable cordon-bleu. »

Will ne savait pas quoi dire. Il tenta d'imaginer son père produire des plats au lieu de lignes de code. Il ne l'avait jamais vu préparer même un œuf dur.

En y repensant, Will se rappela que, des années plus tôt, son père avait eu une période où il faisait des glaces. Un été, avant que Rose ne s'en aille,

Douglas en avait confectionné d'énormes quantités aux parfums les plus audacieux, sorbet au vin blanc et glace au jalapeño. Mais à la mi-août, sa sorbetière avait été vendue par erreur lors d'une brocante organisée par les Hurst. D'après les souvenirs de Will, elle était partie pour quinze dollars et n'avait jamais été remplacée.

« Tu sais, on s'est rencontrés dans une cuisine. »

Douglas fixait son verre à pied rempli d'eau. Il se mit à faire tourner furieusement le liquide, comme Will l'avait souvent vu agiter le vin rouge.

« Maman et toi ? »

Son père hocha la tête.

« On travaillait tous les deux dans le même restaurant pour payer nos études. Ma mère venait de mourir. Celle de Jo l'avait fichue dehors. » Douglas regarda tristement la coupelle en forme de cœur remplie de beurre d'ail. « Quand j'ai rencontré ta mère, elle était tellement amusante, si enthousiaste. Elle était serveuse, moi, assistant. Elle portait toujours du rouge à lèvres, on ne la voyait jamais sans. Elle faisait modèle de nu pour les classes de dessin dans son école d'art.

— Tu as pris des cours de dessin ?

— Non, elle m'en a parlé. »

Son père s'ouvrait, ce qui était rare. Will ne voulait pas briser l'enchantement en disant que sa mère lui avait déjà raconté qu'elle avait posé comme modèle. Sans doute d'autres mères cacheraient-elles à leurs enfants qu'elles s'étaient plantées nues devant un cercle d'inconnus, mais la sienne était unique. Josephine lui avait dit que ç'avait été une expérience puissante, tous ces yeux braqués sur elle. Une occasion de « montrer ce qu'elle avait » sans que ce soit sexuel. Selon ses propres termes, elle enseignait déjà, initiant de futurs Raphaël à la forme humaine.

« Donc, vous sortiez ensemble quand vous travailliez au restaurant ? »

Toute information sur le couple de ses parents pouvait s'avérer utile à son enquête.

Douglas soupira.

« Il m'a fallu six mois pour convaincre ta mère de sortir avec moi, et elle n'a accepté qu'après que son petit ami de l'époque l'a quittée. *Clyde.* » La moue de son père suggéra à Will qu'aujourd'hui encore, il tuerait ce garçon s'il le croisait. « Ta mère était effondrée. Un jour, je l'ai trouvée en train de pleurer dans la chambre froide, et elle m'a raconté que ce mec s'était tiré en lui disant qu'elle avait changé. Alors je lui ai dit : "Non, Jo, tu n'as pas changé. C'est juste que ce type ne te connaissait pas." Nous étions tellement jeunes. Maintenant que j'ai grandi, je pense que les deux peuvent être vrais simultanément.

— Je ne comprends pas de quoi tu parles, papa.

— Personne ne change plus vite qu'une personne qu'on ne connaît pas. »

Les yeux de Douglas tombèrent sur la serviette posée sur ses genoux. Sa voix paraissait triste, mais à son expression, on voyait qu'il manquait d'énergie pour exprimer ses émotions.

Will hocha la tête comme s'il avait une vague idée de ce que Douglas voulait dire. Mais il n'avait rien compris. En fait, toute cette conversation le mettait un peu mal à l'aise.

Le père de Will versait rarement dans la philosophie, et certainement pas sans une bouteille de vin à la main. L'espace d'un instant, Will se demanda s'il n'avait pas bu au travail, mais il n'en affichait aucun des signes : joues rouges et sueur sur le front.

Will fit semblant de s'intéresser. Les talents d'acteur étaient la principale arme d'un espion.

« Et tu as cuisiné, au restaurant ?

— Pas très longtemps. Je venais d'être promu à la cuisine quand j'ai démissionné. J'adorais préparer la soupe. On se rend toujours compte des efforts que le cuisinier a mis dans une bonne soupe. Il faut utiliser des os pour le bouillon. Ça donne plus de goût. Ma soupe poireaux-pommes de terre était incomparable.

— Pourquoi tu as arrêté de travailler là-bas ?

— Le responsable avait un problème avec ta mère. Quand il l'a virée, je suis parti aussi. »

Douglas resta absorbé dans ses pensées tandis que le serveur posait leurs assiettes sur la table avec une précision excessive.

Will imagina sa mère en serveuse aux grands yeux, toute en jambes, avec un rire et une repartie pour chacun. Son père était fou de penser qu'il pourrait trouver quelqu'un de mieux qu'elle, y compris Carrie. Carrie était une *péronnelle*. Carrie était un *myrmidon*.

« Je suis content d'avoir choisi le fromage grillé », fit Will.

Depuis les quelques jours qu'il portait une attelle à la main droite, il parvenait mieux à manœuvrer sa fourchette avec la gauche. Mais il n'était pas encore bon. Il n'avait pas le niveau restaurant.

Son père salait son plat avant de l'avoir goûté – un tic nerveux.

« Ah oui ? fit-il, comme en transe. C'est bon ?

— Je veux dire que j'ai seulement besoin d'une main pour le manger. »

Douglas leva les yeux de la courge qu'il avait en accompagnement.

« Oh, fit-il en soufflant légèrement. Oh, bien sûr, ta main. J'oublie tout le temps comme ça doit être gênant. »

Pour Will, son attelle était un rappel constant de son rendez-vous prévu avec Trina. Il aurait lieu dans moins de deux jours. Quelque part, dans un recoin éloigné de son cerveau, une horloge digitale comptait ces cinquante heures jusqu'à la dernière seconde.

Mais au lieu d'en parler à Douglas, il expliqua :

« Je suis content, je ne dois la porter que deux semaines. Comme ça, ma main ressemble à la pince métallique des jeux de fête foraine.

— J'ai essayé d'apprendre à Rose à gagner à ce jeu. L'habileté n'a rien à voir là-dedans, tu sais ? » Typique de Douglas. Tout de suite changer de sujet, tout ramener à la science. « Ces machines sont programmées pour faire gagner quelqu'un au bout d'un certain nombre de parties. Il suffit d'observer un moment et de compter le nombre de perdants entre deux vainqueurs. Mais Rose n'a jamais eu la patience.

— Peut-être qu'elle voulait mériter de gagner.

— Peut-être. Ou peut-être qu'elle a toujours été habituée à avoir ce qu'elle voulait. Sans travailler. Tu connais Rose. »

Non, songea Will. Il n'était pas sûr de connaître Rose. Il y avait dix ans d'écart entre sa sœur et lui. Si la famille Hurst était une troupe d'acteurs, Rose en avait été la star. Le reste de la famille se taisait par respect quand elle entrait dans la pièce. Ils lui jetaient des regards à la dérobée. Ils lui donnaient la réplique et évitaient de la déranger avec des questions trop terre à terre – par exemple comment se sentait-elle ou que se passait-il de nouveau dans sa vie ? Mais quelle qu'ait été l'attention qu'on lui portait, ce qu'était vraiment Rose restait un mystère.

Puisqu'ils en étaient à parler de Rose, Will décida de commencer son interrogatoire. Malheureusement, il ne jouissait pas de l'autorité d'un véritable policier.

Il allait devoir s'appuyer sur le fait que quelqu'un avait déjà parlé. C'est ce que faisaient les enquêteurs dans les émissions policières.

Will posa son sandwich.

« Le soir où j'ai été blessé, Violet a dit que Rose était là. »

Douglas eut un mouvement de recul. Il cessa de mâcher.

« Tu ne te rappelles pas ? » insista Will.

Quand il s'agissait de contrôler ses émotions, Douglas était un véritable Jedi. Il avait l'air surpris, même si Will n'en aurait pas juré. Il allait devoir augmenter la pression, faire référence au goût de son père pour la boisson.

« Enfin, je sais que c'était après le travail et que tu étais un peu groggy…

— Will, Violet n'avait pas tous ses esprits. Elle avait pris de la drogue. Tu es assez grand pour savoir ça. Elle a pris une de ces drogues dangereuses et illégales qui provoquent des hallucinations. Certains voient des serpents ou des singes qui volent. Violet a cru voir Rose. »

Will sentit un fourmillement dans son bras. Il ne se rappelait pas la dernière fois qu'il avait énervé son père. En fait, il n'avait jamais cru que ce soit possible.

Douglas contracta la mâchoire. La lueur dans son regard ressemblait à de la colère. Ses yeux gris étaient durs et sombres comme de l'asphalte ; ils épinglèrent Will au dossier ornementé de sa chaise.

« Rose n'a rien à voir avec ce qui s'est passé ce soir-là, Will. Je ne laisserai personne tenter de l'y impliquer, pas même toi. Je ne tolérerai pas qu'elle devienne un bouc émissaire. Est-ce que c'est clair ? Hein ? Réponds-moi. »

Will hocha la tête, les yeux baissés.

« Parfait. Maintenant, excuse-moi, je dois téléphoner. »

Le verre de Douglas vacilla quand il jeta sa serviette roulée en boule sur la table. Il sortit du restaurant à grands pas, bousculant les gens tandis qu'il composait un numéro sur son portable.

« C'était bon ? demanda le serveur avec un timing impeccable.

— Exceptionnel, répondit Will, car c'était le genre de chose que disait habituellement sa mère.

— Bien… parfait. »

Le serveur paraissait un peu étonné. Will avait le don de mettre les gens mal à l'aise. D'après sa mère, c'était parce qu'ils trouvaient son intellect intimidant.

Par la fenêtre, Will voyait son père arpenter le parking. Il avait relevé son col pour se protéger du vent humide. Le téléphone collé contre son oreille faisait rebiquer ses cheveux sur le côté. Ce que lui disait son interlocuteur avait l'air de l'apaiser. Ses épaules s'étaient affaissées, il semblait surtout écouter et n'ouvrait la bouche que pour proférer de courtes phrases qui pouvaient être soit des questions, soit des plaintes.

Will effleura l'attelle sur sa main. Carrie ou pas, il savait au fond de ses tripes emplies de gruyère que son père protégeait Rose. Rose, la personne qui pouvait faire le plus de mal à sa mère, et donc à lui.

VIOLET HURST

Pendant deux jours, Violet s'était languie d'une connexion Internet, mais maintenant qu'elle avait accès au laboratoire informatique, elle se trouvait confrontée au problème d'avoir huit milliards de sites et nulle part où cliquer. Elle n'allait pas changer sa localisation sur Facebook pour « hôpital psychiatrique » ou tweeter : *Je suis à côté d'une femme qui s'est coupé les oreilles parce qu'elle croyait que sa tête était sur écoute.* En fait, elle ne savait pas trop quoi faire, à part commencer un brouillon de réponse pour sa sœur.

« Violet ? » Edie recula sa chaise en plastique couleur margarine. « Qu'est-ce que tu fabriques ? On dirait un concert de cigales. »

Violet ne se rendait pas compte qu'elle maltraitait compulsivement la souris de son ordinateur, surlignant encore et encore le peu qu'elle avait écrit.

« Pardon. J'essayais de réfléchir à ce que je pouvais répondre à Rose.

— Tu lui envoies un e-mail ?

— Non, je tape juste une lettre. Je ne sais pas si elle utilise l'adresse que j'ai. Elle n'a jamais répondu à un seul des messages que mes parents et moi lui avons envoyés.

— Tu crois qu'elle bloque vos adresses ?

— C'est ce que pense mon père. Il n'y a pas vraiment moyen de savoir.

— Je ne comprends pas. Les messages ne vous reviennent pas ?

— Non. Papa dit que si Rose nous a bloqués, sa boîte élimine automatiquement les messages. Mais pourquoi est-ce que ça t'intéresse tant de savoir si je me réconcilie avec ma sœur ? »

Edie haussa les épaules.

« Je me disais juste que tu serais contente d'avoir quelqu'un vers qui te tourner quand tu sortiras d'ici. »

Quelques écrans plus loin, Corrina grogna.

« Bon, au moins je ne rate pas grand-chose dans le monde des sains d'esprit. Abby a *"des cheveux sacrément années 80"*, "Crystal a rejoint le groupe OUI, JE SUIS UNE FILLE ET JE N'AIME PAS LE ROSE". Ah, bravo. Bande d'abrutis. Je déteste Facebook. Ce n'est qu'un tas de crétins qui sautent sur place en disant : "Regardez-moi ! Regardez ce que j'ai fait !" »

Violet rit.

« Wouaouh. Et combien de personnes t'ont retirée de leurs amis aujourd'hui ?

— C'est plutôt moi qui les ai retirées de mes amis.

— Non, elle a raison, intervint Edie. Depuis l'apparition des réseaux sociaux, le nombre de gens qui souffrent de troubles narcissiques de la personnalité a doublé. Ils sont bien plus nombreux qu'avant.

— C'est facile de les reconnaître, fit Corrina. C'est celles qui mettent des photos d'elles en bikini ou des citations de Marilyn Monroe disant qu'elle intimide les hommes.

— C'est juste de l'exhibitionnisme adolescent, intervint l'infirmière de garde en s'approchant d'elles. Les filles de votre génération n'ont aucune confiance en elles. Elles doivent exposer leur intimité parce qu'elles ont besoin d'approbation. »

L'expression *exposer son intimité* leur fit marquer une pause.

« Je ne veux même pas savoir sur quels sites vous allez. » Corrina dirigea à nouveau son attention sur Edie. « Les narcissiques n'arrêtent pas de dire qu'elles ont appris à s'aimer elles-mêmes.

— Non, le narcissisme est différent de l'exhibitionnisme », répondit Edie, l'air mortellement sérieux. C'était une spécialiste autodidacte des comportements anormaux, vu le temps qu'elle avait passé dans le service. « Les narcissiques ne s'aiment pas. Ils n'ont pratiquement pas d'identité. Ils puisent leur énergie dans la fausse image qu'ils portent comme un masque. Sauf que derrière, il n'y a rien.

— Comme les sociopathes. »

Sous son maquillage, les yeux de Corrina étaient injectés de sang et ses cheveux avaient bien besoin d'être lavés.

Edie eut un geste hésitant de la main.

« Mouais, ils sont un peu comme les sociopathes. Les sociopathes n'ont pas de conscience. Les narcissiques n'ont pas d'empathie. Aucun des deux ne pense que les autres sont réels. Les narcissiques pensent que les autres ne sont que de la nourriture pour leur ego, des outils, des extensions d'eux-mêmes. En gros, pour un narcissique, tu es soit un steak, soit un couteau, soit la main qui coupe la viande. »

Cette analogie noua l'estomac de Violet.

« Dans tous les cas, les narcissiques ne voient pas Corrina, poursuivit Edie. Au lieu de te voir *toi*, ils voient ce qu'ils peuvent obtenir de toi. Parfois, c'est de l'attention. Parfois, c'est quelqu'un à qui ils peuvent donner des ordres. S'ils ne peuvent pas te contrôler, ils essaieront de te faire peur. C'est une sorte de drogue pour eux.

— Au fait, fit Corrina, je vous ai envoyé une demande d'amitié à toutes les deux.

— Rose est sur Facebook ? demanda soudain Edie.

— Oui, je crois, répondit Violet. À moins qu'elle ait effacé son profil. Mes parents le consultaient tous les jours pour voir si elle avait posté quelque chose qui leur permette de la retrouver. Mais je ne crois pas qu'elle utilise encore ce compte.

— Peut-être qu'elle en a créé un nouveau que seuls ses amis proches connaissent, suggéra Edie. Tu sais, un faux nom, pas de photo, privé. C'est ce que j'ai fait.

— Tu ne t'appelles pas vraiment Edie ?

— Si. J'ai changé quand j'ai eu dix-huit ans. Voyons un peu Rose. Mets son profil. »

Après tout ce temps, il était étrange de voir la version *online* de Rose. Les photos n'étaient pas récentes, mais Violet ne les avait jamais regardées que rapidement. Par exemple, elle n'avait jamais remarqué celle où Rose était à une sorte de garden-party, vêtue d'une robe de vichy bleu et blanc et d'un chapeau à large bord de Josephine. La ressemblance était si frappante que Violet dut y regarder à deux fois. Au premier abord, elle avait vraiment cru que c'était leur mère qui serrait dans ses bras Amelia, l'amie de Rose. Elle réprima un frisson.

« Elle est superjolie, dit Corrina.

— Mais un peu fuyante, non ? observa Edie.

— Qu'est-ce qui te fait dire ça ? demanda Violet.

— Les commentaires sur son mur. Quand est-ce qu'elle est partie ?

— Il y a un an, en gros.

— Eh ben regarde. Même avant ça, ses amis postaient qu'elle leur manquait. »

Edie avait raison. Le thème général était : *Tu me manques* ou : *Appelle-moi un de ces jours*. Un garçon – il signait J. C. et sa photo le montrait avec un bouledogue dans les bras – avait même écrit : « *Ma belle... Où est-ce que tu vis en ce moment ? Je regrette de manquer tous les moments importants de ta vie.* »

« Difficile de savoir qui sont ses amis proches, remarqua Edie.

— Elle... Amelia. À part ça, je ne sais pas. » D'après son statut, Rose était « en couple », mais Damien Koch ne figurait pas parmi ses amis Facebook. « Rose était le genre de personne qui avait plein de connaissances mais pas beaucoup d'amis proches. Elle pouvait être un papillon social comme elle pouvait totalement disparaître de la surface de la Terre. Du genre à rester dans sa chambre pendant des jours. Avec Rose, il n'y avait pas de moyen terme. »

Violet parcourut à nouveau les photos. Toutes avaient quelque chose d'étrange, de posé. Sur chaque image, Rose inclinait la tête à soixante degrés sur la gauche, comme si elle avait décidé que c'était son seul angle valable. Son visage avait quelque chose d'incongru. Ses traits ne semblaient jamais former une expression cohérente. Même quand elle souriait devant une bougie d'anniversaire, ses yeux bleu-gris avaient l'air vides et la veine gonflée sur son front dénotait une tension. La déconnexion émotionnelle était encore plus évidente dans les photos un peu stupides et spontanées sur lesquelles elle portait une perruque bleue ou prenait une pose disco : ses yeux étaient ceux d'un lapin pris dans des phares et son sourire paraissait crispé, comme si elle s'attendait à souffrir.

« *Les chiens ne me mordent pas, seulement les humains* », fit Corrina, lisant à haute voix le dernier post de Rose.

Il y eut un silence gêné. C'était une citation de Marilyn Monroe.

Plus tard, dans la salle commune, Violet s'assit sur le rebord de la fenêtre et reprit sa lettre.

Cette fois-ci, elle écrivait dans le carnet à dessin d'Edie avec un crayon de couleur violet. Les crayons étaient l'un des seuls outils d'écriture qui n'étaient pas interdits comme potentiels instruments de suicide, et le violet semblait moins agressif que le rouge. Le nom de la couleur était inscrit sur le côté du crayon. « *Violet* ».

« Tiens, avait plaisanté Edie en le tirant de la boîte. Il y a ton nom écrit sur celui-là. »

Violet passa en revue ce qu'elle savait sur sa sœur. Rose vivait à Manhattan avec Damien, qui l'avait sans doute mise enceinte. Leur mère était au courant de sa grossesse et probablement de son interruption, vu la scène à laquelle elle avait assisté. Un an après avoir renié sa famille, Rose avait repris le théâtre. Peut-être s'agissait-il d'une tentative pour regagner l'approbation de leur mère, mais d'après ce que Violet savait, Rose n'était plus en contact avec le reste de la famille.

Sauf bien sûr si sa sœur était dans les parages le soir où Violet était tombée en panne sur la bande d'arrêt d'urgence de la dépression nerveuse.

Violet était à la cuisine en train de préparer son dîner de fortune, quelque chose qui ne contienne pas de bouillon de bœuf. Le couteau luisant laissait des traces en l'air au-dessus de la planche à découper. Des rondelles de concombre tombaient du plan de travail.

Quand Violet avait relevé les yeux, son père s'était joint au scandale que faisait sa mère pour l'assiette renversée dans le lave-vaisselle. Josephine et lui se pointaient mutuellement du doigt, chacun ressemblait à un chef d'orchestre dirigeant la colère de l'autre.

Puis, derrière ses parents, dans le couloir sombre de l'entrée, Violet avait distinctement vu sa sœur. Rose semblait un an plus âgée, ou peut-être juste plus sérieuse, les cheveux à moitié devant le visage. Ses yeux étaient inaccessibles, sa bouche formait une ligne déterminée. Elle était passée d'un pas léger de danseuse sans regarder personne – ni Violet ni ses parents, qui ne prêtaient aucune attention – et avait pris l'escalier vers les chambres à l'étage.

Le fait que sa sœur soit revenue à la maison, surtout à ce moment-là, avait frappé Violet comme une vague de confusion étourdissante.

« Rose ! s'était-elle écriée en gesticulant en direction de l'entrée. Rose est là ! Rose ! »

Au sommet de sa défonce, cela avait semblé l'événement le plus frappant de sa vie. Elle avait eu envie d'aller le proclamer dans la rue comme Paul Revere. Elle voulait appeler tout son répertoire téléphonique. Elle voulait qu'on interrompe toutes les informations pour annoncer au monde que la fille prodigue était revenue. L'espace de trente secondes, elle avait eu la sensation de revivre toute cette année sans Rose, en boucle, jusqu'à ce qu'elle entende le cri perçant de sa mère.

Je suis sûre que tu le comprendras, je préfère leur rendre visite à ma manière.

Dans sa lettre, Rose n'avait pas dit clairement qu'elle n'était pas en contact avec leur mère. Pour autant que Violet le sache, Josephine pouvait tout à fait voir Rose en privé afin de l'aider à réviser ses scripts, comme avant. Cela expliquerait aussi pourquoi leur mère, d'habitude si indiscrète, lui avait remis l'enveloppe de Rose sans l'ouvrir.

Violet se massa les tempes, comme si cela pouvait l'aider à mettre de l'ordre dans la confusion de ses pensées. Et puis merde. Elle commença à écrire.

Rose,

Je suis contente que tu ailles bien. Moi, ça ne va pas, comme tu peux le voir à mon adresse de réponse.

Je ne peux pas vraiment t'en vouloir d'avoir disparu. Avant, j'avais un carnet de Post-it pour compter les jours jusqu'à mes dix-huit ans. J'en retirais un chaque jour. J'ai fini par le jeter parce que maman n'arrêtait pas de me poser des questions. Ça l'énervait parce qu'elle ne comprenait pas ce que c'était.

Il y a plusieurs choses que je n'ai pas trop comprises dans ta lettre :

A) Tu es en contact avec maman ? papa ?

B) Qu'est-ce que tu fais comme travail ?

C) Tu es revenue à Old Stone Way depuis que tu en es partie ?

Et puis...

D) Et Damien ? Tu vis avec lui ? J'ai passé un an à chercher une manière délicate de te poser la question, mais apparemment il n'y a pas d'autre moyen que d'être franchement indiscrète... J'ai cru comprendre que tu avais été enceinte pendant quelque temps l'année dernière ? Et que maman (qui, quoi qu'elle en dise, n'est pas « pour la vie » mais pour tout-ce-qui-fait-le-plus-souffrir-les-gens) est devenue une manif anti-avortement à elle seule après ça ? C'est pour ça que tu es partie ?

E) Pourquoi as-tu décidé de reprendre contact maintenant ?

Ensuite, elle fabriqua une enveloppe en pliant une autre feuille de papier à dessin, demanda à Corrina le timbre qu'elle lui avait promis et déposa la lettre au bureau des infirmières.

WILLIAM HURST

Will ne s'était pas réveillé et il était deux heures en retard pour le début des cours – un signe que sa mère était encore vexée qu'il ait choisi d'aller au travail de son père plutôt que de rester avec elle.

Un autre signe : elle n'était pas venue préparer ses vêtements pour la journée. Il ouvrit son armoire et tenta d'imaginer ce qu'elle aimerait le voir mettre en fonction du temps. Sans trop savoir, il choisit une tenue qui ressemblait beaucoup à ce qu'il avait porté la veille : un pantalon gris, une ceinture et un pull avec un col à boutons.

À la cuisine, sa mère était en train de préparer des pancakes, l'air ravi.

« Bonjour, mon chéri, dit-elle en l'embrassant sur le front, entre ses mèches plaquées par le sommeil. Mon Dieu, comment tu es fagoté ? »

Will se regarda. Était-il trop ou pas assez bien habillé ?

Elle alluma la radio à l'instant précis où il commençait à s'excuser d'avoir dormi trop tard.

« Je disais, pardon de m'être réveillé trop tard, répéta Will par-dessus une ouverture de cuivres.

— Ce n'est pas grave, répondit-elle. Je t'ai laissé dormir. J'ai une surprise pour toi aujourd'hui. »

L'estomac de Will se contracta. L'extrait de vanille qui flottait dans l'air lui fit venir un goût de vomi au fond de la gorge. Après la semaine qu'il avait eue, il ne pouvait plus supporter les surprises.

« S'il te plaît, n'aie pas l'air si inquiet. Vraiment, Will, je ne comprends pas où je me suis trompée avec toi. Tu n'as aucune spontanéité. Tu es vraiment un rabat-joie. »

Elle recouvrit de sucre glace un gâteau au chocolat.

Il saisit l'assiette qu'elle lui passait. Elle était tellement lourde qu'elle vint frapper sa poitrine avec la force d'une boule de démolition.

Josephine se pencha pour couper les pancakes de Will en petits morceaux.

« Alors, tu n'es pas curieux de connaître ta surprise ? demanda-t-elle. C'est une grosse surprise. »

Au centre communautaire de Rosendale, c'était ambiance « bébés en folie » : tables en forme de train et panneaux de basket taille hobbit. Les coffres à jouets débordaient de surprises Happy Meal accumulées depuis des décennies, dont la plupart se « transformaient » en robots ou en petites voitures, et tous paraissaient avoir été infectés par des générations de norovirus et de toux grasse.

Oui, c'était ça la surprise : un « groupe de jeu » pour les enfants scolarisés à la maison. Josephine se préparait-elle pour la visite des services sociaux ? Ou alors cherchait-elle à se prémunir des reproches de Douglas, qui trouvait Will « trop isolé » ? À moins qu'elle ne souhaite vraiment qu'il se fasse de nouveaux amis. Ou bien, ainsi qu'il le pensait, elle le punissait pour être allé au travail de Douglas.

Les mères – il s'agissait presque uniquement de mères, à l'exception d'un père qui arborait un

T-shirt vantant les mérites de l'énergie éolienne et des tongs laissant paraître ses pieds poilus – étaient rassemblées autour d'une table de pique-nique. Elles grignotaient des noix du Brésil, des haricots verts séchés et autres aliments sains de la coopérative locale.

C'était le genre de population néo-hippie qui rendait folle Josephine. Elle souriait poliment et fit un effort pour s'insérer dans la conversation du groupe.

« Quand Will était à l'école, j'ai remarqué qu'il y avait deux sortes de professeurs, dit Josephine. Les premiers étaient des imbéciles qui se fichaient de tout. Les autres étaient de bons profs qui savaient que la plupart des parents sont stupides. »

Will mourait d'envie de s'asseoir à côté d'elle, mais dès qu'il s'approchait, elle le repoussait en lui ordonnant d'« aller jouer ». Puis elle se tourna vers la femme vêtue d'alpaga avec qui elle sympathisait en lui expliquant que son fils autiste avait une terrible angoisse de séparation.

« Maintenant, même si je voulais le renvoyer à l'école, il ne le supporterait pas. Je vous jure, c'est tout juste si je peux aller aux toilettes toute seule. »

Will regarda donc sa mère de loin, essayant au moins de faire mine de « rencontrer de nouvelles personnes ». Il savait qu'il devait trouver quelqu'un – un autre enfant – à qui s'accrocher, avant de la gêner ou de la décevoir, mais il ne se rappelait pratiquement pas comment on parlait aux gamins de son âge. Pourtant, il devait bien à sa mère d'essayer.

Il s'approcha prudemment de deux garçons blonds aux cheveux jusqu'aux épaules – des frères, apparemment. Ils se fixaient à travers leurs mèches claires et jouaient à la bataille navale.

« Salut », lança Will. Puis il se souvint qu'il fallait commencer par une question ouverte. « Vous aimez l'école à la maison ?

— On ne fait pas l'école à la maison, on ne fait pas d'école, répondit l'un des deux en coulant un sous-marin.

— Tu veux dire que vous ne faites aucune leçon ? C'est autorisé ? »

L'autre garçon souffla pour chasser une mèche de ses yeux.

« Ça s'appelle l'*unschooling*. Ça a été inventé dans les années soixante-dix par John Holt. C'est l'enfant qui crée son programme. Si on se réveille et qu'on a envie de faire du dessin, on fait du dessin. Si on veut regarder un documentaire sur les requins, on le regarde. Si on a envie de faire des cookies au beurre de cacahuètes, maman met le four à préchauffer.

— Et les notes ? demanda Will.

— Il n'y a pas de notes.

— Des contrôles ?

— Non.

— Des livres ?

— Pas de livres fixes. Pas de programme. Touché, marmonna le garçon.

— *Yes !* s'écria son frère en plaçant un pion rouge sur son plateau. On va à notre propre rythme. On apprend des expériences naturelles de la vie.

— Mais en quoi est-ce que ça vous prépare à affronter le monde réel ?

— Laisse-moi deviner, fit le garçon. Ta mère est ta maîtresse, ta prof de gym, ton infirmière, ta dame de service et ta directrice. »

Will hocha la tête, gêné tant pour lui que pour Josephine.

« Alors je pourrais te poser la même question. En quoi est-ce que ça te prépare ? La *vraie vie*, on la dirige soi-même. »

Apparemment, tous les enfants qui suivaient des cours à la maison parlaient comme des étudiants en art prétentieux. Will aurait pu se sentir soulagé de ne pas être une exception, mais la critique l'avait piqué et lui faisait d'autant plus mal que ces petits Jésus aux cheveux longs paraissaient plus brillants que lui.

Il avait beau savoir que Dieu demandait qu'on se réjouisse du bonheur des autres, l'intelligence de ces garçons semblait lui retirer quelque chose. Ces gamins, leurs parents et tout ce groupe les rendaient, lui et sa mère, moins spéciaux. Il avait toujours pensé que leur programme était exigeant, novateur, l'équivalent de Harvard à domicile. En réalité, ils étaient conventionnels, même un peu en dessous de la moyenne.

Will se surprit à tourner en rond dans la pièce, traînant une épaule contre le mur. Il avait faim malgré son petit déjeuner copieux, mais l'idée de manger devant des étrangers l'inquiétait. Même un million d'années après avoir quitté l'école, il n'oublierait jamais les horreurs de la cantine et associerait toujours la honte au fait de manger en public.

Il emprunta donc la sortie des lâches : celle de la vessie. Il partit à la recherche des toilettes.

Comparées à la gêne qu'il ressentait dans la salle de jeux, les toilettes étaient un endroit merveilleux pour cet exil volontaire. La cabine était fraîche, blanche et silencieuse comme la Forteresse de la Solitude. Il s'assit sur l'abattant baissé, ses bottes fourrées croisées sous lui, et il s'imagina être Superman écrivant ses mémoires dans un cahier d'acier géant avec une surface tactile qui enregistrait instantanément toutes ses pensées.

Will n'aimait pas parler des problèmes qu'il avait eus à l'école. Il préférait de loin quand sa mère affirmait qu'il était parti à cause de son épilepsie. Elle disait aux inconnus que Will était trop sensible aux lumières au néon. Ou bien elle expliquait que l'école n'avait pas suffisamment de tapis pour le protéger s'il faisait une crise. En réalité, les problèmes avaient débuté en cours d'anglais, bien avant sa première crise. Son maître de l'époque, M. Razz (une abréviation étrange de Randall) était l'un des profs « cool ». Razz était un jeune diplômé qui portait des cravates fantaisie et des tennis vintage. Sa classe avait marqué le début de la chute de Will.

Tout avait commencé avec les interrogations de vocabulaire. M. Razz avait un système selon lequel chaque élève passait sa copie à la personne assise devant lui jusqu'à ce qu'elle atterrisse dans une boîte ironiquement marquée « *Faire ou ne pas faire* » sur son bureau.

Will avait cinq personnes devant lui, dont le très chic Jake Greenberg et le turbulent Daniel Harrison. Au moins une fois par semaine, Jake ou Daniel dessinait un énorme pénis sur la copie de Will tandis qu'elle passait vers le bureau. L'organe était parfois mou, parfois en pleine érection, parfois il y en avait plusieurs, mais chaque fois M. Razz retirait cinq points à Will pour ses œuvres d'art « immatures » et « inappropriées ».

La première fois que Will avait protesté – en privé, à la fin du cours –, M. Razz lui avait dit : « Je ne peux juger que sur ce que je vois, et il y a ton nom en haut de la page. »

La deuxième fois, Will avait commis l'erreur de dire quelque chose *pendant* le cours, ce qui avait fait plier de rire ses camarades. Will avait accusé Jake Greenberg, mais celui-ci avait fait diversion en plaisantant sur le fait que les dessins de pénis remontaient au néolithique.

« On gravait des pénis pour indiquer aux hommes la direction des prostituées. J'ai vu ça sur la chaîne Histoire avec mon père. »

M. Razz avait acquiescé sans prendre la peine de reprendre Jake, y allant même de sa petite histoire en racontant qu'il avait vu un pénis de pierre dressé devant un ancien bordel à Pompéi.

La troisième fois, à nouveau après le cours, Will avait ouvertement accusé Jake et Daniel, exigeant que M. Razz leur retire des points à eux.

« Will, je vais te dire un truc, avait répondu M. Razz. Jake et Daniel sont peut-être de sales gosses, mais c'est facile de les apprécier. Ils sourient. Ils rient. Toi, en revanche… Tu es un rapporteur. Les garçons comme eux s'en prennent à toi parce que tu es bidon. J'aimerais beaucoup t'aider, mais j'ai l'impression que tu ne veux pas qu'on t'aide. Tu voudrais continuer à être agaçant, et que je prenne ta défense en disant à ceux que tu agaces que c'est leur faute. »

C'était la pire chose qu'on lui ait jamais dite. À la maison, quand il en avait parlé à sa mère (et, pour la première fois, du problème des bites), elle avait aussitôt envoyé un e-mail à M. Razz, au principal et à divers membres du conseil d'établissement. Désignant Will par les quatre derniers chiffres de son numéro d'élève, elle avait cité le règlement de l'école, qui stipulait qu'aucun professeur ne devait se trouver seul dans une salle avec un élève sans témoin et avait exigé la démission de M. Razz s'il continuait à laisser les petits caïds faire la loi.

Le lundi suivant, M. Razz avait annoncé à contrecœur une nouvelle règle pour le ramassage des devoirs, selon laquelle ceux qui avaient terminé devaient lever la main pour qu'il vienne personnellement ramasser leur copie.

« Eh oui, les enfants, avait dit Razz, j'ai une nouvelle politique, service à domicile. Regardez-moi, je suis comme un loueur de voitures. »

Il avait ri faiblement, mais tout le monde s'était tourné vers Will.

Maintenant qu'il s'était confié à sa mère, impossible de revenir en arrière. Au fil des semaines, elle avait signalé d'autres manquements, ce qui avait poussé M. Razz à adresser des remontrances plus voilées à Will devant la classe. Josephine devait avoir le sentiment de perdre la lutte. Will se rappelait ses soliloques au dîner, où elle affirmait qu'elle était « outrée » par la réponse du principal et que les prétendues mesures disciplinaires contre M. Razz étaient une blague.

« Ils ne savent pas à qui ils ont affaire, disait-elle en jetant littéralement la purée dans les assiettes de Will et Violet. Je ne suis pas une oie blanche. Je suis une éducatrice. Je sais comment doit marcher le système. »

C'était vers cette période que Will avait commencé à fréquenter les psychologues pour enfants. Sa mère avait lu un best-seller sur le syndrome d'Asperger (ou peut-être seulement une critique) et avait pensé que Will montrait certains symptômes : anxiété sociale, peur des bruits trop forts, besoin presque physique de détourner les yeux quand quelqu'un le regardait en face. La première psy avait dit que Will avait trop d'empathie pour souffrir d'Asperger ; elle se rendait compte que Will filtrait soigneusement ses mots par égard pour les sentiments des autres. Le deuxième non plus n'était pas d'accord avec Josephine : il pensait que Will souffrait d'un trouble anxieux. Lors de la visite chez la troisième psy, elle lui avait suggéré d'apporter le cahier de mots rares qu'elle l'encourageait à tenir pour étendre son vocabulaire. C'est cet intérêt compulsif qui avait emporté la décision. Ce jour-là, quand on l'avait diagnostiqué autiste, Will avait fondu en larmes.

« Oh, Will, avait soupiré sa mère. Arrête de faire comme si c'était la fin du monde. Tout le monde a ses petites bizarreries, seulement certains s'en rendent plus compte que d'autres. Et puis tu as entendu ce qu'a dit le docteur… Asperger est la forme la plus légère d'autisme. »

Une fois son diagnostic puisé sur Internet confirmé par un médecin, Josephine avait arrêté la thérapie de Will et son plan s'était mis en marche. Diagnostic faisant foi, Will n'était donc plus un inadapté quelconque, c'était un (bientôt *le*) handicapé auquel s'en était pris le système scolaire. Josephine avait écrit une lettre ouverte dans le *Blue Stone Press* intitulée : « Harcèlement : les enseignants et l'administration s'en prennent aux élèves autistes ».

Après que Josephine eut menacé le conseil d'établissement d'un procès pour discrimination, M. Razz avait été mis à pied et les problèmes de Will avec ses camarades avaient empiré. Les élèves portaient des brassards noirs et des T-shirts qui disaient : « *Non à la razzia contre Razz* ». Ils glissaient des sachets de ketchup ouverts sur la chaise de Will quand il se levait pour aller aux toilettes. Ils frottaient des règles en fer contre la semelle de leurs chaussures et les collaient sur le cou de Will quand elles étaient assez chaudes pour le brûler.

Pourtant, il n'avait touché le fond socialement que plus tard, quand la gentille Chloe Cho, qui, comme il l'apprit par la suite, comptait sur M. Razz pour lui écrire une lettre de recommandation pour un internat, avait rempli sa main de savon avant de la lui frotter dans les yeux. Ce jour-là, il était rentré chez lui en suppliant sa mère de lui faire cours à la maison.

« Pourquoi est-ce que je dois aller là-bas alors que tu es prof ? avait-il dit, les yeux larmoyants. Tu es bien meilleure qu'eux tous. »

Will n'avait jamais regretté de suivre les cours à la maison.

Mais à présent, recroquevillé dans les toilettes de la salle de jeux de Rosendale, il fixait le rouleau de papier-toilette et aurait voulu s'évaporer – pas vraiment se tuer, juste cesser d'exister. Il avait du mal à penser qu'il possédait ne serait-ce qu'une qualité. Il pouvait à peine parler à des enfants de trois classes en dessous de lui sans se sentir si anxieux que ses mots sortaient tous d'un coup, hachés et incohérents. Il ne voyait pas comment, d'ici à quatre ans, il pourrait rassembler le courage de se présenter dans un magasin pour demander du travail comme l'avait fait Violet. Sans parler de passer un jour un entretien pour entrer à l'université ou d'embrasser une fille.

Alors qu'il sentait enfin poindre une véritable envie d'uriner, la porte des toilettes s'ouvrit et le coupa dans son élan. Quelqu'un abaissa la poignée de sa cabine.

« Une seconde, haleta Will en rangeant son petit zizi dans son grand pantalon.

— Ouvre la porte, Will. »

Sans réfléchir, il obéit.

« Je croyais que tu m'avais abandonnée, dit Josephine en remontant soigneusement la braguette de Will. Oh, mon chéri, je sais que c'est dur pour toi. J'ai vu que les autres enfants t'ont mis à l'écart. »

Will ravala son humiliation.

« Mais cette réunion de groupe m'a fait du bien, poursuivit Josephine. Je suis trop isolée ces temps-ci, je me sens seule.

— Je suis là, moi.

— Je sais, mais il y a des jours où je me demande si j'ai bien fait de quitter l'école d'art. J'ai donné ma vie pour toi. J'ai tout sacrifié.

— C'est très important pour moi.

— Je sais. Tu m'aimes, hein ? Dis-moi que tu penses que je suis une bonne mère et une bonne enseignante. Dis-moi que tu ne me détestes pas, comme Rose et Violet. C'est toi et moi contre le monde, Will, il ne peut pas y avoir de secrets entre nous. »

VIOLET HURST

Le quatrième jour, une infirmière annonça :

« Il y a une fuite dans la salle Spacken, ceux d'entre vous qui ont thérapie de groupe ce soir seront accompagnés en bus dans d'autres locaux. »

Edie donna un léger coup de coude à Violet.

« On dirait que tu es de sortie. »

La séance avait déjà commencé quand le groupe de Fallkill prit place sur la dernière rangée de chaises pliantes, leur gobelet de café vacillant, leur bracelet d'hôpital discrètement glissé dans la manche. Violet avait emprunté à Edie des leggings et une chemise, tous deux trop longs de quelques centimètres, et le bas lui faisant des plis d'éléphant aux genoux et aux chevilles. Elle avait également emprunté un manteau et un bonnet noir : même à travers le double vitrage de l'hôpital, elle se rendait compte qu'il gelait dehors.

« Mmmh, murmura Corrina. Les mecs ont du potentiel ici. À trois heures, la veste en cuir… Dommage que j'aie cette merde dans les cheveux. »

C'était la première fois que Corrina évoquait l'aspect huileux, collant de ses cheveux que Violet avait remarqué. Ils avaient une odeur familière qu'elle ne parvenait pas à identifier.

« Qu'est-ce que c'est ? »

C'était la première fois que Violet se sentait assez à l'aise pour l'interroger.

« De la vaseline. Les infirmières me la mettent. C'est un truc pour trico. Pour que je ne puisse pas me les arracher quand je suis stressée.

— Trico ?

— Tricotillomanie. Bon sang, je déteste ce mot. Essaie de le dire cinq fois de suite après quatre tequilas. »

À l'autre bout de la pièce, une femme de la stature d'un leprechaun lisait les douze étapes du programme, affirmant qu'elles marchaient si « on les faisait marcher ».

Bien que Violet ait du mal à s'imaginer continuer à assister aux séances après son séjour à l'hôpital, la scène n'était pas déplaisante. On ne connaissait rien à l'ennui tant qu'on n'avait pas suivi un cours de chimie au lycée, et Violet préférait de loin ricaner des lapsus d'un toxicomane (« J'ai cherché de l'aide à travers la prière et la *médication* ») que rester avachie au fond d'une salle de classe à prendre des notes sur les composés ioniques.

Ces séances avaient également quelque chose d'étrangement rafraîchissant. Elle n'avait jamais vu un tel niveau d'empathie et de confiance. Les gens qui assistaient aux réunions parlaient une langue totalement différente de celle avec laquelle elle avait grandi.

Elle entendit à peine la personne suivante se présenter. Dans son oreille droite, Corrina continuait à délirer sur le mec à la veste en cuir.

« Lui, je veux bien être sa treizième étape. Tu crois que c'est un BNA ? »

Violet posa un index sur sa bouche.

« Qu'est-ce que ça veut dire ? demanda-t-elle. Banque nationale d'Amérique ?

— Baiseur de nouvelles arrivées. »

Le café brûlant fit fausse route et Violet masqua son rire par une quinte de toux. Quelques vieux se retournèrent, l'air agacé.

Tandis qu'elle reprenait sa contenance, Violet prit conscience de la voix qui s'élevait. Elle se sentit désorientée. Après quatre jours d'interruption, cette voix la mit sur la défensive.

« Je suis content d'être parmi vous aujourd'hui. Je suis toujours content d'être ici. »

Le temps sembla ralentir, la vision de Violet se rétrécit. Devant elle, les têtes s'écartèrent et elle le vit : Douglas, debout derrière le pupitre abîmé. Il était nerveux en public – les yeux baissés, sa main jouait avec des pièces de monnaie dans sa poche. Ses mots s'écoulaient, rapides et monotones. L'assistance paraissait se rassembler en un bloc de soutien muet.

« Je ne suis pas venu ici par hasard. Je suis un vrai alcoolique, le genre dont parle le Livre. Allergie du corps, obsession de l'esprit. »

Violet était stupéfaite. À tel point qu'elle se demanda pour la deuxième fois de la semaine si elle perdait la boule ou si elle avait une remontée d'acide. Elle ne parvenait pas à concilier la voix de son père avec les phrases des Alcooliques anonymes qu'elle commençait à trop bien connaître.

Une part d'elle-même voulait quitter la pièce par loyauté envers lui, car il s'apprêtait à enfreindre au moins deux des commandements des Hurst : Tu feindras la perfection et Tu n'exposeras pas le linge sale de la famille. Mais elle était curieuse. Jamais, au cours de ses seize années de vie, elle n'avait entendu son père se confier sur ses sentiments ou son enfance.

Les rares fois où elle avait eu le courage de l'interroger, il avait répondu par une plaisanterie, se contentant de sourire et de dire :

« Ah, tu veux en savoir plus sur l'homme sans passé. »

« Je crois que je suis alcoolique depuis la naissance. J'avais cinq ou six ans quand j'ai bu ma première gorgée de vin en cachette. Mais même avant cela, quelque chose n'allait pas chez moi. Je ne m'aimais pas. Rien. Je détestais porter des lunettes. Je détestais être gros. Je détestais ne pas pouvoir jouer deuxième base comme Joe Morgan. J'aurais échangé ma place contre celle de n'importe quel enfant sur terre. N'importe quel gamin devait être mieux loti que moi. La seule chose qui me faisait me sentir mieux, c'était de construire de vieilles radios à cristal avec des lames de rasoir comme boutons de réglage. »

Violet se rappela le dîner avant qu'elle n'arrive à Fallkill. Il était clair que son père avait bu ce soir-là. Le désespoir et les produits chimiques altéraient encore sa mémoire, mais elle en était presque sûre : son père était ivre. Il avait avalé sa fidèle vodka de sept heures du soir.

« Depuis combien de temps faut-il être sobre pour qu'ils te laissent parler comme ça ? » murmura-t-elle à l'oreille de Corrina.

Son amie haussa les épaules.

« Ils te laissent prendre la parole si tu as rechuté ? »

Nouveau haussement d'épaules.

« Je sais pas. »

Tandis que Douglas parlait, ses yeux fuyaient de la porte à l'horloge au fond de la salle, n'importe quoi pour éviter de croiser le regard de l'assistance. Violet était contente d'avoir le bonnet d'Edie. Elle se baissait légèrement chaque fois que le regard de son père passait dans sa direction.

« J'ai grandi dans la morne ville d'Érié, en Pennsylvanie. L'Erreur sur le Lac. Mon père avait l'alcool mauvais. Bien sûr, personne ne parlait d'alcoolisme : à l'époque, on n'était pas alcoolique, on était un dur. Mais mon père ne correspondait même pas à cette description. Il se contentait de me frapper avec une ceinture. Le père de mon meilleur ami préférait le frapper avec une planche de bois. En comparaison, je m'en sortais bien. »

Violet eut un flash-back de son grand-père avant qu'il ne meure. Elle l'avait toujours cru trop doux pour faire du mal à une mouche. Le fait qu'il ait joué des coups et de la bouteille était triste – accablant, même –, mais Douglas eut un rire contrit. D'autres l'imitèrent. Certains hommes acquiescèrent, compréhensifs.

Douglas parut se détendre. Il prit une profonde inspiration.

« Il n'y a que deux choses qui ont fonctionné pour moi, qui m'ont aidé à oublier : l'alcool et une femme. Étant donné ce que je vous ai dit, vous ne serez pas surpris d'apprendre que je n'étais pas un alcoolique mondain. Je sais que beaucoup d'entre vous ont eu des années de fête et se sont bien amusés. Moi, je n'ai jamais eu envie de me sentir bien. J'étais un buveur de thermos. Du genre quelques-gorgées-aux-toilettes. Je voulais être un dur comme mon père. J'avais envie de savoir ce que ça faisait d'être le dur du campus, celui qui emballait les bombes… Puis j'ai rencontré ma femme. »

Violet déglutit.

« Josephine me rappelait les déesses de l'écran des années cinquante. Une vraie *femme*. Robes de soie, des yeux à la Liz Taylor. Un esprit affûté comme un rasoir, tout le charme dont je manquais. Elle était étudiante en art à Mercyhurst. Trop bien pour un type comme moi. J'ai donc cherché ce qui était important pour elle, et c'est ce que je suis devenu. Avant de la rencontrer, si quelqu'un m'avait demandé si j'aimais une œuvre, j'aurais répondu que j'aimais tout tant que le cadre était accroché droit au mur. Soudain, je me suis retrouvé à porter une écharpe à carreaux et à tenter de soutenir une conversation sur Rothko et le drame humain. »

Une vague de rire parcourut la salle.

« Je sais… On pourrait leur en apprendre de belles sur le drame humain, à ces étudiants en art, hein ? »

Quelqu'un siffla. À nouveau, des rires retentirent entre les murs de parpaings.

« Au début, avec elle – ma femme –, je n'avais même pas besoin de boire. L'alcool m'empêchait de me sentir mal, mais avec Josie je me sentais bien. Je me sentais spécial parce qu'*elle* était spéciale. Une fille aussi parfaite ne serait jamais sortie avec un mec qui ne valait rien.

» Mais bien sûr, je n'ai pas tenu le coup. Après le mariage, mon masque d'amateur d'art a commencé à tomber, et Jo a vu le véritable geek qu'elle avait épousé. J'ai essayé de compenser en la gâtant. Je me suis occupé d'elle comme je prenais soin de ma mère. J'ai trouvé un bon boulot dans l'informatique. J'ai essayé de l'emmener en vacances, de lui acheter des bijoux, de lui masser les pieds, de lui mettre du vernis sur les ongles. J'ai toujours dit que si je me faisais virer de chez IBM, je ferais un sacré pédicure. Je sais même retirer les peaux mortes. »

Cette fois-ci, les rires furent teintés de gêne.

« Beurk, murmura Corrina. Je ne sortirais jamais avec un mec qui sait se servir d'une pierre ponce. »

Violet grimaça.

« Bref, rien n'y a fait. Josephine n'a jamais cessé de fuir. Peut-être que j'étais trop exigeant, je n'ai jamais vraiment su. En tout cas, le changement a été immédiat. Elle a arrêté de me dire qu'elle m'aimait. Quoi que je fasse, elle n'appréciait pas : comment je mangeais, comment je m'habillais, comment je conduisais, me brossais les dents, répondais au téléphone. En apparence, tout allait bien. On a eu un bébé. Puis deux autres… »

Violet se tassa à nouveau dans sa chaise. Elle pria pour que son père ne prononce pas son prénom.

« Chaque fois, j'ai espéré que les choses s'amélioreraient… Ne vous méprenez pas. J'adore mes gamins. Vraiment. Mais je ne les connais pas très bien. Josie me fusillait du regard si j'essayais de les prendre dans mes bras quand ils pleuraient. Si je tentais d'emmener mon fils jouer au ballon, elle devenait jalouse ou disait que je ne serais pas capable d'attraper une balle même si elle était enduite de Super Glue. »

Violet se rappelait cette pique. Sa mère faisait souvent remarquer le manque de savoir-faire masculin de son père. Elle aimait aussi dire que Douglas aurait été incapable d'allumer un feu si on lui avait tendu une allumette allumée, qu'il aurait été incapable de faire un nœud avec une troupe de scouts pour l'assister.

« On pourrait dire que je me suis effacé en tant que père. L'alcool a pas mal aidé. » Il émit un faible sifflement. « L'alcool me permettait d'oublier les voix dans ma tête. Je ne parle pas des voix qu'entendent les schizophrènes, je parle de celles de mon père et de ma femme chantant en duo dans ma tête : “Douglas, tu es nul, Douglas, tu es une merde.”

» Je ne me rappelle pas vraiment quand j’ai commencé à avoir des trous noirs. Je ne me souviens pas de grand-chose. Le concert de la chorale de mon aînée, trou noir. Le soir où ma cadette a eu une crise psychotique, trou noir. J’ai oublié l’essentiel de la journée de Noël 2006. Quand je me suis réveillé le lendemain matin, c’était comme si Noël recommençait. Je faisais : “Oh, regarde, quelqu’un m’a offert un iPod. Quelqu’un m’a offert le DVD des *Soprano*.” »

Les gens hurlèrent de rire. De toute évidence, Douglas avait écrit son discours, y incluant des blagues de sitcom à intervalles réguliers. Mais Violet ne rit pas. C’était elle qui lui avait offert ce DVD. Et le fait qu’il ait évoqué son « épisode psychotique » confirmait ses doutes : son père était bien ivre mort ce soir-là.

Elle repensa au trajet. Assise à la place du passager dans la voiture de Douglas tandis qu’il zigzaguait dans les virages de Monhonk Road. Dans son souvenir, la radio jouait un mélange de violons désaccordés et de crissements d’ongles sur un tableau. La brume enveloppait le capot. S’ils avaient parlé, elle ne s’en souvenait pas. Elle ne se doutait pas à quel point il était soûl quand il l’avait déposée aux urgences psychiatriques.

Corrina remarqua que Violet avait les yeux humides.

« Ça va ? » lui demanda-t-elle.

Violet hocha la tête.

« Eh ben, tu es vraiment touchée on dirait. Il n’a qu’à la larguer, faire du sport et trouver un avocat. »

Violet sentit une main se poser sur son épaule. Elle se retourna. L’infirmière de Fallkill leur faisait signe de se taire, un doigt devant la bouche.

« Au bout d'un moment, j'ai bu aussi pour ne plus me sentir coupable. Parce qu'à cette période elle s'est transformée en Joan Crawford avec les enfants. J'aurais pu faire quelque chose. Intervenir le jour où Jo a giflé ma cadette. »

Violet se rappelait cette gifle. Plus tard, sa mère avait appelé ça une « tape d'amour », comme pour confondre encore plus l'amour et la souffrance.

« Je suis venu aux Alcooliques anonymes après que mon ami, et maintenant mon parrain, Kerry, m'a vu corser mon café avec du whisky que je gardais dans un sachet en plastique… Oui, c'est ce qu'on appelle la flasque du pauvre. C'est aussi le choix privilégié de ceux qui boivent en cachette. » Les alcooliques et les dépendants rirent, comme prévu. « Bref, Kerry m'a expliqué : "Je suis encore nouveau dans ce truc, et ils m'ont dit que je ne pouvais diagnostiquer que ma propre maladie. Mais dans ton cas, je vais faire une exception, Doug. Si tu ne trouves pas un programme et que tu ne suis pas les conseils qu'on te donne, il va t'arriver quelque chose de grave d'ici à moins de six mois. Tu vas perdre ton travail ou tes gamins. Tu vas planter ta voiture sur le pont de Poughkeepsie."

» Trois semaines plus tard, il s'est passé une chose incroyable. Ma fille aînée s'est enfuie. »

La voix de Douglas trembla.

L'assistance murmura de compassion.

Violet ne parvenait pas à fixer son regard. Elle but une gorgée de café, mais il avait un goût de brûlé et le gobelet de polystyrène se fendit, lui ébouillantant les cuisses et tachant la chemise blanche d'Edie.

« Donne-moi une cigarette », siffla-t-elle.

Corrina lui tendit son paquet avec un regard à mi-chemin entre la surprise et l'amusement.

Violet entendit son père poursuivre son flot de confessions. Elle rentra le cou dans le col de son manteau et se dirigea vers la porte en chancelant.

« Après le départ de ma fille, la seule personne que j'ai détestée plus que ma femme ou mon père, c'était moi-même. Je me suis détesté suffisamment pour suivre Kerry à une réunion comme celle-ci. Quand mon tour est venu, j'ai levé la main et j'ai parlé aux gens de ma pauvre petite Rose… »

Violet alluma son briquet. Elle commençait à comprendre pourquoi les gens aimaient fumer des cigarettes : c'était une source de réconfort toujours à disposition, même si elles vous faisaient sentir aussi fragile et dépendant qu'un nouveau-né.

« Violet Hurst ! »

En se retournant, elle s'attendait presque à trouver son père derrière elle. Mais elle ne vit que le visage anguleux et les gros yeux de la conseillère en addiction de Fallkill.

« Où est-ce que tu crois aller ?

— Nulle part. Pardon. J'avais besoin de m'aérer.

— Tu me prends pour une imbécile ? »

La conseillère saisit la cigarette entre les doigts de Violet et l'écrasa du bout de sa Doc Martens, des chaussures plutôt incongrues pour son âge.

« Non. »

Les questions de la conseillère n'étaient jamais rhétoriques.

« Moi aussi je suis passée par là, rappelle-toi. Tu crois que je n'ai jamais essayé de m'éclipser d'une séance ?

— Je n'allais pas partir.

— Bien sûûûr, fit la conseillère, visiblement pas dupe. Évidemment, je vais devoir le signaler. Mais pour le moment, je te suggère de retourner à ta place. Le secret, c'est la bonne volonté. »

À l'intérieur, les présentations étaient terminées, mais la salle ne s'était pas vidée. Elle paraissait plus petite maintenant que les gens étaient debout. Alcooliques et toxicomanes se promenaient, se prenaient dans les bras et se confiaient les uns aux autres tout en ingurgitant café et gâteaux secs. Dans un coin, Violet aperçut Corrina avec son motard et les salua de la main.

« Pas si vite, fit la conseillère en accrochant Violet par la poche de son manteau. Il y a la réunion avant la séance, la séance et la discussion après la séance. Tu dois participer aux trois. »

Le cœur de Violet battait à se rompre. À l'autre bout de la pièce, quelques personnes félicitaient son père pour son « beau message ».

« J'en suis à dix-sept mois, lui dit un garçon à peine plus âgé que Violet. J'ai eu l'impression que c'était mon histoire que vous racontiez. »

Douglas lui demanda s'il avait un parrain.

« On est quelques-uns à aller au Bull and Buddha, ajouta-t-il. Viens si tu veux. »

Plus Violet l'entendait, plus elle était en colère. Douglas se montrait plus paternel avec ce type qu'il ne l'avait jamais été avec ses propres enfants.

« Tu resteras toujours exclue tant que tu n'interagiras pas pendant les séances, lui dit la conseillère. C'est comme tes cheveux. » Elle arracha le bonnet de Violet d'un geste digne d'un petit caïd. « En te regardant, n'importe qui penserait : *Voilà une fille qui sait se rendre vulnérable*, mais en fait tu es plus verrouillée que Cuba… »

À cet instant, Douglas détourna le regard de la personne à qui il parlait et il aperçut son crâne rasé.

Violet reprit son bonnet, mais trop tard, le mal était fait. Elle le remit sur sa tête et vit son père en face d'elle. Il avait les joues rouges comme si on venait de le gifler.

« Papa… »

Son cœur s'était accéléré. Elle sentait la pression de l'air changer autour d'eux, un vide comme avant une tempête destructrice.

WILLIAM HURST

Mercredi matin, Will fut réveillé par sa mère, en train de préparer sa tenue. Des vêtements s'entassaient au pied du lit : pantalons de flanelle, pulls sans manches, chemises à carreaux orange. Il entendait le *scritch-scratch* des cintres qu'elle déplaçait dans l'armoire pleine à craquer.

« Je n'arrive pas à décider ce qu'on doit porter, dit-elle. J'ai peur que si on s'habille comme à l'ordinaire, cette Trina croie qu'on s'est mis sur notre trente et un pour l'impressionner. Mais si on s'habille comme des gens normaux, surtout ceux qu'elle a l'habitude de voir… Je ne crois même pas qu'on ait ce genre de vêtements. » Elle rit toute seule. « Je suis en train de laisser une fonctionnaire en mal d'autorité me rendre folle. »

Quelques instants plus tard, elle s'approcha de Will vêtue d'un (faux) sweat-shirt universitaire et d'un pantalon de velours à larges côtes avec des chiens écossais brodés sur les revers.

« Tu es sûre ?

— Will, s'il te plaît, fais ce que je te dis. Dois-je vraiment te rappeler la gravité de notre situation ? Tu veux vraiment que quelqu'un t'arrache aux bras de ta mère en larmes ? »

Will enfila le pantalon de velours et regretta soudain que Violet ne soit pas à la maison. Sans elle, il n'arrivait pas à se rendre compte quand leur mère exagérait.

« Bon, fit Josephine. Maintenant, les cheveux. Pas les tiens, les miens. »

Il la suivit jusqu'à sa chambre et la regarda détacher ses boucles devant son côté du double miroir ancien.

Une fraction de seconde, elle cessa de faire bouffer ses cheveux et lui jeta un regard dur.

« Tu te rappelles ce que je t'ai dit dans la voiture, l'autre jour ? Sur ton père ? »

Elle ne se détourna pas du miroir. Elle s'adressait au reflet de Will.

« Oui ? »

Il sentit son estomac descendre comme dans le manège qu'il détestait le plus à la fête foraine.

« Je n'ai sans doute pas besoin de te dire qu'il ne faut pas en parler aujourd'hui. »

Sa mère était toujours plus impressionnante quand elle utilisait autant de négations.

« Non. Tu n'as pas besoin de me le dire.

— C'est bien ce que je pensais. »

Sa voix devenait plus cassante. Elle prit une moue faussement surprise, les sourcils arqués, et se gratta la tête avec le bout de son tube de rouge à lèvres.

« Je peux te demander ce que tu as pris dans le bureau de ton père l'autre jour ?

— Comment ça ? »

Pris. Le terme employé le déstabilisa. L'avait-elle envoyé là-bas dans l'espoir qu'il en rapporterait une preuve ?

« As-tu trouvé quelque chose de nouveau ? Sur les affaires de ton père ? »

Il ne comprenait toujours pas si ces mots étaient génériques ou particuliers. Sa mère parlait-elle du travail de Douglas ? Ou bien de ses affaires personnelles ?

C'était le moment idéal pour parler à sa mère des étranges appels de Carrie et pour lui demander si elle était au courant au sujet du détective privé. Mais il voulait ménager ses effets pour la révélation finale. Il ne tenait pas à lui en parler avant d'en savoir plus sur l'identité de Carrie et la réapparition de Rose. Comme ils disaient dans les émissions policières, il devait trouver l'information cruciale qui résoudrait d'un coup les deux affaires.

« Le travail de papa est bien. Pour lui, je veux dire. Ils créent des programmes cool. Ils essaient de fabriquer un ordinateur qui parle comme un humain au lieu de zéros et de un. J'ai tout écrit dans le carnet que tu m'as donné. » Will se demanda si elle avait lu son devoir. « Mais je ne pense toujours pas que j'aurais envie de travailler là-bas. »

Ce sourire bizarre. Elle était contente de sa réponse.

« Pourquoi ? »

La terreur enfla en lui.

« Je préférerais être un écrivain ou un artiste comme toi. N'importe qui peut faire un travail comme celui de papa. Mais il faut être très spécial pour voir le monde avec des yeux d'artiste. »

Il parlait son langage à elle. C'était le premier de la classe qui répétait au professeur ce qu'elle-même avait dit. Mais il ne croyait pas aux mots qu'il prononçait. Ils restaient collés dans sa bouche. Josephine réfléchissait encore aux paroles de Will. Quelque chose lui disait qu'elle ne le croyait pas non plus, une sorte d'ennui dans son regard sans profondeur.

Pour changer de sujet, il réclama sa leçon de sciences du jour.

« Oh, Will, soupira-t-elle. Je crois qu'on a plus important à faire aujourd'hui, pas toi ? »

Elle prit un mouchoir dans la boîte dorée brillante et entreprit d'effacer une tache imaginaire sur le miroir.

« La maison est propre, dit-il.

— Elle peut, répondit-elle avec mépris. J'ai passé toute la journée à ça hier. J'ai tellement nettoyé que j'ai cassé le manche du balai à serpillière. Je veux que ces gens des services sociaux soient impressionnés quand ils viendront. Non, *intimidés*. Rappelle-toi ça, Will. Les travailleurs sociaux sont aussi méchants que les avocats. Ils sont jaloux des familles comme la nôtre. Ils se persuadent que tout le monde grandit dans des familles aussi détraquées que la leur. Que chaque mère est un monstre et que chaque enfant est un souffre-douleur, bouh, bouh ! Comme ça, ils se donnent bonne conscience. »

Sa mère avait été maltraitée par sa famille. Il ne connaissait pas les détails car ils étaient trop horribles ; elle disait que son enfance avait été tellement sordide qu'elle ne s'en souvenait presque pas. Il savait simplement que sa mère l'avait mise à la porte dès qu'elle avait eu dix-huit ans, pour des raisons inconnues, avant de mourir six mois plus tard.

Josephine poussa un soupir d'agacement quand elle tira le dernier mouchoir de la boîte.

« Will, chéri, passe-moi le papier-toilette, s'il te plaît. »

C'est alors qu'il le remarqua. Un détail infime mais significatif : le rouleau était à l'envers. Sa mère exprimait plutôt bruyamment sa préférence pour l'orientation « face » (c'était l'intention du fabricant, affirmait-elle, car les dessins étaient imprimés de ce côté-là). Pour des raisons que Will ne parvint pas à s'expliquer, ce petit accroc dans l'organisation familiale lui glaça le sang. Était-ce Rose qui venait déranger d'imperceptibles détails dans la maison, juste assez pour qu'ils se sentent désorientés, voire un peu fous ? Essayait-elle de leur envoyer un message ? Ou bien cherchait-elle à les déstabiliser pour mieux les manipuler ? *En tapinois*. Encore un terme que Will avait copié dans son cahier de mots inhabituels. Un terme descriptif, qui signifie *en cachette, par des voies détournées*. Ça lui rappelait Rose.

« Bonjour, Trina. J'aimerais vous dire que c'est un plaisir de vous voir, mais je ne suis pas pour les fausses amabilités. N'est-ce pas, Will ?

— Je salue votre honnêteté. »

Même quand Trina riait, son visage semblait fait pour la pitié. Elle avait les yeux trop humides et ses grosses joues charnues pendaient légèrement.

« Voici mon collègue, M. Flores. »

M. Flores. Il était étrange de l'entendre faire une présentation aussi formelle, étant donné qu'il avait à peine quelques années de plus que Rose. C'était un petit homme hispanique avec la tête rasée et une cravate qui semblait trop large sur sa maigre poitrine. Il montra sa carte.

« Bon sang, fit Josephine en repoussant la carte, j'ai des voisins. »

Les sourcils froncés de M. Flores indiquèrent qu'il se formait déjà une opinion.

« On peut entrer ? demanda Trina.

— Et voilà que ça recommence… Vous faites comme si j'avais le choix. » Le rire théâtral de Josephine exprimait tout sauf de la joie. « Par ici. J'ai les scones de Martha au four.

— Martha ? »

Trina parcourut ses notes du regard, comme si elle cherchait une troisième fille Hurst.

« Martha Stewart, la cuisinière ! » Josephine retroussa le nez. Son demi-sourire était celui qu'elle réservait aux imbéciles de première classe. « Laissez vos chaussures près de la porte, je vous prie. »

Au milieu de la table, entre le plateau de service et la pile de serviettes, se trouvait bien en évidence une version imprimée des lois fédérales et de l'État sur les services sociaux. La première page disait : « *CONNAISSEZ VOS DROITS !* » Will eut soudain peur pour Trina et Flores. *Partez en courant*, voulut-il leur dire. *Fuyez et ne vous arrêtez que quand vous arriverez quelque part où ils servent à boire. Quand ma mère en aura fini avec vous, vous en aurez bien besoin.*

« C'est très généreux, répondit Trina. Mais nous devrions passer aux choses sérieuses afin que vous puissiez profiter du reste de votre journée.

— Je pensais que vous diriez ça. » Nouveau sourire tout en crocs. « Dans ce cas, Will, tu peux allumer la caméra ? Je suis nulle avec les appareils électroniques. »

Will sursauta. Comme si elle était arrivée là par miracle, juste en face du pot de crème fraîche se trouvait la caméra numérique de son père. Quand il saisit le bloc de métal froid et qu'il retira le cache, Trina eut l'air horrifiée.

« C'est bien. Appuie sur Enregistrer et pose-la sur le buffet.

— Madame Hurst, fit Trina d'une voix hésitante, je vous assure que nous sommes de votre côté.

— C'est ça. Je suis sûre que c'est exactement pour cette raison que vous êtes ici. Pour prouver que chaque histoire a deux versions. » Josephine rajusta les pinces de sa robe. « Je pense que nous savons toutes les deux que vous êtes ici pour instruire un dossier contre nous, pas en notre faveur. Et j'ai bien le droit de me protéger. D'enregistrer chacune de vos actions afin de m'assurer que vous ne déformerez pas mes propos pour remplir vos quotas. »

Trina et M. Flores échangèrent un regard par-dessus la théière fumante. Pour la première fois, l'idée effleura Will qu'ils étaient une machine bien huilée, comme un tandem de policiers. Il parvenait pratiquement à lire leurs pensées : *On est tombés sur une excitée. Hostile. Sur la défensive.*

Trina changea d'avis et prit un scone.

« Bon, très bien... Comme je vous l'ai dit lors de mon dernier passage, l'hôpital a saisi les services de protection de l'enfance après la récente prise en charge de Will. Le médecin qui l'a soigné avait des doutes quant à la nature de sa blessure.

— Et il fait bien – étant donné que mon fils a reçu un coup de couteau de la part de sa sœur.

— Oui, c'est ce qu'on nous a dit. Mais avant de parler du soir où Will a été blessé, pourriez-vous nous faire visiter ? Ça fait partie de la procédure habituelle, une de ces idioties que nous devons faire. »

Enfin, Trina semblait parler le langage de sa mère. Le nœud dans la poitrine de Will se desserra légèrement. Ce serait bientôt terminé, et il pourrait reprendre son enquête.

M. Flores eut un grognement d'assentiment.

« Nous avons seulement besoin de voir ce que mange Will. Et de nous assurer qu'il a son propre lit.

— “Son propre lit !” se récria Josephine. Will a sa propre *salle de jeux*. Il a sa propre *salle de bains*. »

Sa voix vibrait de condescendance. Le regard qu'elle jeta à M. Flores était comme une gifle.

Will les suivit à travers la maison en hochant la tête, bien que personne ne le regarde. Quelqu'un devait bien se montrer coopératif.

« Jolie fresque murale de chantier. C'est toi qui l'as peinte ? » demanda M. Flores quand ils arrivèrent dans la chambre de Will.

Will jeta un regard aux grues et aux bulldozers sur le mur. Il secoua la tête.

« C'est moi qui l'ai faite, dit Josephine.

— Très jolie, répéta Flores. Je me disais que Will et moi pourrions rester ici et discuter pendant que vous montrez le reste de la maison à Trina…

— Ce sera un plaisir de vous laisser parler en privé avec Will quand vous reviendrez avec un mandat, répliqua Josephine avec un sourire. Mais avant cela, Will a le droit d'être accompagné, soit par moi soit par un avocat. »

Ils terminèrent la visite de la maison.

M. Flores continuait d'observer Will avec ses yeux de chat en maraude.

« Dis, mon gars… Pourquoi est-ce qu'on ne s'assiérait pas un peu à la table, toi et moi, pour parler entre hommes ? Ne t'inquiète pas, ta mère restera dans la cuisine. Elle sera là-bas avec Trina. »

Trina sourit et lui adressa un geste de la main depuis sa place, entre sa mère et la boîte à pain. Will avait l'impression qu'elle tendrait le bras si Josephine tentait de s'approcher de lui, tout comme sa mère tendait le sien devant le siège passager quand elle freinait trop fort à un feu.

M. Flores fouilla dans son sac à dos en cuir et en tira un cahier et une boîte de crayons. Will se sentit aussi infantilisé qu'au restaurant quand la serveuse lui apportait un gobelet avec une paille et un coloriage.

« Alors, Will… Est-ce que quelqu'un fume dans ta famille ? »

Will n'était pas préparé à ce genre de question. Il mourait d'envie de regarder sa mère. Au lieu de ça, il se surprit à étudier le visage de M. Flores pour tenter de trouver la réponse attendue.

« Juste Violet.

— Ta sœur, dit M. Flores. Pourquoi tu ne me dessinerais pas ce que fume ta sœur avec ces crayons ? »

L'estomac de Will se serra. Il ne savait pas s'il serait capable de reproduire ce qu'il avait un jour vu Violet cacher dans l'une des armoires de la cave où sa mère stockait ses affaires. *Ne le dis pas*, avait supplié Violet. *Personne ne le trouvera ici. Maman fouille dans les affaires des autres, mais elle n'a aucune envie de regarder dans les siennes.*

Will ne l'avait jamais dit à personne. Mais il prit le crayon et dessina quelques crottes vertes fripées au fond d'un vieux pot de câpres. *De la marijuana.* Au fond, il le savait. *Ta sœur la junkie.* C'était ainsi que ses tortionnaires de l'école appelaient Violet.

Sa mère l'observait en coin. Will ne savait pas ce que Josephine détesterait le plus : le fait qu'il ait souillé l'image de leur belle famille ou le fait que, même après les leçons qu'elle lui avait données, sa technique de dessin ne se soit guère améliorée. Le crayon glissait dans ses gros doigts maladroits.

« Ça va, mon gars ? »

Will s'aperçut qu'il agitait violemment son pied. Sur la table, les cuillers oscillaient.

« Ça va. »

M. Flores se versa une tasse de thé mais ne la but pas.

« Bon, parlons un peu de quand tu as quitté l'école…

— Il n'y avait pas de moquette, à l'école, intervint Josephine. Nous ne voulions pas que Will se blesse la tête par terre s'il faisait une crise.

— C'est compréhensible, fit M. Flores en prenant des notes.

— Et puis, avec Asperger… L'école était trop stimulante. Will ne se sent pas bien dans les endroits bruyants, pleins de monde.

— Madame Hurst, je préférerais que Will me raconte ces choses lui-même, lança Flores en s'approchant de lui. Dis-moi, comment tu te sens quand il y a du monde, mon gars ?

— Je ne me sens pas bien. »

Écholalie : répétition des mots de l'autre. La voix de sa mère le ramena à la réalité.

« Chéri, il faut que tu regardes M. Flores dans les yeux quand tu lui parles.

— Ce n'est pas grave », fit Flores, mais déjà Will le fixait.

Cette fois-ci, M. Flores détourna le regard le premier. Il avait l'air aussi perturbé que tous ceux qui fixaient Will pendant plus de quelques secondes. Cette tension était la vraie raison pour laquelle Will évitait de trop se concentrer sur les gens. Le contact visuel ne le dérangeait pas, cela semblait plutôt gêner les autres ; c'était plus simple pour tout le monde s'il gardait son regard sous le niveau de la mer.

« Je dois dire que l'école à la maison m'a toujours paru un peu solitaire, reprit Flores. Il t'arrive de voir des enfants de ton âge ?

— Oh oui, tout le temps », répondit Will mécaniquement. Son pouls battait fort. Il espérait que ça ne se voyait pas sur son visage.

« Où ? demanda M. Flores.

— Où je vois d'autres enfants ?

— Oui.

— Au groupe de jeu, répondit-il d'une voix forte. Au centre communautaire de Rosendale. »

Sa mère ne fit rien pour dissimuler son approbation.

M. Flores affichait une expression compassée. Il lissa sa cravate des New York Jets. Ce choix vestimentaire devait sans doute le rendre sympathique aux autres garçons de douze ans (normaux, qui aimaient le sport).

« Ça doit être nul, tous ces rendez-vous avec les docteurs. »

Will haussa les épaules.

« Ça pourrait être pire. Quand ma mère était petite, elle avait tellement d'asthme qu'elle pouvait à peine monter les escaliers.

— À quoi ça ressemble ? Une crise, je veux dire.

— Je la sens d'abord dans la poitrine. Ça ne fait pas mal. J'ai juste un peu de difficulté à respirer. Ensuite, plus rien jusqu'à ce que je me réveille, je ne me rappelle rien, j'ai juste l'impression qu'on m'a frappé avec une poêle à frire. Parfois il y a un peu de sang si je me suis mordu la langue ou l'intérieur des joues.

— Ça t'arrive souvent, ces crises ? »

Plus tard, en repensant à son erreur, Will l'attribua au fait qu'il s'était mis en pilote automatique. Il avait répété le même discours tellement de fois, à tellement de médecins différents.

« À peu près tous les deux ou trois mois. J'en ai eu deux ce mois-ci, ce qui est… » Will faillit dire *aberrant*, un mot que sa mère emploierait, mais il se rappela qu'il devait paraître naturel pour un gamin de douze ans. « … dingue.

— Tu as eu *deux* crises ce mois-ci ?

— Ouais. Une dans la voiture l'autre jour et une le soir où Violet est partie. »

À peine les mots furent-ils sortis de sa bouche que le cœur de Will se serra. La crise ne faisait pas partie de la version qu'il avait revue avec sa mère.

M. Flores eut un geste nerveux, comme un chien endormi. Il se tourna pour regarder Trina mais se reprit.

« Tu peux me parler un peu de la soirée où Violet est allée à l'hôpital ? »

La douceur de ses yeux et de ses manières effrayait Will plus que tout.

« Euh, bien sûr. »

Will chercha de toutes ses forces un moyen de faire machine arrière mais il n'y en avait pas. Tout ce qu'il pouvait faire, c'était réciter mot pour mot la version que sa mère et lui avaient répétée, en priant pour que M. Flores oublie le petit détail de la crise.

« Violet pointait le couteau vers ma mère. Maman lui a dit qu'elle était malade, et Violet s'est avancée vers elle. Je me suis mis entre elles et j'ai attrapé la lame. Elle m'a un peu coupé, mais j'ai réussi à lui prendre le couteau. »

Will détourna le regard. L'écœurement le prenait aux tripes quand il se rappelait comme le sang avait semblé ne jamais devoir cesser de couler. Il avait saigné sur le carrelage, sur un gant tombé à terre, sur son plus beau pantalon.

M. Flores se gratta la joue.

« Bon, je ne comprends pas très bien. Explique-moi comme si j'étais un petit de maternelle. Tu as eu la crise avant ou après avoir pris le couteau des mains de ta sœur ? »

La vision de Will se rétrécit. Un picotement froid se répandit dans ses bras, et il se demanda si tout le monde voyait son cœur bondir sous son pull.

« Après. »

Soudain, il se rappela la douleur aiguë à la main et l'expression de colère de sa mère tandis qu'elle appuyait sur sa blessure. Elle ne supportait pas quand il se faisait mal, même s'il voulait simplement aider.

« Tu en es sûr ? Même si les crises t'empêchent de te rappeler plusieurs minutes avant et après ?

— Oui, oui. Je m'en souviens parfaitement. »

Will ne put s'en empêcher. Il se tourna vers sa mère pour être rassuré. C'était une vieille habitude, aussi inévitable que de respirer. Mais sa bouche maquillée, dont les lèvres pincées ressemblaient à un petit poing rouge, annonçait sa déception et la punition qu'elle lui réservait.

Misodactykleidiste : quelqu'un qui déteste jouer du piano.

VIOLET HURST

La thérapeute de Violet, Sara, était une femme impressionnante, coiffée comme Eleanor Roosevelt. À la manière d'une chasseuse ou d'une pêcheuse aguerrie, elle semblait capable de rester des heures immobile sans faire entendre le bruit de sa respiration ou croiser les jambes. Ses lèvres pincées et ses yeux plissés paraissaient avertir ouvertement Violet : *Je te juge. Je suis en train de déterminer ton avenir.*

« J'aimerais parler un moment de la vérité, dit Sara.

— La “vérité” », répéta Violet.

L'espace d'un instant, elle eut l'impression qu'on lui retirait un poids. Enfin, quelqu'un envisageait au moins l'idée que Josephine ne dise pas la vérité sur ce qui s'était passé vendredi soir.

« Oui, la vérité. Tes parents semblent croire que tu as du mal à être honnête. As-tu l'impression que la vérité te rend plus vulnérable ? Est-ce qu'elle te procure une peur irrationnelle ?

— Non », répondit sèchement Violet.

Elle aimait la vérité. Elle ne demandait que ça. En fin de compte, tous ses problèmes venaient du fait qu'elle était la seule à dire la vérité dans sa famille.

« Parlons du mensonge, alors. Comment te sens-tu quand tu mens ? T'arrive-t-il de vouloir que cela cesse mais de ne pas pouvoir t'en empêcher ?

— Je ne mens pas ! C'est ça que vous ont dit mes parents ? Que je suis une sorte de menteuse pathologique ?

— Le terme clinique est *pseudologia fantastica.*

— C'est ma mère, la menteuse !

— On dirait que tu projettes, répliqua Sara. Au lieu de voir le mal en toi-même, tu le perçois chez les autres. C'est un mécanisme de défense. Ça permet aux gens de continuer à croire qu'ils sont parfaits. » Son fauteuil couina légèrement quand elle se recula contre le dossier. « C'est ça Violet ? Tu crois que tu es parfaite ?

— Bien sûr que non ! C'est ma mère qui projette. Elle me traite de folle, mais c'est elle qui n'est pas bien…

— C'est vrai. En t'envoyant ici, ta mère a fait de toi ce qu'on appelle le "patient identifié". C'est peut-être toi qui montres le plus de symptômes, même si d'autres membres de ta famille ont des problèmes mentaux.

— Dans ce cas, pourquoi est-ce que je suis ici et pas mes parents ? »

C'était une question tellement plaintive, adolescente, que Violet s'en voulut de l'avoir posée. Elle aurait aussi bien pu dire « c'est pas juste ».

« Tu es ici parce que tu as commis une agression violente, Violet. Je ne peux pas t'aider, et je ne pourrai certainement pas te laisser sortir tant qu'on ne sera pas arrivées au cœur de tes mensonges et de tes comportements violents qui font du mal à ton frère.

— Vous n'allez pas me laisser sortir ? »

Étrangement, elle se sentait à la fois déçue et soulagée. Elle voulait rentrer chez elle, auprès d'Imogene et de ses amis de la ferme, mais elle n'avait toujours pas de plan pour s'enfuir. Elle voulait aussi avoir des nouvelles de Rose, et elle avait besoin de comprendre ce qui s'était passé le soir où Will avait été blessé.

« Je ne peux pas. On m'a signalé que tu présentais un risque d'évasion. Tu as essayé de t'enfuir pendant la séance d'hier ?

— J'ai pris cinq minutes de pause. Oui, sans autorisation. Mais j'avais besoin d'air. On vous a signalé que mon père était l'invité d'honneur ? »

Violet regarda l'expression de Sara se modifier.

« Ton père a pris la parole ?

— Posez-lui la question, il vient aux heures de visite. »

Ç'avait été la discussion la plus gênante que Violet ait jamais eue. Encore pire, elle avait eu lieu sous le regard d'un public d'alcooliques admiratifs, dont la plupart félicitaient Douglas pour son « honnêteté émotionnelle ». D'une manière très Hurst, quoiqu'un peu raide, ils avaient fait comme s'il n'y avait pas de problème. Douglas avait feint de l'avoir invitée, et Violet n'avait pas soufflé mot de sa récente rechute.

Sara retira ses lunettes et essuya ses verres avec le revers de la robe simple mais chic qu'elle portait sous sa blouse blanche.

« J'aimerais beaucoup parler à ton père. Je demanderai à la réception qu'on l'envoie me voir avant qu'il vienne te parler. Tu savais qu'il suivait un programme, avant hier soir ?

— Je savais qu'il buvait comme un trou. Difficile de ne pas le voir. Mais je ne savais pas qu'il avait arrêté… Il a dit qu'il avait eu un trou noir le soir où il m'a amenée ici. Comment se fait-il que personne ne l'ait remarqué ?

— *Tu* n'as rien remarqué.

— J'étais complètement défoncée.

— Exactement. Il y a de la dépendance dans ta famille. D'un côté, c'est difficile à accepter, mais au moins ça crée un lien. Ton père et toi avez quelque chose en commun. »

Violet secoua la tête avec véhémence.

« Mon père était trop bourré pour prendre ma défense et dire que je n'ai pas fait de mal à mon frère. Voilà ce qui est difficile à accepter.

— Écoute-moi, Violet. Si tu crois que c'est un coup monté, c'est un peu gros. Personne ne t'a forcée à consommer de la drogue. Personne ne t'a forcée à saisir ce couteau. Je crois que la priorité, c'est toujours toi. Ni ton père ni ta mère. Je veux que tu prennes une grande inspiration et que tu te concentres sur les choses sur lesquelles tu peux agir. » Elle consulta sa montre. « Désolée de couper court, mais c'est l'heure d'y aller. »

Sara avait raison. Il était vraiment l'heure d'y aller. Violet devait se préparer pour l'avenir. Hébergement d'urgence. Hangar. Boulot chez McDo. Peu importait. Elle s'éloignerait de sa cruelle mère par tous les moyens possibles. Il était temps d'arrêter de paniquer et de commencer à s'organiser.

WILLIAM HURST

Will se tenait devant le piano en se demandant comment il allait bien pouvoir jouer « Arctic Nights » de De Benedetti avec une seule main.

« Un véritable musicien sait créer une musique vraie et originale à chaque représentation. »

Josephine était étendue sur le divan Récamier en soie qui faisait toujours imaginer à Will un groupe d'hommes torse nu le portant sur leurs épaules musclées.

Les collants de Josephine murmurèrent quand elle frotta ses pieds l'un contre l'autre.

« Les vrais musiciens jouent dans toutes sortes de conditions. Ils jouent malgré l'arthrite et les acouphènes. Si tu ne prenais pas ta main comme prétexte, tu utiliserais ton autisme ou ton épilepsie. Arrête un peu de te chercher des excuses, mon garçon. »

Elle parlait sur le ton de la plaisanterie, mais sa voix était dure.

« Tu es en colère ? »

Après le départ de Trina et Flores, Josephine était restée près de la cuisinière, les mains posées sur les brûleurs éteints, comme en transe. Quand elle s'était reprise, elle s'était dirigée tout droit vers les partitions. Elle avait littéralement posé Will sur le banc du piano comme un petit enfant.

« Je t'ai dit de jouer. Si je dois te le demander à nouveau, tu vas le regretter. »

Il essaya de jouer seulement avec la main gauche, mais le passage mélancolique n'était pas pareil sans les trilles aigus de la droite.

Le sourire de Josephine était piquant.

« C'est drôle, je ne crois pas avoir demandé une demi-chanson. C'est comme commander un hamburger et n'avoir que le pain. Il me faut de la viande. »

Mais comment ? Il devait y avoir un moyen de jouer le morceau avec une attelle à la main. Il en était certain, sinon sa mère ne l'exigerait pas. Ses oreilles bourdonnaient. Il se sentait mal à l'aise, mal assuré sur le banc. Il tenta de jouer la partie de la main droite avec la gauche. Ce n'était toujours qu'une demi-chanson, encore plus hachée que la première fois. *Rhadamanthin*, un mot descriptif. *Comme un juge sévère.*

« Assez, dit-elle enfin. De toute évidence, tu n'as pas travaillé. Lève-toi.

— Non, maman… »

Il avait été bête de croire que le piano était sa punition. Elle avait bien pire en tête.

« Pas de "Non, maman" avec moi. Je suis ta mère et tu es l'enfant. »

Il la suivit à contrecœur jusqu'à son bureau à l'étage. À l'intérieur, l'odeur était toujours la même : crème pour les mains et papier à dessin. Les rideaux étaient tirés. Sa mère alluma la lampe de bureau, et il alla immédiatement à l'endroit derrière la porte qu'eux seuls connaissaient. Pour une raison ou pour une autre, il s'y retrouvait au moins une fois par semaine.

Elle ouvrit son tiroir et en sortit une feuille d'autocollants – ceux pour les récompenses qu'elle achetait au magasin de fournitures scolaires. Will la regarda décoller une étiquette représentant une pomme rouge avec un pouce en l'air. « *Bon travail !* » disait l'autocollant. Il était étrange d'être puni avec des compliments. Ça aurait fait moins mal si elle lui avait donné des images plus honnêtes qui disaient *Mauvais !*, *Bouh !* ou *Décevant !*. Mais aucune entreprise n'imprimait des autocollants déprimants.

Il regarda sa mère coller l'image derrière la porte. Trop haut. Il n'était pas sûr de parvenir à y mettre son nez, sans parler de rester ainsi une heure ou plus.

« Je croyais bien faire ! plaida Will tandis qu'elle le poussait vers la porte. J'étais bon, non, quand je leur ai parlé de ce que fume Violet ? Je croyais que tu étais contente. »

Les larmes coulaient le long de ses joues.

« Tais-toi, William », dit-elle.

Son visage était pincé de dégoût, un pli dur où les ailes de son nez rencontraient ses pommettes enduites de rouge. Elle s'assit dans son fauteuil de lin blanc et attendit.

Will se dressa haut sur la pointe des pieds et amena son nez à la hauteur de l'autocollant « *Bon travail !* ». Au bout de ce qui lui parut une demi-heure, ses mollets commencèrent à se contracter. Ses cuisses frémissaient. Le pli de ses pantoufles lui sciait le dessus des pieds. À chaque minute qui passait, l'autocollant semblait plus haut, mais il savait que c'était sa volonté qui faiblissait. La gravité était impitoyable. La douleur grimpait telle une araignée derrière ses genoux.

Le plus humiliant était qu'elle voie la raie de ses fesses quand son pantalon commença à glisser au bout de ce qui lui sembla une quarantaine de minutes, sans qu'il puisse le remonter. *Stéatopyge*, un mot descriptif pour désigner quelqu'un qui a le cul de la taille d'un canapé.

Tandis qu'il se tenait ainsi, sa mère avait sa bible ouverte sur les genoux. Pour la première fois depuis que Trina et M. Flores étaient partis, elle paraissait calme, sa voix n'était plus inhabituellement haute et entrecoupée. Elle lisait Timothée 3 à voix haute : « *Car les hommes seront égoïstes... fanfarons, hautains, blasphémateurs, rebelles à leurs parents...* » Elle n'était jamais aussi dévote que quand ses enfants transgressaient.

Au bout d'une heure ou plus, quand la cheville de Will lâcha enfin, il espérait presque, comme toujours, que sa mère le punisse physiquement – qu'elle lui donne une claque sur la nuque, lui pince le biceps, n'importe quoi. Mais Josephine ne s'abaissait pas à la violence physique.

Ou plutôt, elle avait conditionné Will à faire le travail à sa place. Toujours étendu là où il était tombé, il se remit à pleurer, se cognant la tête contre le sol de frustration. Elle poursuivit sa lecture : « ... *ingrats, irréligieux, insensibles, déloyaux, calomniateurs, intempérants...* » Sa vision se brouilla, et des bosses apparurent sur son front telles des cornes poussant sur la tête d'un jeune cerf.

Pédicule, pensa-t-il. *L'excroissance osseuse sur le crâne d'où partent les bois*. Puis il se cogna encore une fois la tête.

Ce soir-là, ils mangèrent des céréales après que Douglas eut appelé pour dire qu'il restait tard au travail. Ils faisaient toujours ça quand ils n'étaient que tous les deux pour dîner. Si Violet et Douglas étaient à la maison, le dîner comptait plusieurs plats aux noms élaborés – *cheveux d'ange* par-ci et *glaçage au soja* par-là. Mais quand il n'y avait que Will et sa mère, le dîner se composait de Fruit Loops et de Coco Pops.

C'était le genre de plaisir coupable qui le faisait se sentir plus proche d'elle, même si elle le laissait seul à table pour manger. Après la longue punition dans son bureau, Josephine avait posé un bol et une boîte de céréales sur la table de la cuisine et avait emporté son dîner à l'étage.

Seul à table, Will sentait une odeur de boutons de rose et de soufre dans l'air. Il entendit l'eau couler dans la salle de bains de ses parents. Sa mère mangeait ses céréales dans la baignoire à pieds, avec le miroir embué, les sels de bain crissant sous ses cuisses.

Il racla la bouillie de sucre fondu avec sa cuiller en se demandant à quelle heure son père rentrerait. Était-il avec Carrie ? Will savait comment fonctionnait le sexe. Quand il avait cinq ans, sa mère lui avait fait une leçon très descriptive sur les « rapports » (son index droit en « érection » plongeant dans le rond qu'elle faisait avec sa main gauche). Il trouvait toujours étrangement horrible qu'un homme fasse ça à une femme ; quant à imaginer son père avec Carrie…

Les passages de la Bible résonnaient encore dans ses oreilles et il ne parvenait pas à manger maintenant qu'il avait eu ces mauvaises pensées, sachant que Dieu les considérait comme *traîtres, emportées, gonflées d'orgueil*.

Il se leva de la table et écouta quelques minutes au pied de l'escalier. Aucun pas, les armoires et les tiroirs ne s'ouvraient pas. Intuitivement, il sut que sa mère ne s'était pas encore séchée.

Il se glissa dans le salon, la pièce qu'il aimait le moins dans la maison. Sans doute parce que ses parents ne l'y convoquaient que quand ils devaient lui annoncer une mauvaise nouvelle. « Rose s'est enfuie » ou « Nous avons décidé que tu n'étais pas fait pour aller à l'école ». Peut-être choisissaient-ils cet espace pour annoncer les mauvaises nouvelles parce qu'ils trouvaient que les rideaux tombants et les fauteuils trônes leur donnaient plus de gravité. À moins qu'ils n'aient préféré confiner les discussions désagréables et les mauvais souvenirs dans une partie de la maison où ils allaient rarement.

La pièce était immaculée et imposante, mais Will connaissait le chaos qui l'attendait. Il ouvrit la porte du haut placard encastré et se retrouva face à un indescriptible désordre. Des vases renversés, des boules de rubans de Noël, des crottes de souris, des assiettes en coquilles d'huître, des saucières, des bibelots en porcelaine. Des *antiquités*, aurait dit sa mère. Elles semblaient se multiplier, surtout depuis un an. Tout au fond, il découvrit les albums photos reliés de cuir.

C'était vrai. L'album des Hurst était criblé de blancs, exactement comme Douglas l'avait raconté au détective privé. Exactement le genre de trahison que sa mère avait décrite à cette personne au téléphone : « Elle détruit notre maison, nos biens. » Il ne restait que quelques photos de Rose bébé, sur lesquelles son visage angélique avait été noirci. Sur une photo, Rose n'était qu'une boule de couverture rose sur le lit d'hôpital de Josephine. Sur une autre, on ne voyait que son crâne chauve qui pointait hors du kangourou accroché à la poitrine de son père.

Dans les clichés suivants, Rose avait simplement été arrachée ou découpée. Des trous parsemaient leurs Noëls, les remises de diplômes, leurs vacances à Lake

George ou à Cape Cod. La main de Will tremblait légèrement tandis qu'il tournait les pages plastifiées.

Il remit les albums dans le meuble encombré. En bas de l'escalier, il s'arrêta à nouveau, à l'affût d'un signe de vie à l'étage. C'était toujours silencieux comme une tombe, pas le moindre bruit de baignoire qui se vide.

Il repensa à l'e-mail que son père avait envoyé au détective privé : « *Quelques objets personnels ont disparu.* » Que Rose était-elle venue prendre d'autre ? Elle était tellement plus âgée que lui – dix années impossibles à combler – qu'il n'avait aucune idée de ce qui comptait pour elle. En partant, elle avait emporté son ordinateur, son téléphone et une bonne partie de sa garde-robe. C'était sûrement tout ce dont on avait besoin à vingt ans.

À moins qu'elle ne soit repassée chercher de l'argent. Mais pour autant qu'il le sache, ses parents n'étaient pas du genre à cacher des billets dans des boîtes à biscuits. Bon sang, c'était tout juste s'ils utilisaient du liquide.

Will passa en revue ses références télévisées, sa seule fenêtre sur la logique criminelle. Les émissions policières montraient des gens qui volaient des bijoux pour les revendre, mais il n'aurait pas manqué d'être au courant si l'un des bracelets de tennis de sa mère avait disparu. Il y avait toujours des émissions spéciales sur les jeunes qui piquaient les médicaments de leurs parents, mais Will connaissait le maigre contenu de la pharmacie familiale : elle ne renfermait que de l'aspirine, des laxatifs et de l'huile de foie de morue, plus bien sûr ses médicaments pour l'épilepsie.

L'espace d'un instant, il envisagea de monter fouiller les tiroirs de Rose, mais il se rappela ce qu'avait dit Violet en cachant son pot à câpres : *Maman fouille dans les affaires des autres, mais elle n'a aucune envie de regarder dans les siennes*. Rose avait-elle pensé la même chose ? Peut-être qu'elle aussi gardait ses affaires parmi celles de sa mère. Peut-être que c'était à la cave que des choses avaient disparu.

Le sous-sol sentait l'humidité et la litière pour chat que sa mère répandait au sol pour absorber l'eau, et il y faisait toujours sombre malgré les ampoules nues que son père avait accrochées au plafond. Will commença par l'armoire de chêne. Le pot de Violet était toujours dans la poche du manteau de zibeline de leur mère (à moitié plein), avec soixante dollars en liquide et une petite pipe en métal à l'allure menaçante. Le reste des manteaux, capes et vestes étaient vides.

Il passa à l'armoire suivante. Il s'inquiétait. Aurait-il le temps ? Sa mère allait sans doute se mettre à le chercher à l'étage. Il y avait trop de sacs de vêtements à ouvrir, trop de poches bordées de satin à fouiller. Violet avait raison. Cela représentait une masse choquante de vêtements, dont la plupart n'avaient jamais été portés, l'étiquette pendait encore du revers des manches. Il s'apprêtait à abandonner quand il aperçut les boîtes à chapeau sous une longue robe enveloppée dans le sachet en plastique du lavage à sec.

Imbécile, se dit-il quand, en ouvrant la boîte, il y trouva simplement un chapeau en fourrure rond. Il avait l'air russe et lui rappelait une méchante de James Bond. Will ne put s'empêcher de le saisir. La fourrure argentée paraissait tellement vivante sous ses doigts qu'il s'attendait à moitié à l'entendre respirer et gronder tandis qu'il la caressait. Le chapeau était presque sur la tête de Will lorsqu'il aperçut le livre que quelqu'un avait caché dessous : *En attendant bébé : un journal de neuf mois*.

Will tendit l'oreille, à l'affût de bruits de pas à l'étage. Soudain, son souffle était aussi rapide que pendant un cours de sport à l'école. Chaque inspiration le brûlait, ses jambes se contractaient sous lui. Des clochettes tintèrent quand il changea de position, et au bout de quelques secondes et d'une quasi-crise cardiaque il constata qu'il avait heurté un Tupperware marqué *Noël*.

Il souleva précautionneusement le livre par les bords de la couverture lavande. Il espérait qu'il appartenait à sa mère, même s'il savait qu'il était trop neuf. Les coins n'étaient pas cornés et le dos était à peine plié. Là, sur la première page, sur la ligne en pointillé qui suivait *Nom de la mère*, la main raide de sa sœur avait inscrit « *Rose Hurst* ».

C'était douloureux rien que de le lire. L'écriture était si pleine d'émotion – des tournures chargées de joie et d'anticipation soulignant le fait que Rose avait écrit pour quelqu'un d'autre que Will. Les premières semaines retraçaient une biographie fragmentée de Rose. Sur la ligne marquée *Passe-temps favoris*, Rose avait écrit : « *randonnée, camping. Et cuisiner. Même si je ne peux le faire que quand je vais voir mes amis à la fac. À la maison, maman se plaint que je mets le bazar et que j'utilise ses épices* ». Là où le livre demandait : *trois mots pour me décrire*, Rose avait répondu : « *Lunettes teintées Rose !* »

Apparemment, le *premier souvenir* de Rose était : « *Jouer à la banque chez un voisin. Des pièces et des faux billets partout ! Un bazar que maman ne me laisserait <u>jamais</u> faire à la maison !* » Elle avait ajouté : « *Je jure de tolérer le désordre normal d'un enfant. Qu'on m'apporte ce livre chaque fois que je* *me montre injuste. Peu importe si tu es bruyant, désordonné ou un peu sauvage. C'est bien plus amusant qu'être comme moi, qui me comportais comme la meilleure employée de ma mère !* »

Will frémit. Se comportait-il comme s'il travaillait pour sa mère ? Il se consola avec l'idée qu'il n'avait jamais ressemblé à un bébé Cadum. Même aujourd'hui, il n'était pas mignon au point de devenir modèle comme Rose quand elle était au primaire.

Ce n'était pas rien. À l'exception du commentaire voilé sur le meilleur employé, le journal ne mentionnait absolument pas que Rose faisait du théâtre, de la danse, ou qu'elle posait comme mannequin. Il avait pourtant toujours pensé que ces activités définissaient sa grande sœur. À présent, il se demandait s'il ne l'avait pas confondue avec la présentation qu'en faisaient ses parents à leurs amis.

Le père de son bébé était étrangement absent du journal. Contrairement à la page *Arbre généalogique* où Rose avait laissé des blancs aux titres *Bons souvenirs avec mes parents* et *Mes vacances en famille préférées*, elle avait écrit quelque chose, si vague que ce fût, dans l'espace intitulé *Les qualités que j'aime chez ton père* :

> *Si tu lis ceci, j'espère que nous avons beaucoup parlé de ton papa et que tu n'as plus de questions sans réponse ! J'aimerais tellement pouvoir te donner un papa qui soit là pour toi !*

Le fils ou la fille du journal de Rose semblait tellement vrai, un petit en chair et en os avec qui Will aurait pu jouer à Blokus ou à Uno le jour de Thanksgiving. Le bébé avait même un nom ! Du moins, Rose avait griffonné plusieurs possibilités – « *Sophia,*

Audrey, Oliver » – dans une section intitulée *Noms d'enfant que j'ai toujours aimés.*

Soudain, il songea qu'il était peut-être tonton. Tonton William. Ça sonnait bien : pas le genre d'oncle qui t'apprendrait à te servir d'une arme ou d'une tireuse à bière, mais celui qui pourrait te parler d'étymologie ou t'offrir un cadeau avec un emballage professionnel.

Will continua à tourner les pages.

> *J'ai soupçonné que j'étais enceinte parce que... j'ai vomi sur mes jambes alors que je conduisais sur l'autoroute !*
>
> *J'en ai eu la certitude le... 25 avril 2006.*
>
> *Ma réaction a été... une brève terreur suivie par de la joie !*

À neuf semaines, Rose avait collé une échographie sombre après une visite chez le médecin – « *Les battements de ton cœur ressemblent à une luciole !* » – et avait tout avoué à leur mère.

> *Quand j'ai annoncé à ma famille que j'étais enceinte, leur réaction a été... Je l'ai dit à maman aujourd'hui parce que j'étais obligée... Bizarrement, elle savait que j'étais allée au Planning familial. Elle a dû regarder les numéros que j'ai appelés avec mon téléphone. Eh bien, bébé, elle croit que je détruis sa vie. Pas la mienne, dis-toi. Pas la tienne. La SIENNE. Elle m'a coincée pendant des heures dans son bureau, en essayant de me faire dire qui était le père (j'ai refusé) et en insistant pour que j'avorte. Merde, je dois avoir perdu la tête... Qu'est-ce que je fais à écrire « merde » et « avorter » dans ton journal de bébé ? Je n'avorterai pas. Tu fais partie de moi. Oui, maman a*

raison : tu auras des besoins, tu coûteras cher (c'est ton travail). Tu vas faire caca et pleurer jour et nuit, et si j'ai jamais été un jour ma seule priorité dans la vie (ce que je ne crois pas !), ce ne sera sans doute plus le cas une fois que tu seras né. Tu vas changer ma vie. Mais j'aime ça ! Au point où j'en suis, le changement est une bonne chose. P.-S. : *Ne t'inquiète pas. Je ne t'élèverai jamais dans la maison de ma mère.*

Les choses avaient empiré.

Quel rôle imagines-tu voir ta famille jouer dans la vie de ton bébé ? Pour l'instant, presque aucun. Maman a menacé de me jeter dehors (OK) et d'arrêter de payer ma scolarité (problème !). Elle continue à me donner des fascicules qui expliquent que les mères célibataires ont des problèmes de santé. J'étais en cours de sociologie l'autre jour, et un article intitulé « Pourquoi les pédophiles adorent les mères célibataires » est tombé de mon cahier. Évidemment, maman l'a mis là où elle savait que je le trouverais. Heureusement que je l'ai vu, sans quoi il serait resté avec le devoir que je rendais.

C'était la dernière entrée. Les semaines onze, douze et treize étaient blanches.

Will décida d'aller chercher sa mère. Il lui avait déjà pardonné la punition de l'après-midi (il n'avait pas bien travaillé son piano) et il était de son côté quand il s'agissait de protéger l'enfance. (Selon les mots de Josephine, Trina et son collègue n'étaient que des clones zombies entraînés à « voler des enfants » et à « gaspiller les crédits fédéraux ».)

Pour le moins, Josephine devait savoir ce que Rose pensait d'elle.

Will grimpa l'escalier avec un cœur de lion. Tout son corps s'était raidi. Son cerveau s'était endurci sous le coup d'une émotion qu'il ne ressentait pas souvent, peut-être de la rage.

Maintenant, il voulait plus que tout que Rose revienne. Il voulait la surprendre en train de leur crever les pneus, de dévisser l'abattant des toilettes, ou quelle que soit la toute nouvelle plaisanterie qu'elle avait en tête.

Le sentiment qui lui faisait grincer des dents et claquer la mâchoire n'était pas juste de l'indignation. Il se sentait aussi un peu mal à l'aise. Il avait peur. Jusqu'où irait Rose pour se venger d'eux ? Frotterait-elle de la viande crue sur leurs brosses à dents ? Mettrait-elle du lierre vénéneux dans leurs lits ? Saboterait-elle les freins de la voiture de sa mère ? De terrifiants scénarios de vengeance se succédaient dans son esprit.

Will ne savait pas ce qu'il redoutait le plus : la vengeance de Rose ou l'idée qu'elle cesse ses représailles et revienne vivre avec eux pour de bon. Si Rose rentrait à la maison, leur mère lui pardonnerait-elle ? Si Rose rentrait, le remplacerait-elle comme favori de Josephine ? Il ne pouvait vivre avec sa sœur démoniaque. Il ne pouvait pas recommencer à vivre dans l'ombre de quelqu'un. Un éclair de désespoir le traversa, ainsi que le désir enfantin d'un prince de défendre son royaume. Le sous-sol, toute la maison étaient immobiles, excepté la menace de Rose la rebelle qui planait au-dessus.

VIOLET HURST

« Violet ! » aboya la silhouette vêtue d'une tenue de bloc opératoire dans l'embrasure de la porte.

Occupée à se vernir les ongles avec Edie, Violet s'attendait à un rappel à l'ordre, mais au lieu de ça l'infirmière ajouta : « Courrier » et jeta une enveloppe sur le lit. Les yeux de Violet tombèrent sur le sceau rose poussiéreux.

Elle se sentit étrangement grisée. Peut-être parce qu'elle commençait vraiment à accepter l'idée d'aller vivre avec Rose.

« Ouvre », la pressa Edie.

Très chère Vivi,
Désolée pour l'asile...

« L'asile ? fit Edie. C'est quoi, *La Vallée des poupées* et tu es Patty Duke ? Ou elle croit que tu as demandé l'asile politique ? »

Violet leva les yeux au ciel et continua à lire.

... Merci de me comprendre !

J'adore les questions que tu me poses ! Tu dois être en train d'étudier pour l'admission à la fac, si tu penses en QCM. Je me rappelle ce que c'est. Pendant six mois, je n'arrivais à raisonner que par analogies. Vindicatif : vengeance. Malhonnête *: .... Berk, je n'aimerais pas être à ta place !*

En tout cas, voyons voir.

A) Je ne suis absolument pas en contact avec papa et maman. Même si je suis curieuse ! Tu les détestes autant que moi quand je vivais avec vous ?

B) Je travaille à temps partiel. Je passe d'un bureau à l'autre, ils sont tous aussi ennuyeux. Mon vrai travail, c'est actrice. Ou plutôt, essayer de trouver un travail d'actrice. Je m'efforce de changer ma manière d'approcher les auditions. Je fais des choix plus audacieux qu'avant. Le metteur en scène n'aimera pas forcément ce que je fais. Il pensera peut-être : Elle a tout faux, *mais au moins il ne se dira pas :* Cette Rose ne fait rien ! *Je préfère qu'ils me détestent plutôt qu'ils m'oublient.*

C) Oui, Damien et moi vivons ensemble. Parfois, je redoute un peu que la cohabitation soit un « tue-l'amour », comme disait toujours maman. Mais on a l'intention de se marier un jour. Il faudra que tu le rencontres et que tu me dises ce que tu en penses ! Et toi ? Tu as un copain ? Tu n'as pas répondu, dans ta dernière lettre !

D) Alors tu es au courant pour cette photo. Ce n'est pas grave. J'ai fait la paix avec tout ça, maintenant... Tu y crois ? Des fois, moi-même je n'en suis pas sûre.

Comment va Will ? C'était un petit garçon tellement innocent quand je suis partie, mais ce n'est sans doute plus le cas.

Raconte-moi. Il me faut des détails !

Tu me manques toujours,

Rose

P.-S : *Écris-moi à cette adresse. Le père de Damien a des problèmes de santé, alors on habite dans la maison de campagne de ses parents pendant quelque temps. Eh oui, je suis de retour dans la vallée de l'Hudson !*

« Est-ce que cette analogie de la vengeance te perturbent autant que moi ? demanda Violet.

— Mmmh, fit Edie en soufflant négligemment sur ses ongles. Peut-être que c'est une coïncidence si elle a choisi ça.

— Je croyais que Freud disait qu'il n'y a pas de coïncidences.

— C'est un peu passif-agressif, convint Edie.

— Qui est passif-agressif ? » Corrina entra et s'affala sur le lit de Violet. « Raconte-moi. J'étais au téléphone avec l'homme en cuir. Il est en maison de désintoxication, alors il a accès au téléphone et toute la journée pour me décrire sa grosse…

— Aaaah, sexe par téléphone. » Edie fit mine de vomir et de se couvrir les oreilles. « La la la la la, je ne t'entends pas.

— Fais attention qu'il ne te donne pas le sida des oreilles », renchérit Violet.

Corrina rit, puis entreprit de lire la lettre de Rose. Quand elle eut fini, elle dit :

« Tu vois ? J'avais raison. *Maison de campagne.* Ta grande sœur s'est trouvé un mec plein aux as, genre Daddy Starbucks.

— C'est Daddy Warbucks dans la BD, corrigea Edie.

— Je pensais à Starbucks, répondit Corrina. Je tuerais pour un de ces cidres au caramel. Quand il fait froid dehors et que tu es défoncée, ça a un goût de tarte aux pommes… Alors, c'est quoi l'adresse de la résidence secondaire de ta grande sœur ? »

Violet lui jeta l'enveloppe.

« Newburgh. »

Corrina redressa le menton, le petit doigt en l'air.

« Non, ma chérie, pas le vieux Burgh, le *new* Burgh. »

Edie saisit l'enveloppe.

« On va regarder à quoi ressemble la rue, à la prochaine séance d'informatique.

— Pourquoi est-ce qu'on a ça ? demanda Violet. Les séances d'informatique. Je ne comprends pas.

— C'est pour qu'on puisse continuer nos études, fit Edie. Les cours en ligne. Pour passer le bac.

— C'est nul, hein ? lança Corrina. Le dernier hôpital où je suis allée, on avait le wi-fi. Et ils ne confisquaient pas les téléphones portables. »

Le plus perturbant dans la lettre était que Rose soit de retour dans la vallée de l'Hudson. Violet appréciait la distance que la ville mettait entre elles, au moins le temps qu'elle comprenne les intentions de sa sœur. À présent, Rose avait divisé par deux la distance qui la séparait du reste des Hurst. C'était comme quand, petites, elles jouaient à un, deux, trois, soleil. Maintenant que Violet avait le dos tourné – maintenant qu'elle était enfermée –, Rose se rapprochait en douce, elle essayait de la suivre, de reprendre le jeu de zéro, que Violet se sente prête ou non.

Violet eut un coup au cœur quand une main ferme se posa sur son coude.

« Tu as de la visite », annonça l'infirmière.

Violet fut tentée de répondre : *Je sais.* Elle attendait son père. Elle se préparait à une longue discussion frustrante sur leur « problème commun d'abus de substances ».

Mais l'homme assis à la table n'était pas Douglas. Il était jeune, latino et, du moins selon l'impression de Violet, « beau à crever ». *Enfantin*, songea-t-elle. Les yeux de l'homme reflétaient la lumière comme du cuir sombre, et elle se sentit bêtement heureuse de porter la robe qu'Edie avait insisté pour lui prêter.

« Viola Hurst ? » demanda le jeune homme.

Il se cogna le genou en reculant sa chaise pour se lever, donnant à Violet l'impression qu'elle non plus n'était pas la personne qu'il attendait. Elle avait laissé Corrina cacher ses cernes sous une fine couche de maquillage gris. Le résultat lui donnait l'air d'une patiente étonnamment saine.

Elle lui serra la main.

« La plupart des gens m'appellent Violet.

— Nicholas Flores. Je suis des services sociaux de protection de l'enfance. Pardon…, bredouilla-t-il. C'est juste que nous avons la même coupe de cheveux, ça me perturbe un peu.

— Oh. »

Elle se toucha nerveusement le crâne.

« Tu as écouté la musique de *V pour Vendetta* quand tu t'es rasé la tête ? Moi oui.

— Non, répondit Violet en riant. Mais j'ai donné mes cheveux à Locks of Love. Pardon, vous disiez que vous étiez des services sociaux ? »

Nicholas hocha la tête et lui tendit une carte de visite.

Elle se sentit rougir des pieds à la tête, comme si on l'avait enfoncée sous l'eau et qu'elle était en train de couler.

« Quelqu'un d'autre a fait mal à mon frère. Pas moi. Ça répond à votre question ?

— Non. Je ne… » Il marqua une pause et regarda par la fenêtre. Le ciel était couleur bleuet. « En fait, je m'intéresse plutôt à ta famille dans son ensemble, et à ta sœur Rose. Je suis allé à Old Stone Way tout à l'heure.

— Vous êtes allé chez moi ? »

Nicholas hocha la tête.

« J'ai rencontré Will et ta mère.

— Maman », répéta Violet.

Le choc suffit à lui faire tirer une chaise pour s'asseoir.

« C'est une dure à cuire, hein ? »

Violet laissa échapper un soupir, comme si on lui avait asséné un coup de pied dans le ventre.

« Et encore, vous n'avez rien vu. Je suis sûre que vous avez rencontré ma mère dans sa version la plus présentable. Thé et petits-fours. »

Nicholas croisa son regard et rit.

« Des scones, en fait. Oui, je vois qu'elle sait être convaincante et qu'elle doit pouvoir paraître très soignée à quelqu'un qu'elle admire. Mais moi, je ne suis qu'un être inférieur, et elle m'a fait très clairement comprendre qu'elle préférerait parler à la poussière sur mes chaussures. Et puis je fais ce travail depuis assez longtemps pour me méfier des gens qui font semblant d'être parfaits. »

Nicholas l'étudiait de ses yeux noirs profonds non dénués de gentillesse.

« Mais peut-être que je me trompe, n'hésite pas à me le dire. Je dois avouer que j'ai eu une drôle d'impression en quittant ta maison… J'étais un peu désorienté. D'après mon expérience, c'est ce genre de déséquilibre qu'on éprouve en présence de gens dangereux. »

Elle aurait aimé ne pas se fier à cette gentillesse, mais ça lui paraissait trop beau. Ses canaux lacrymaux ultrasensibles étaient prêts à entrer en action.

« Je vois que je te perturbe. » Il avait l'air sincèrement désolé. « Peut-être qu'on pourrait commencer par parler de ta sœur ? C'est la raison pour laquelle je suis ici. Quand elle s'est enfuie, ta famille a été enregistrée dans notre base de données. Cette affaire avec ton frère est plutôt… »

Il chercha le mot.

« La deuxième étape ?

— Pas vraiment. Simplement, je ne ferais pas mon travail si je traitais les deux choses comme des incidents séparés.

— Bon, alors, qu'est-ce que vous voulez savoir sur Rose ? Sa personnalité, ses hobbies, quoi ? »

Nicholas haussa les épaules.

« N'importe quoi qui m'aiderait à comprendre son état d'esprit quand elle s'est enfuie. »

Plus elle tentait de décrire Rose – elle semblait passer son temps à ça dernièrement –, plus elle avait l'impression de la transformer en objet, de l'enfermer dans son image d'actrice et de musicienne, le genre de fille qui buvait du thé au miel et demandait : « Tu ne trouves pas que j'ai la voix rauque ? » Voici la triste vérité : sa sœur était une très bonne actrice, certes, mais Violet commençait à se rendre compte qu'elle n'avait pas la moindre idée de ce qui se trouvait derrière le personnage public que Rose était si douée pour afficher.

« Je ne sais pas. Rose vivait à la maison, mais nous n'avons jamais été très proches. Ce que j'ai à dire, vous l'avez sans doute déjà entendu de la part de maman et de Will. Rose jouait dans les pièces de l'école. Elle avait des chaussures à talons. Elle ne buvait pas de lait avant les grandes représentations. Ma mère lui achetait toujours des T-shirts avec des inscriptions genre *"Reine du théâtre"* ou *"En route pour Broadway"*. Certains jours, elle passait des heures à faire des exercices de diction, genre *"L'évadé du Nevada qui s'évada dans la vallée, la vallée du Nevada qu'il dévala…"* »

Le rire de Nicholas la surprit. C'était un rire communicatif, pétillant et sincère.

Elle poursuivit.

« Bref, au milieu de ses études, elle a eu une sorte de crise existentielle, elle a abandonné les cours de théâtre et a décidé qu'elle serait plus heureuse à étudier les cailloux, en devenant scientifique. J'imagine qu'elle a changé d'avis depuis. Elle s'est remise à chercher des rôles.

— Donc vous êtes en contact ?

— C'est beaucoup dire. On n'a échangé que quelques lettres. Elle vient juste de commencer à m'écrire. »

Nicholas était la première personne gentille et bienveillante avec qui elle parlait depuis son admission. Elle ne voulait pas encore se compromettre en lui disant qu'elle avait vu Rose. Elle ne pourrait pas supporter qu'il la prenne pour une schizophrène hallucinée.

« C'est bizarre. J'ai l'impression que sa présence m'accompagnait ces dernières semaines, et soudain elle reprend contact maintenant que je suis chez les fous.

— Je peux te demander son adresse ? »

Violet haussa les épaules.

« Ma mère ne vous l'a pas donnée ?

— Elle m'a dit qu'à son avis la lettre qu'elle t'avait apportée venait d'elle, mais qu'elle n'avait pas noté son adresse. Elle essaie de laisser ta sœur respirer. Elle m'a dit que c'est ce que la police lui a conseillé de faire.

— Bien sûr, je peux vous donner son adresse. Je n'ai pas son numéro de téléphone.

— Ça serait super. Tu veux bien me raconter les mois qui se sont écoulés avant son départ ? Rose se disputait avec vos parents ? Il se passait quelque chose à la maison qui pourrait expliquer pourquoi elle s'est enfuie ? »

Elle devait avoir l'air d'un lapin pris dans les phares d'une voiture, car Nicholas l'encouragea.

« Tu peux me le dire.

— Je suis presque sûre que Rose est tombée enceinte pendant le printemps précédant son départ. Je crois qu'elle a avorté et que maman a mené une sorte de campagne pro-vie.

— Comment tu sais ça ? »

Son regard ne dévia pas tandis qu'elle lui parlait de la photo sur le bureau, mais Violet voyait bien que ce n'était pas le genre de chose à laquelle il s'attendait.

« Cruel et inhabituel ? » demanda-t-elle.

Nicholas se frotta la nuque.

« Difficile à dire. Ta mère est particulièrement religieuse ?

— Seulement quand ça l'arrange.

— Tu en as parlé à quelqu'un ? Ton père ? Tu l'as dit à la police quand Rose s'est enfuie ? »

Elle secoua la tête.

« J'aurais dû. Je sais. Mais c'est une chose de reprocher à sa famille de merder, une autre de mettre sa propre famille dans la merde. Je ne voulais pas que tout le monde sache à quel point on était tordus. Et puis ils ont retrouvé Rose. Je me suis dit qu'elle en avait suffisamment subi sans qu'il y ait besoin de tout balancer.

— Comment l'ont-ils retrouvée ?

— Elle avait laissé des traces assez évidentes : elle a vidé son compte en banque une semaine avant de partir, averti l'université de son absence et demandé de nouvelles cartes de crédit. Elle a laissé un mot pour mes parents sur le siège de sa voiture.

— Que disait le mot ?

— Je ne me rappelle pas exactement. Quelque chose comme quoi elle était fatiguée de courir après une carotte au bout d'un bâton.

— Tu as une idée de ce qu'elle entendait par là ?

— Avant, je croyais qu'elle en avait assez de jouer la comédie. Vous savez, marre de la fac, marre des auditions et des répétitions. Mais après la semaine que je viens de passer, je pense que la carotte était autre chose.

— Quoi donc ?

— L'amour. » Elle rougit. « L'amour de ma mère est une chose plutôt conditionnelle. Rose a passé des années à tenter de le mériter. Elle se serait pliée en quatre pour l'obtenir.

— Elle était désorientée.

— Ouais. Bref, Rose a appelé ma mère quelques semaines plus tard et lui a dit qu'elle en avait fini avec nous tous. Son petit ami, Damien, a pris le téléphone aussi et a dit à ma mère d'aller se faire foutre. Qu'elle le paierait cher si elle essayait de les contacter. Ce n'est pas comme s'ils lui avaient laissé un moyen de le faire.

— Donc Rose a trouvé l'amour qu'elle cherchait chez un garçon ?

— J'imagine que c'est une histoire vieille comme le monde.

— Tu peux me parler de Damien ?

— Je ne l'ai jamais rencontré. Il faudra que vous demandiez vous-même à Rose. »

Pour la première fois, elle pensa au couple que sa sœur formait avec Damien. L'avortement avait-il été difficile pour eux ?

« Tu te rappelles le nom de l'enquêteur à qui tu as parlé quand vous pensiez que Rose avait disparu ?

— Non, désolée.

— Ce n'est pas grave. Je vais voir ce que je peux faire. » Il eut l'air si triste que Violet sut quelle question il allait lui poser. « Donc, le soir où Will a été blessé…

— Je vous l'ai déjà dit. Ce n'est pas moi qui lui ai fait ça. »

Nicholas leva les deux mains. Il cligna des yeux.

« Tu veux bien m'écouter juste une seconde ? Ce n'est pas ce que j'allais dire. »

Violet croisa les bras, sur la défensive mais résignée.

« J'allais te demander si tu savais que ton frère avait eu une crise ce soir-là. »

Violet secoua rapidement la tête.

« Ça n'est pas arrivé quand j'étais là.

— Il paraît que ces crises affectent la mémoire.

— J'ai demandé à Will comment c'est, s'il a mal. Il dit que ça ne fait pas mal. Je crois que c'est juste un trou noir, comme quand on est anesthésié. » Elle marqua une pause, le temps de digérer les implications de cette nouvelle information. « Je crois qu'en général il a du mal à se rappeler les minutes qui précèdent la crise. Même après, il reste groggy un moment.

— Je me demande si quelqu'un d'autre a vu l'incident. Ton père peut-être ?

— Il était soûl. Lui aussi, il a eu un trou noir en fait. Il l'a raconté hier soir à l'église épiscopale. Il y avait une pièce pleine de témoins. Le seul truc, c'est que c'est un groupe de soutien et qu'ils ont cette politique de confidentialité. Ils ne sont pas censés répéter ce qu'ils entendent là-bas. »

Violet jeta un regard à son bracelet jaune et remarqua que ses mains tremblaient. Elle se sentait aussi piégée que le soir de son admission.

« Hé… » Les doigts de Nicholas se posèrent doucement sur son coude. « Je te crois. C'est pour ça que je suis ici. Mais pour l'instant, c'est la parole de ta mère contre la tienne. Je voulais juste savoir si quelqu'un pourrait corroborer ton témoignage.

— Rose, lâcha soudain Violet. Je ne suis pas sûre. Mais je me suis dit… Je ne sais pas, j'ai cru qu'elle était là ce soir-là. Si vous avez l'intention de la contacter, vous pouvez lui poser la question. »

Nicholas hocha la tête.

« Je lui demanderai. »

En voyant la compassion se refléter dans les yeux de Nicholas, Violet comprit enfin la véritable raison pour laquelle elle voulait quitter l'hôpital, la maison de ses parents. Des gens honnêtes, des gens raisonnables étaient disposés à l'aider. Tout le monde ne croyait pas les mensonges de sa mère. Tout le monde ne croyait pas qu'elle allait devenir une clocharde, se mettre à hurler des choses incompréhensibles à des fantômes. Josephine était dangereuse. Ses crimes n'étaient pas sans victimes. Au contraire : elle faisait des victimes, mais sans crime. D'autres le pressentaient également, des gens comme Nicholas, qui savait, lui, que la preuve résidait dans les sentiments que Josephine lui inspirait.

Encore sous le coup de cette conversation, Violet passa les quarante minutes suivantes à écrire à sa sœur. Elle était prête à se précipiter vers n'importe quelle échappatoire, même si cela impliquait Rose. Et puis Nicholas lui faisait un peu penser à Rose et son petit ami. Elle songeait sans cesse à ce qu'elle avait éprouvé en présence du jeune homme – une sensation chaude, rare et décadente qui restait en elle et fondait comme du chocolat dans une poche.

Non, écrivit-elle avec le crayon de couleur portant son nom, *je n'ai jamais eu de copain officiel, et je crois que ça n'arrivera pas avant un moment. Qu'est-ce que ça fait ? Tu es plus heureuse ? Ta vie est-elle plus compliquée ? Quand je t'imagine vivre avec quelqu'un, j'arrive seulement à te voir en train de faire rôtir une dinde vêtue d'une jarretière noire, mais les hommes doivent avoir d'autres sentiments que « sexe et nourriture ». Qu'est-ce qu'il a, Damien, pour que tu t'enfuies avec lui comme un personnage des* Contes *de Grimm ?*

Elle réfléchit un instant et ajouta :

Pour répondre à ta question sur Will, ce n'est vraiment plus un petit garçon. Il n'est sans doute pas si innocent non plus, grâce à maman. En fait, c'est assez terrifiant, la manière dont elle le traite comme son petit mari. Des fois, elle l'appelle « mon étalon ». Je l'ai vue lui pincer les fesses. Si rien ne change rapidement, je suis sûre qu'il me rejoindra bientôt ici. Peut-être qu'on le soignera pour dépression, mais il y a plus de chances qu'il vienne ici après avoir mis le feu à quelque chose ou étranglé le chien des Wildomar.

Et si je déteste nos parents ? Oui, je les déteste. Mais pas comme tous les ados. Je les déteste pour de vraies raisons. Bien fondées. Maman n'est pas « difficile », elle est toxique. Elle n'est pas « différente », elle est complètement tarée. Mon séjour ici ne fait que m'en convaincre encore plus.

WILLIAM HURST

La mère de Will ne répondit pas quand il frappa à la porte. Il tenta de tourner la poignée. Verrouillée.

« Maman ? » appela-t-il.

Will avait beau avoir grandi dans une maison avec plus de femmes que d'hommes, il ne savait pas trop ce qu'elles faisaient quand elles étaient seules avec leurs crèmes, leurs rasoirs roses et leurs boules de coton. La fois où il s'était le plus approché d'une découverte, c'était quand il avait entendu Violet, alors âgée de treize ans, hurler parce que Josephine ne voulait pas qu'elle se rase les jambes ou mette du déodorant. Ironiquement, à mesure que les années passaient, Violet avait opté pour les tibias poilus et les odeurs naturelles.

« Maman ! appela à nouveau Will, plus fort. C'est pas pour te déranger…

— Alors ne me dérange pas ! »

Son ton était celui de la plaisanterie, mais son rire était acéré.

Quand il parut clair qu'elle n'ouvrirait pas la porte, Will se dirigea vers le couloir et la chambre de Rose.

Il ne se rappelait pas la dernière fois qu'il y était entré. Avant la disparition de Rose, la petite pièce avec son lit à baldaquin et ses posters de Holly

Golightly lui paraissait adulte, interdite. Après, elle avait ressemblé à une zone de guerre : la police avait démonté les lanternes en papier et détaché ses photos du fil où elle les avait accrochées.

À présent, la chambre de Rose semblait plus enfantine que dans son souvenir. Des ours en peluche s'alignaient encore sur une étagère. Un vieux foulard de scout traînait bien en vue.

Il cherchait une pièce à charge contre Rose. Quelque chose qui prouve avec certitude qu'elle était revenue harceler et perturber sa famille. Bien sûr, Rose était du genre macarons colorés et diamants fantaisie ; Violet, cookies aux graines de marijuana et macramé. Mais quand on creusait la surface, les deux filles Hurst étaient les mêmes. De son point de vue, ses deux sœurs étaient malades dans leur tête.

Il fouilla les paniers métalliques. Des tubes de crèmes lissantes fuyaient dans un nid de bigoudis pareils à ceux de sa mère. Mais qu'est-ce que ça voulait dire ? Pourquoi les filles avaient-elles besoin de se raidir les cheveux avant de les faire boucler ? Il examina une cinquantaine de flacons de vernis à ongles (s'il y avait des subtilités de teintes, il ne les remarquait pas – tous lui semblaient roses). Brosses, poudriers, accessoires de sèche-cheveux.

Will passa à la commode. Il avait presque oublié la manière dont sa sœur s'habillait. Tous les vêtements qui restaient étaient clairs, moulants comme une seconde peau, échancrés devant, derrière ou les deux. Pourtant, les tiroirs lui paraissaient vides. Il ne savait pas trop combien d'affaires elle avait emportées en partant, mais il y avait des chances raisonnables qu'elle soit revenue prendre des vêtements en cachette.

La police avait minutieusement examiné son bureau, mais Rose n'avait rien laissé de vraiment révélateur. Elle était partie avec tous les gadgets électroniques que ses parents lui avaient achetés pour sa première année d'université : ordinateur portable, clés USB, disque dur externe, téléphone. Il ne restait que quelques manuels. Tandis qu'il les feuilletait, une page tomba sur le tapis rose. C'était une feuille de papier pliée, une copie de l'emploi du temps de Rose au printemps avant qu'elle s'enfuie, sans doute imprimée en attendant de le connaître par cœur. Des cours comme ANG393 et GLG293 n'avaient pas de sens pour lui, mais il glissa tout de même la feuille dans la poche de son pantalon à chiens écossais.

Il s'assit sur le lit de Rose et rouvrit le journal. Il tourna les pages plus lentement cette fois-ci, à la recherche de détails qu'il aurait pu rater la première fois. Ne trouvant rien, il feuilleta jusqu'à la fin.

Son cœur s'arrêta un instant. À la vingt-quatrième semaine, Rose avait recommencé à écrire.

À la vingt-quatrième semaine, je me sens... vaincue. Piégée aussi, trop fatiguée pour trouver une solution. Je croyais que tout allait bien... les souvenirs de cette serviette hygiénique géante s'estompaient. Je me sens dépossédée, mais il n'y avait pas d'autre solution si je voulais finir mes études. Même si j'avais choisi d'aller dans une université publique, maman aurait refusé de remplir les papiers pour les bourses. Bien sûr, l'avortement forcé n'existe pas. Le conseiller demande : « Est-ce que quelqu'un t'oblige à faire ça ? » Si tu réponds : « Oui », ils te renvoient dans la rue avec les manifestants. J'ai parlé à ma conseillère du problème de la scolarité. Elle m'a répondu que la pression financière était la première raison pour laquelle les femmes avortaient, puis elle m'a tendu le pyjama d'hôpital.

Fœticide. Un nom. *Fait de tuer un fœtus*.

Il savait ce qu'était un avortement, grâce à la fois où il avait regardé *Dirty Dancing* avec Violet. Mais il n'avait jamais imaginé que Rose ait un point commun avec Penny, sinon qu'elles portaient toutes les deux des justaucorps et avaient les jambes incroyablement souples.

Rien d'écrit semaines vingt-cinq et vingt-six. Puis, surgie de nulle part, semaine vingt-sept, Rose était devenue folle, son écriture droite commençait à pencher.

Photo sur le bureau de maman est une PREUVE absolue que, quoi que je fasse, mon choix est MAUVAIS ! Je suis effondrée. Je ne peux pas effacer le passé, et je n'ai rien à espérer pour le futur maintenant que le bébé est parti. J'ai ouvert mon tiroir à chaussettes et j'ai trouvé des chaussures de bébé sur le dessus (les miennes ? Celles de Violet ?). Cette salope de maman prétend qu'elle ne les a « jamais vues ». En allumant mon ordinateur, j'ai trouvé le book en ligne d'un photographe qui faisait des portraits de nouveau-nés. Hier soir, en allant me coucher, mon oreiller sentait le talc. Il faut que je parte d'ici. Je ne peux plus vivre comme ça.

Le bruit d'une moto passant devant la maison le fit sursauter.

Ça n'avait aucun sens. Il refusait de croire Rose, ne serait-ce qu'un instant. Leur mère avait certaines attentes, elle plaçait la barre haut, mais c'était un mentor, pas un bourreau. Elle incarnait le meilleur exemple de la citation de Mark Twain qu'elle lui avait apprise : « *Les gens vraiment grands vous font sentir que vous aussi vous pouvez être grand.* »

Conclusion : Rose se trompait. Elle était folle, ivre de regret et elle inventait des choses.

Cependant, le journal pouvait expliquer pourquoi Rose revenait jouer des tours à la famille.

Le réveil de Rose annonçait près de vingt heures. Satisfait de ses talents de détective et choqué par ses découvertes, Will redescendit et reprit sa routine du soir.

Mais faire toutes ces choses sans sa mère le remplissait d'un sentiment de malaise et d'une anxiété grandissante. Avait-il droit à un dessert ? Dans le doute, il s'en passa. Josephine serait-elle fâchée s'il regardait *Dancing with the Stars* sans elle ? Par sécurité, il regarda une émission de téléréalité sur un comportementaliste animal qui allait chez les gens et se moquait d'eux : « Bon sang, posséder un pitbull te rend vraiment plus viril. » Ou : « Une créature qui se nourrit d'insectes et de plantes ne se sent pas bien quand on lui donne des pommes dauphine. Je me demande pourquoi. »

À l'heure d'aller se coucher, il fut assailli par un nouveau dilemme. Devait-il se faire couler un bain ? Il y avait de fortes chances pour qu'il salisse tout, oublie une serviette humide par terre ou fasse couler de l'eau où il ne fallait pas.

Il prit un risque en sautant le bain, mais à part cela il suivit la procédure de sa mère à la lettre. Même les bouchons de sécurité sur ses flacons de médicaments ne posèrent pas de problème. Il se brossa méticuleusement les dents, se passa de l'huile pour bébé sur les épaules et les cuisses, et lut avec excitation quelques pages de *Anne... la maison aux pignons verts*.

Pourquoi sa mère l'ignorait-elle ? Elle ne le faisait jamais, sauf quand elle lui donnait le temps de réfléchir à sa mauvaise conduite.

Une fois, alors qu'il avait environ huit ans, Josephine ne lui avait pas adressé la parole pendant près d'une semaine. Ils mangeaient des pommes ensemble et il avait fait une plaisanterie, de celles qu'on lance sans réfléchir, du genre : « Maman, avec tes grandes dents on dirait que tu peux faire des bouchées géantes. » Elle s'était immobilisée puis avait aussitôt quitté la pièce. En fait, après cela, elle quittait immédiatement toutes les pièces dès qu'il y entrait. Elle lui parlait en public, mais dès qu'ils franchissaient la porte de la maison, elle l'ignorait à nouveau. Épicerie : bavardage. Maison : silencieuse comme une pierre. Covoiturage : moulin à paroles. Maison : momie (et pas *mummy*). Will avait mis plusieurs jours à comprendre le manège, après quoi il l'avait littéralement agrippée par les chevilles en la suppliant de lui prêter attention, ne serait-ce qu'en le bousculant.

Mais à présent, c'était différent. Will était épileptique. Le laisser seul signifiait qu'il pouvait avoir une crise, se cogner la tête et saigner à mort avant que quiconque s'en aperçoive. Malgré sa fatigue, ses yeux restaient grands ouverts et son cerveau refusait de s'éteindre. Même après la punition, sa mère était-elle toujours fâchée qu'il ait raté le rendez-vous avec les services sociaux ? Il entendait des bruits de chasse d'eau et le bavardage de la télévision de la salle de bains. Au moins, elle n'avait pas glissé en sortant de la baignoire – mais il ne pouvait refouler cette impression qu'il l'avait perdue pour toujours.

Il décida d'arracher une page blanche de son carnet de vocabulaire et lui écrivit une longue et vague lettre disant qu'il était désolé. Qu'elle était la personne la plus importante dans sa vie. Il glissa la feuille sous la porte verrouillée et retourna au lit.

Will fut réveillé par les sanglots déchirants de sa mère, venant du couloir à l'étage. Il rejeta ses couvertures et s'apprêtait à se précipiter vers elle quand il entendit des pas et la voix de son père. Il n'arrivait pas à déterminer si ses parents se disputaient ou si Douglas tentait de calmer Josephine.

« Je t'en prie, sois un homme pour une fois, suppliait sa mère. Je ne peux pas tout faire. C'est le moins que tu puisses faire. Surtout après avoir disparu Dieu sait où pendant des heures avec ton téléphone éteint. Je ne te demande pas d'explications, ni si c'était un bon coup. »

Douglas parlait plus doucement, mais Will l'entendit marmonner qu'elle pensait à l'adultère parce que c'était le genre de chose qu'elle ferait elle-même.

« Mais qu'est-ce que tu as ? C'est quoi ton problème ? Tu crois que tu te sentiras mieux après avoir bu un verre, Douglas ? C'est ça ? Viens, on descend, je te prépare un martini et tu pourras pleurer un bon coup. Comme ça, peut-être que tu commenceras à m'écouter.

— Je n'ai pas envie de boire, Jo. » C'était la première fois depuis le début de la conversation que la voix de son père paraissait forte et ferme. « Et j'essaie de t'écouter. Répète-moi ce qui s'est passé. Que veux-tu que j'y fasse, au juste ? »

Will entendit la porte de ses parents se fermer et leurs voix disparurent à l'intérieur. Son estomac le brûlait.

S'était-il écoulé quelques minutes ou plusieurs heures quand son père le secoua ? Sa lampe de chevet éclaira son affreux abat-jour à carreaux. Douglas était accroupi, il tenait quelque chose sur ses jambes. Quand les yeux de Will s'adaptèrent, il vit que c'était un bout de papier.

« Je sais qu'il est tard, mais il faut vraiment qu'on parle de ça, mon gars. »

Douglas retourna la feuille, et Will reconnut sa propre écriture. C'était la lettre d'excuses qu'il avait écrite à sa mère avant d'aller se coucher.

« Oh, ça, fit Will en se forçant à bâiller. Maman était en colère après moi. Je voulais m'excuser.

— Bon, au moins tu en sais assez pour t'excuser. Mais c'est le genre d'occasion où dire "désolé" ne suffit pas. »

Une vague de honte se déversa de son crâne et coula jusqu'à ses épaules affaissées. Il se sentait sale, il se dégoûtait lui-même, sans trop savoir pourquoi.

« Will ? Will, ne pleure pas. Ce n'est pas grave. Mais il faut qu'on parle de ce mot. Ce que ça veut dire, où tu l'as appris. »

Parlait-il du rendez-vous ? De la drogue de Violet ? Son père voulait-il dire *marijuana* ? Pour autant que Will s'en souvienne, il n'avait jamais prononcé ce mot à voix haute. Il n'avait fait que le dessiner du mieux qu'il pouvait sur un bout de papier.

« C'est Violet qui me l'a appris, répondit-il à son père. Ce mot, je veux dire. Parce qu'un jour je l'ai surprise en train de le faire. »

L'expression de son père changea quand il mentionna Violet. Ses yeux passèrent de la surprise à l'horreur avant de se stabiliser sur une sorte de colère protectrice.

« Laisse ta sœur en dehors de ça. Ce mot est une insulte, surtout venant d'un garçon envers une fille. C'est péjoratif. Ça veut dire que ça a une connotation négative. »

Will voulut répondre qu'il savait ce que signifiait *péjoratif*.

Comme s'il avait lu dans ses pensées, son père poursuivit :

« Je ne devrais pas t'expliquer ça, mon gars. Ce n'est pas toi qui as toujours des supernotes en lecture et en vocabulaire ? Tu es un garçon intelligent, Will. Tu le sais, je pense. Je sais aussi que tu as du mal à socialiser. »

Will serrait sa couette dans son poing. Pourquoi quelqu'un qui ne s'était jamais intéressé à ses problèmes le réveillait-il au milieu de la nuit pour lui dire de se dépêcher de les régler ?

Il opta pour un sarcasme à la Violet.

« Ah, merci papa. La prochaine fois que j'utiliserai le mot *marijuana*, je prendrai soin d'en fumer avant.

— Quoi ? » Douglas avait pâli. La petite lampe faisait ressortir les rides sur son front. « Tu crois qu'on est là pour parler du mot *marijuana* ? »

Il haussa les épaules.

« Will, je parlais du mot *pute*. Pendant ta leçon de piano, tu as traité ta mère de pute. »

Le souffle coupé, Will regardait son père sans vraiment le voir. Il passa en revue la leçon de cet après-midi. Il revit sa main engourdie enfoncer les touches. Il revit sa mère sur le divan se frottant les pieds d'un mouvement sensuel, satisfait.

Jamais il n'avait ne serait-ce qu'osé penser à ce mot que son père l'accusait d'avoir prononcé, mais peut-être avait-il dit quelque chose à sa mère ? Elle avait peut-être mal entendu.

« Will ? » Son père le tenait par les épaules à présent. « Ta mère m'a dit que tu l'as traitée de pute. Je vais te répéter ma question. Est-ce que tu lui as dit… ce mot ? »

Will hocha la tête, mais une seconde trop tard.

« Bon. »

Son père étrangla le montant du lit en se relevant. La poignée heurta le mur quand il ouvrit la porte de la chambre à la volée. Il s'arrêta un instant sur le seuil mais ne se retourna pas vers Will. Au lieu de cela, il aboya :

« Au lit ! »

VIOLET HURST

Violet déposa sa lettre pour Rose à l'accueil, et l'infirmière lui tendit un bout de papier.

« Qu'est-ce que c'est, un reçu ? » plaisanta Violet.

La femme ne cilla pas.

« Message téléphonique. »

Violet déplia le papier rose et comprit que l'appel venait des services sociaux. Sur le formulaire, l'infirmière avait noté le nom de Nicholas et coché la case *Rappeler*. Son écriture était parfaitement lisible, peut-être parce qu'elle avait eu affaire pendant des années aux pattes de mouche prétentieuses des médecins. Dans l'espace réservé aux messages, elle avait inscrit :

> *Pour votre information, les deux adresses que vous avez transmises ne sont pas des résidences. Ce sont des bureaux UPS. Rose doit y avoir des boîtes postales.*

Un quart d'heure avant le dîner, Violet, la tête posée sur la table grise de la salle des visites, attendait la fin du rendez-vous de son père avec sa thérapeute.

Sous l'épaisse lumière fluorescente, elle déplia les lettres de Rose et les examina à nouveau. Rose devait savoir que, pour sa sœur, elle écrivait de chez elle. C'était tellement injuste de sa part de lui faire croire que ses boîtes postales étaient ses adresses et de rester ainsi dans l'ombre, à l'abri des conséquences et hors de portée !

« Salut, lâcha soudain Douglas tandis que Violet repliait les lettres et les glissait dans les bottes que lui avait prêtées Edie.

— Salut », répondit-elle en décidant de ne pas le prendre dans ses bras.

Quand ils furent assis tous les deux, la pièce s'emplit d'un silence surnaturel, presque sous-marin.

« Tu vas à une réunion ce soir ? demanda Violet pour dire quelque chose.

— Je crois que je vais essayer d'aller à celle de sept heures et demie à Saint-John-the-Divine.

— C'est ça que j'aime, avec ces séances : que tout le monde en parle comme d'aller au cinéma.

— Ta thérapeute dit que tu y vas tous les jours. »

Comme d'habitude quand il s'adressait à elle, son père devenait aussi formel qu'un avocat, surtout en situation de crise. Elle aurait largement préféré qu'il hurle ou qu'il jure.

« Cinq en cinq jours, acquiesça-t-elle.

— Tu trouves ça bénéfique ?

— J'apprécie la sincérité dont les gens font preuve là-bas, répondit-elle en le regardant. Ce que tu as dit était vraiment honnête, mais j'ai eu du mal à l'apprécier parce que j'ai eu l'impression que tu m'avais menti. Je ne savais pas que tu essayais de… » – elle tenta de ne pas paraître sarcastique – « … récupérer.

— Non, dit-il. Je n'en ai parlé à personne.

— Pourquoi ?

— J'ai l'impression que tout le monde a des secrets dans cette famille. D'ailleurs, certains des tiens sont apparus au grand jour cette semaine. »

C'était une manière subtile, très Hurst, de rejeter la responsabilité sur quelqu'un d'autre. Violet sentit son visage se durcir malgré elle.

« Et puis je voulais que personne ne sabote mes efforts.

— Tu veux dire maman.

— Je veux dire *personne*.

— Mais tu étais… » Violet ne put prononcer le mot *bourré*. « Tu avais bu le soir où tu m'as amenée ici. Qui t'a saboté, ce soir-là ?

— Oh, Violet, tout le monde fait des erreurs. Ce soir-là, j'ai trébuché, je ne suis pas tombé. L'addiction est une maladie chronique, on rechute. Ce n'est pas facile. Pour réussir, il faut mettre la sobriété avant toute chose dans ta vie. »

Elle n'était pas d'humeur à écouter une réponse toute faite des Alcooliques anonymes.

« Vraiment ? Tu dois placer la sobriété avant tes enfants ? Même si l'un d'eux est à l'hôpital ? Et qu'un autre est coincé toute la journée à la maison sans amis, sans personne à qui parler ? J'ai l'impression que tu te mets avant toute chose depuis longtemps. C'est quoi, cette honnêteté, alors que tu as bu à en perdre la mémoire moins d'une semaine avant ton beau discours ? »

Ses mains tremblaient. Elle avait du mal à ne pas hausser la voix.

« Je sais ce que j'ai fait, répondit Douglas. Je n'essaie pas de le minimiser. Mon parrain Kerry…

— Kerry. »

Violet n'avait pas fait le lien pendant la séance. Ces derniers mois, elle l'avait souvent entendu répondre au téléphone à un certain Kerry, mais elle avait cru que c'était un nom de femme. Carrie.

« Oui, Kerry. Je l'ai rencontré au bureau de Sterling Forest. On a examiné ce que je faisais et ce à quoi je pensais avant de boire la première gorgée. Comme ça, je saurais mieux reconnaître les signes avant-coureurs pour éviter de trébucher à nouveau.

— Les "signes avant-coureurs" ? » Violet était livide. « Et ça, c'était pas un signe avant-coureur ? Notre famille est tellement malheureuse que ma sœur s'est *enfuie*. Parce que notre mère la terrorisait. Tu veux un autre signe avant-coureur ? Tu as laissé tout le monde dire que j'avais poignardé mon frère, alors que tu étais trop défoncé pour te rappeler comment ça s'était passé. Tu veux un drapeau rouge ? Les services sociaux sont venus chez nous pour enquêter sur le bien-être de mon frère, *ton fils*. »

Les yeux de Douglas étaient injectés de sang, luisants d'humiliation. Il secoua la tête.

« Non.

— Si, ils sont venus. »

Douglas pâlit. L'espace d'un instant, il ressembla à une statue dans l'un de ces livres d'histoires pour enfants, un villageois changé en pierre.

« Quand ? Quand sont-ils venus ?

— Je ne sais pas ! Tu es à la maison, pas moi ! J'étais ici. Je le sais seulement parce que le type, celui qui s'occupe de notre cas, est venu me voir. »

Douglas gratta sa barbe naissante.

« Que voulait-il savoir ?

— Surtout pourquoi Rose s'était enfuie.

— Tu lui as parlé de Damien ?

— Je lui ai dit ce que j'aurais dû dire à la police depuis le début. Je lui ai dit que maman et Rose se disputaient au sujet de son avortement. »

Les épaules de Douglas s'affaissèrent encore.

« Je ne savais pas que tu étais au courant. Jo ne voulait pas que Rose doive sacrifier tout ce pour quoi elle avait travaillé aussi dur. »

Violet allait lui demander s'il voulait dire que Rose ou que Josephine avait travaillé dur, mais elle saisit la signification de ses paroles.

« Attends », lança-t-elle. Sa voix provoqua un écho étrange dans la petite pièce vide. « Tu crois que maman a fait pression sur Rose pour qu'elle avorte ?

— Le mot est un peu fort. Elle pensait que c'était la meilleure chose à faire.

— Maman a littéralement torturé Rose après son avortement. Elle lui a montré une horrible photo d'un bébé mort. Je l'ai vue de mes propres yeux. Elle a traité Rose de meurtrière. Elle lui a dit qu'elle irait en enfer.

— Violet, je ne te traite pas de menteuse, mais ça n'a aucun sens. Pourquoi ta mère aurait-elle embêté Rose avant *et* après son avortement ? »

Violet regarda son père un instant. Il était incapable de différencier le vrai du faux, la réalité de la pure invention. Il avait l'air tellement petit et perdu, avec son manteau trop grand pour sa frêle carrure de geek. Elle repensa à ce qu'avait dit Nicholas : les gens dangereux vous font toujours sentir en déséquilibre, vous poussent toujours à vous remettre en question.

Elle était sincèrement désolée pour son père, et surtout elle commençait à comprendre pourquoi elle se sentait si bien quand elle était plus maigre que le squelette de sa salle de sciences. Les vieux symptômes – cette douleur qui lui tordait l'estomac, les migraines, les palpitations cardiaques, l'étourdissement qui lui donnait l'impression que le monde entier était penché – la rassuraient parce qu'elle savait exactement ce qui les provoquait : le manque de nourriture. En comparaison, la vie avant la faim était une souffrance sans logique, une confusion sans cause identifiable.

« Je sais comment peut être ta mère. Et je sais qu'il y a beaucoup de tensions entre vous deux. Vous avez pu en parler quand elle est venue te voir ?

— Me voir ici ? Maman t'a dit qu'elle était venue me voir ? Je ne l'ai pas vue. Elle ne répond même pas aux coups de téléphone de ma thérapeute. Elle ment, papa, elle ne peut pas s'en empêcher. Qu'est-ce qu'il te faut pour que tu arrêtes de la croire ? Il ne t'est jamais venu à l'idée de me défendre ? De m'aider à sortir d'ici ? Tu crois que tout tourne autour de toi ! Toi et ta sobriété ! Tu es aussi égoïste qu'elle ! »

Il releva le menton, sur la défensive.

« Ce n'est pas juste, Violet ! Je fais de mon mieux !

— Eh ben ton mieux, c'est vraiment de la merde ! Elle est tarée, papa. Elle n'y peut rien. Mais toi, tu as le choix ! Tu pourrais faire ce qu'il faut, mais tu ne fais rien !

— Je suis en train de me RÉTABLIR, Violet ! »

Le hurlement de Douglas attira une infirmière à la porte, mais Violet s'en fichait. Elle en avait assez.

« Super ! Pendant que tu te rétablis, nous, on SOUFFRE ! »

— Les visites sont terminées, intervint l'infirmière.

— Je ne suis pas un parent toxique, fit Douglas en se levant, les yeux morts, et en agitant les bras pour enfiler son manteau.

— Non, papa. Tu regardes, sans rien faire. Si tu veux mon avis, c'est encore pire ! »

Son cœur s'emballa tandis que sous ses yeux, son père franchissait la porte avec une expression qui démentait son attitude indignée. Elle se sentait aussi triste et malade que quand elle se mettait en colère à la maison. Elle se sentait coupable de s'être emportée contre un homme incapable de faire mieux, stupide d'avoir confié ses sentiments et ses rancœurs à un homme incapable de les écouter ou de les comprendre. Mais au milieu de toute cette culpabilité – *Tu t'es encore laissé avoir, tu as nourri le théâtre familial* –, unc pensée la consola. Au moins, elle avait été honnête. Elle avait été sincère. Elle lui avait enfin dit ce qu'elle éprouvait. Elle ne faisait pas semblant, comme Douglas, Will, ou Rose avant qu'elle ne s'enfuie. Peut-être était-ce un signe que sa mère ne l'avait pas encore rendue folle. Si seulement Rose ressentait la même chose, elles pourraient unir leurs forces, s'entraider dans le combat pour ne pas devenir comme les gens qui les avaient élevées, et laisser le reste de la famille Hurst aller se faire voir.

Le dîner se composait de pâtes en forme d'intestins couvertes d'un pesto ectoplasmique. À l'hôpital, la définition du mot « nourriture » était incroyablement fluctuante. Cela n'empêcha pas Violet d'en engloutir autant qu'elle put. Le *sallekhana* appartenait officiellement au passé. Même si elle devait passer le reste de sa vie malheureuse et sous médicaments, elle continuerait à vivre, ne serait-ce que par défi envers ses parents. Elle allait arrêter d'essayer de pardonner à sa mère pour tenter de lui survivre. Elle se dirigea vers les cabines téléphoniques pour rappeler Nicholas avant les rendez-vous du soir.

« Violet Femme, dit-il. Pardon pour la blague ! Une allusion stupide au groupe Violent Femmes. Je suis content que tu aies eu mon message. J'ai envoyé une lettre aux deux adresses que tu m'as données. J'ai eu l'impression de revenir en 1994. Tu sais comment je peux joindre Rose par téléphone ? »

Elle eut soudain envie de protéger sa sœur, et ce sentiment la surprit. Elle voulait que personne ne lui parle avant qu'elle-même n'en ait eu l'occasion, surtout pas ses parents.

« Non. Pour l'instant, Rose veut jouer au facteur.

— *Ramblin' Rose*, chantonna Nicholas. Désolé, je ne fais ce genre de blagues que quand j'ai passé trop de temps au bureau. Au moins, elle est en contact avec toi. J'ai parlé à l'inspecteur Donnelly, de la police de Kensington – c'est lui qui a hérité du dossier après le transfert de l'ancien enquêteur –, et il paraît que Rose a été portée volontairement disparue au vu de ses mouvements financiers et du fait qu'elle a passé l'âge de la majorité. La loi lui reconnaît le droit de ne pas rester en contact avec vos parents, mais Donnelly a dit qu'il allait reprendre son dossier pour qu'on puisse lui parler et s'assurer qu'elle n'a pas subi de mauvais traitements pendant qu'elle vivait chez vous.

— Inutile, fit Violet. Il n'y a pas eu d'abus physiques. Rien que des choses émotionnelles.

— Eh, dit-il doucement, la maltraitance, c'est de la maltraitance. À mon avis, c'est encore pire quand c'est psychologique. Je te garantis que presque toutes les femmes battues que je vois ont subi des maltraitances psychologiques quand elles étaient petites, surtout celles qui disent que c'est leur faute, qu'elles ne peuvent pas s'empêcher de le provoquer.

— Ouais, ben vu comment parlent les filles ici, je doute que beaucoup de juges des mineurs partagent vos inquiétudes.

— Les choses changent, répondit-il. En Floride, une mère a été jugée coupable d'abus dans l'affaire du suicide de sa fille adolescente. Elle n'avait jamais porté la main sur elle mais elle l'obligeait à travailler comme danseuse et vivait de ses pourboires.

— Ma sœur était plutôt gâtée avant de s'enfuir. Si elle avait fini danseuse, ç'aurait été danseuse étoile. »

Le soupir de Nicholas dans le combiné la fit frémir.

« En tout cas, je me sentirais beaucoup mieux si je pouvais lui parler. Je verrais si elle sait quelque chose de la situation de Will et tant que j'y suis, je pourrais vérifier si ce Damien est un type bien.

— Nicholas ?

— Oui ? »

Violet voulait lui demander si elle pouvait l'appeler par son prénom et pourquoi il se confiait tant à elle. Mais elle n'était pas sûre de supporter qu'il lui réponde que c'était purement une question de procédure. Déjà, une voix vicieuse, paranoïaque – l'écho de Josephine –, lui soufflait que Nicholas essayait juste de lui soutirer des informations qu'il pourrait utiliser contre elle. Alors, au lieu de cela, elle demanda :

« C'est difficile de se faire émanciper ?

— Ça dépend. Il faudrait que tu attendes un an, jusqu'à tes dix-sept ans. Ensuite, il faudrait que tu partes de chez tes parents, que tu refuses tout soutien financier et que tu trouves un travail. »

L'espace d'un instant, Violet se demanda si Mme Dekker l'embaucherait à plein temps, mais aussitôt l'évidence la heurta de plein fouet : si elle divorçait de ses parents, elle ne pourrait pas rester à Stone Ridge. Dans une ville de moins de mille deux cents habitants, elle ne manquerait pas de les croiser à la pharmacie, à la banque, et pendant ce temps sa mère répandrait Dieu sait quelles rumeurs sur son compte auprès de ses amies du club d'histoire ou de l'église Saint-Peter. Josephine était trop puissante. Elle avait déjà réussi à la faire enfermer pendant une semaine ; qui sait quels dégâts sa mère pouvait causer si elle vivait à seulement quelques rues de distance ?

Non, elle devrait partir dans une grande ville avec un bon système de transports publics, un tas de bars et de boulots de vendeuse. Si ce n'était pas New York, alors au moins Hudson. Elle pensa à Beryl. Mais Beryl était malade et Violet serait un poids pour elle. En plus, la maison des Field serait sans doute le premier endroit où sa mère irait la chercher.

« Tu aurais sûrement droit à l'assurance sociale et aux prêts étudiants, dit Nicholas. Tu pourrais finir ton lycée dans le public, et même commencer la fac. Mais ne va pas imaginer que l'émancipation est une cassure nette. Il se peut que tu aies besoin de l'accord de tes parents pour passer ton permis de conduire ou des visites médicales de routine. Si c'est ce que tu décides de faire, je t'aiderai à remplir les papiers. »

Violet fut surprise par sa sollicitude.

« Merci. J'évalue juste mes options.

— Pas de problème. Eh, je peux te poser encore une question ? Tu te rappelles quel âge avait Will quand on lui a diagnostiqué son autisme ?

— C'était l'année dernière, répondit Violet. Il devait avoir onze ans. J'imagine que vous avez son dossier médical.

— Pas encore. S'il le faut, je peux les assigner pour qu'ils me le fournissent. Je me posais juste la question. Onze ans, c'est un peu tard pour que l'autisme se déclare.

— À mon avis, maman a vu une émission sur l'autisme et elle s'est mis en tête que Will avait les symptômes. Le premier médecin n'était pas sûr, alors elle l'a emmené chez deux autres pour avoir des avis contradictoires.

— Tu te rappelles ce qu'étaient les autres diagnostics ?

— Maman ne nous l'a jamais dit.

— Tu crois que Will le saurait ?

— Je ne pense pas qu'elle le lui ait dit non plus.

— Tu t'inquiètes pour ton frère ? Tu crois qu'il va bien ?

— À l'intérieur de la famille, il s'en sort mieux que n'importe lequel d'entre nous. En dehors, eh bien…

— À ton avis, quelle raison aurait ta mère de vouloir faire du mal à Will ? »

Il était impossible d'attribuer un raisonnement humain normal à sa mère, mais Violet ne pouvait imaginer qu'elle aille aussi loin.

« Je ne sais pas, répondit-elle honnêtement. C'est peut-être juste que Will est tellement proche de l'adolescence. Maman prend la puberté comme un affront personnel. Elle a un rapport bizarre à ça. »

Chaque étape normale de l'adolescence avait provoqué une dispute. Leur mère avait forcé Rose à porter un sweat-shirt Hanes à sa première boum. Elle laissait toujours la trousse à maquillage de Violet sur le radiateur « par accident », ruinant ainsi tout son contenu.

« Écoute, je ne devrais peut-être pas te dire ça, mais je viens de travailler onze heures d'affilée et j'ai bu une boisson énergisante en croyant que c'était du jus de pamplemousse. Quand je te demandais si ta mère ferait du mal à Will, je parlais au sens propre. Depuis le début, elle raconte que Will t'a arraché le couteau des mains, mais le docteur a eu des doutes.

— Quel genre de doutes ?

— Eh bien, la plaie n'était pas très nette. Il y avait plusieurs coupures. *Déchiqueté*. C'est le mot qu'a employé le médecin. »

WILLIAM HURST

L'estomac noué, Will s'habillait pour la journée, tout en répétant la manière dont il s'excuserait auprès de sa mère pour ce mot horrible.

Il ne l'avait pas prononcé, il en était (presque) sûr. Mais quelque chose qu'il avait dit s'était transformé comme au téléphone arabe avant d'atteindre les oreilles de Josephine. Sauf qu'il n'y avait pas beaucoup de mots qui ressemblaient à celui-là. *Butte ? Cuite ? Jupe ?* Il n'utilisait pas souvent ces mots. Encore moins dans le contexte d'une leçon de piano.

Pourtant, tandis qu'il descendait l'escalier, il se sentait coupable.

Josephine était assise sur le canapé, en train de regarder un talk-show, une tasse de chocolat chaud fumante à la main. Elle lui en prépara un aussi car il ne lui avait jamais avoué que l'odeur lui donnait la nausée. Il respira par la bouche en tenant la tasse loin de lui, pour ne pas voir les petits marshmallows flotter comme des cadavres.

« Maman, je voulais te dire que je suis vraiment désolé… »

Ses excuses furent noyées sous les applaudissements du public.

« Je disais : je suis désolé pour ce que j'ai dit pendant la leçon de piano.

— Oh, Will. » Josephine soupira. Son visage exprimait un dégoût sans mélange. « Je t'en prie, n'en parle même pas. »

Will se demanda si c'était le bon moment pour évoquer le journal de Rose et décida de tenter sa chance.

« Si tu veux savoir, je suis au courant pour Rose », dit-il.

Sa mère coupa le son de la télévision.

« Qu'est-ce que tu racontes, Will ? » demanda-t-elle en se retournant pour le regarder droit dans les yeux.

Le visage de Will s'échauffa, les mots restèrent coincés dans sa gorge. Il venait de commettre une erreur terrible. En parlant de Rose maintenant, il avait bien plus de chances de l'agacer que de l'impressionner par ses talents de détective.

« *Quoi*, Will ? Qu'est-ce que tu sais sur Rose ?

— Rien… »

Il se frotta la joue, mal à l'aise.

La voix de sa mère s'enflamma.

« Combien de fois dois-je te dire de ne pas te toucher le visage ? Il ne faut pas t'étonner si tu es couvert de boutons. Je te jure, Will… Douze ans, c'est trop jeune pour de l'acné. Trop jeune. Tu es beau, Will, mais il faut que tu fasses attention à ta peau. »

Papulifère : *qui a des boutons*.

« J'utilise le savon que tu m'as donné, répondit-il. J'arrêterai de me toucher le visage. Je me demandais simplement si Rose revenait nous embêter parce qu'elle est en colère contre toi. »

Josephine poussa un profond soupir.

« Il est possible que ta sœur ait... » Elle parut chercher ses mots. « … *refait surface*. Apparemment, elle pense que j'ai détruit sa vie et elle se venge sur toute la famille. Elle vous perçoit tous comme une extension de moi. »

Will ne sut pas quoi dire.

Elle lui adressa un demi-sourire encourageant.

« Ne t'inquiète pas trop pour ça. Il n'y a rien à craindre. Si Rose veut s'en prendre à toi, elle devra d'abord me passer sur le corps. Je m'en occupe. Je ne laisserai rien t'arriver. »

Le nœud dans son ventre se desserra. Il n'avait rien à craindre. Sa mère l'aimait. Elle vivait pour lui.

« On devrait aller se promener le long de la voie ferrée, un de ces jours, fit Josephine par-dessus une publicité. On pourrait te chercher des grenouilles pour cet aquarium que je t'ai acheté. »

Il tenta de masquer sa surprise.

« Je pense qu'il est trop tard. »

Il espérait que ça ne ressemblait pas à une critique.

« Comment ça ? »

Josephine paraissait rêveuse, elle écoutait à moitié, les yeux fermés, les doigts dans les cheveux.

« C'est juste que… Elles hibernent sûrement déjà. Elles s'enterrent dans la boue. Tout au fond du lit des ruisseaux.

— Oh, les grenouilles hibernent ? »

Il eut peur d'en dire plus. Sa mère détestait les je-sais-tout.

« Will, tu es tellement observateur, lui déclara-t-elle pour la deuxième fois de la semaine. Rien ne t'échappe. Alors je vais être franche avec toi. »

Il sentit son sang se glacer dans ses veines. Il ramena ses jambes encore plus près de sa poitrine.

« Après son départ, Rose ne s'en est pas si bien sortie toute seule. Quand je l'ai trouvée, elle vivait dans des conditions abominables et ce qu'elle faisait pour gagner de l'argent… ce sont des choses auxquelles quelqu'un comme Rose ne devrait pas s'abaisser. »

Est-ce qu'elle parlait de la danse ? *Ecdysiaste*, un nom pour désigner une strip-teaseuse. La prostitution ? Chanter sur les quais du métro ? Avec sa mère, impossible de savoir.

« Je lui ai donc procuré un appartement décent à condition qu'elle rompe avec son copain, qu'elle trouve un bon travail et qu'elle reprenne le théâtre. C'est ce qu'elle a fait pendant un moment. Elle s'en sortait très bien. Elle a regagné notre confiance, nous étions fiers d'elle. »

Nous. Écartant sa jalousie instinctive, il songea qu'en fin de compte son père devait avoir engagé ce détective privé. Il avait retrouvé Rose, mais pour une raison ou pour une autre, Josephine et lui n'avaient pas voulu que quiconque soit au courant. Pourquoi donc ? On aurait dit que Rose était mise en quarantaine, comme si sa méfiance pouvait infecter le reste de la famille.

« Pourquoi on ne peut pas lui parler, moi et Violet ?

— *Violet et moi*. Bref, nous voulions vous laisser la voir, mais nous avons préféré donner une période d'essai à Rose. Elle était trop instable. Je ne voulais pas qu'elle vous perturbe. » Josephine ne tenta même pas de retenir ses larmes. « Oh, Will, si tu savais comme ta sœur me traitait ! Sa colère. Tu n'as jamais rien vu de pareil.

— Elle était en colère contre toi parce qu'elle voulait un bébé. »

L'espace d'un instant, elle parut stupéfaite, mais elle ne lui demanda pas comment il le savait, et il ne parla pas du journal.

« Ta sœur ne voulait pas réellement avoir un bébé. Elle ne savait pas ce qu'elle voulait. Toute cette histoire de grossesse, ce n'était qu'un prétexte pour m'écarter. Pendant des mois, je l'ai vue tout préparer, chercher un moyen de justifier le fait de m'abandonner, de *nous* abandonner. En tout cas, la période d'essai n'a pas duré. » Elle eut un rire amer. « La véritable nature de Rose a reparu.

— Que s'est-il passé ?

— Elle est retournée vers ce Damien, qui l'a montée contre nous. Je crois qu'il nous tient pour responsables de la décision de Rose.

— De ne pas garder le bébé ? »

Sa mère acquiesça.

« Nous n'avons parlé au téléphone que cette fois-là. Mais je n'ai pas besoin de le rencontrer pour savoir qu'il n'aime pas vraiment Rose. Il se sert seulement d'elle.

— Pour quoi ?

— À ton avis ? Sa jeunesse. Sa beauté. Le fait qu'elle deviendra célèbre un jour. Sans lui, elle le serait sans doute déjà. Qui sait quelles ambitions il lui reste, maintenant qu'elle concentre son énergie pour nous détruire ?

— Nous *détruire* ? »

Sa mère sourit presque. Malgré sa peur évidente, Will sentait en elle une certaine excitation. En dépit de tout ce qu'elle disait, elle semblait contente d'être à nouveau en contact avec Rose. Il valait toujours mieux être détestée qu'ignorée.

Il se sentit à nouveau mal à l'aise.

« Qu'est-ce qu'elle va nous faire ?

— Honnêtement, je n'en sais rien, répondit Josephine. Si quelqu'un m'avait dit il y a deux ans que Rose rayerait notre voiture et découperait nos photos de famille, je lui aurais affirmé qu'il était fou. J'aurais répondu que Rose ne songerait même pas à faire une chose pareille. Will, elle a essayé de nous voler. Je l'imagine bien tenter de nous ruiner ou de détruire notre réputation. Mais j'ai surtout peur qu'elle s'immisce entre nous. Je crains qu'elle ne vous retourne contre moi.

— Rose ne pourra jamais me retourner contre toi, s'insurgea Will.

— C'est gentil de ta part de dire ça. » Josesphine lui posa les mains sur les oreilles et l'embrassa sur le front. Ses mains glissèrent sur les joues de Will. « Je veux que tu me promettes de venir me voir si tes sœurs disent quoi que ce soit – vraiment, quoi que ce soit – sur moi. Comme ça, je pourrai démasquer les mensonges qu'elles te diront. Je ne les laisserai pas répandre des calomnies qui pourraient nous détruire, moi et cette famille.

— Maman ? »

Will se sentait tellement désorienté, tellement séparé de lui-même et de sa peur, qu'il avait l'impression d'être aspiré dans un tunnel.

« Quoi ? »

Elle retira soudain ses mains de son visage.

« Cette lettre que tu as apportée à Violet… Celle avec le sceau de cire.

— Oui ?

— Elle venait de Rose, non ?

— Je pense, répondit-elle tristement.

— On ne devrait pas s'inquiéter que Rose raconte des mensonges à Violet ?

— Sûrement. » Elle haussa légèrement les épaules. « Et Violet la croira sans doute. Mais qu'est-ce que je peux y faire ? Ta sœur est une grande fille, et elle a déjà pris sa décision. Elle attend de moi – et du reste de la famille – qu'on soit parfaits. Elle ne me supporte pas comme je suis. Impossible de trouver grâce à ses yeux.

— Violet est tellement malheureuse qu'elle ne supporte pas le bonheur des autres », déclara Will avec assurance.

Josephine lui prit la main.

« Merci de dire ça. Je remercie Dieu chaque jour qu'au moins un de mes enfants soit normal. »

Il était content qu'elle le qualifie ainsi. Même si certains jours, ces changements de catégorie – de « handicapé » à « surdoué », de « surdoué » à « normal » – lui donnaient le tournis.

Elle lui serra les doigts un peu plus fort.

« Tu seras un écrivain célèbre, Will. Un grand romancier. Tu es tellement doué que j'ai du mal à te suivre. Je me demandais, ça te plairait de te préparer pour l'université ? Peut-être même en Angleterre. Tu fréquenterais d'autres garçons mûrs, des garçons comme toi ? »

L'estomac de Will se serra.

« Mais mon...

— Ton épilepsie ? Ton autisme ? Je pense qu'on a eu tort de les laisser te retenir.

— Mais tu me manquerais.

— Nous partirons avec toi. Moi, du moins. Ton père et Violet peuvent rester ici. En tout cas, penses-y. Laisse décanter. Dis-moi... Dans un monde idéal, si tu pouvais faire tout ce que tu voulais cet après-midi, que ferais-tu ?

— Cours de langue, répondit-il. Les homophones. »

C'était là qu'ils s'étaient arrêtés la semaine précédente, quand ils avaient interrompu ses cours.

Le sourire de Josephine était teinté de pitié. Elle s'attendait sans doute à ce qu'il réponde : faire du karting ou aller au parc d'attractions.

« Bon, les homophones. Tu peux m'en donner un ?

— *Rose*, lâcha Will, comme possédé. Ça peut désigner la couleur ou la fleur. »

Ça ne plaisait pas à sa mère, il le savait, mais il n'avait pas pu s'en empêcher. C'était le premier mot qui lui était venu à l'esprit.

VIOLET HURST

Ce fut Corrina qui décrocha le téléphone, car les cabines délabrées étaient devenues sa deuxième maison. Elle restait au téléphone avec l'homme en cuir, malgré les avertissements répétés de l'infirmière de service (« Corrina, ma petite, tu devrais te faire payer à l'heure »).

« Violet ! lança-t-elle en levant le combiné. Papa ours ! »

Violet sentit son estomac se serrer tandis qu'elle se dirigeait vers la cabine téléphonique. Elle ne supportait pas l'idée de reprendre la conversation qu'ils avaient eue pendant les heures de visite.

« Allô ?

— Violet.

— Oui, papa. Qu'est-ce qu'il y a ?

— Je me demandais… » Il but une gorgée de quelque chose dont elle espéra que la puissance ne se mesurait pas en degrés. « Il faut que tu m'en dises plus sur cette enquête des services sociaux.

— Je vais te donner le numéro de Nick Flores. Je t'ai déjà dit tout ce que je sais.

— Tu ne m'as pas dit grand-chose.

— Je ne sais rien ! Je t'en prie, parle directement à maman. Je ne peux pas être votre intermédiaire ! »

Elle s'efforça de se calmer en prenant une longue inspiration par le nez, comme dans ses DVD de méditation. « Je suis enfermée à l'hôpital, papa. Je ne peux aller nulle part. À moins que tu te décides à me sortir d'ici. »

Silence à l'autre bout de la ligne.

« Papa ? Tu vas essayer de me sortir d'ici ou pas ?

— J'essaie, Violet. Mais je ne vois pas comment je peux t'aider si tu me caches des informations.

— C'est maman qui te cache des informations. Il faut que tu l'affrontes.

— Nous sommes différents, toi et moi. Je ne pense pas que déclencher une tempête améliorera beaucoup les choses.

— Ce n'est pas déclencher une tempête, papa. Ça s'appelle communiquer. Tu as le droit de poser des questions. Les autres font ça tout le temps. Les autres ne vivent pas dans la peur de la réaction d'autrui. Ils ne redoutent pas en permanence d'avoir des ennuis. »

Violet fumait sa première cigarette de la journée. Elle regrettait de s'être montrée dure avec son père. Seulement, elle avait été abasourdie par son indifférence : il semblait ne pas saisir la situation dans laquelle elle se trouvait. Depuis qu'elle avait été admise à l'hôpital, leurs conversations n'avaient porté que sur Rose et sur lui, sa sobriété ou ses échecs pour l'atteindre.

Quand Douglas lui demanderait-il enfin ce que cela faisait d'être dans un endroit où on utilisait des camisoles de force ? Parmi des patients qui se masturbaient en public ou d'autres qui parlaient couramment le charabia ? Quand lui demanderait-il pardon pour avoir été ivre le soir où il l'avait amenée à l'hôpital ? Ou ce qu'*elle* se rappelait de ce fameux vendredi soir ? Elle avait été expulsée de sa vie et, aussi merdique qu'ait été cette vie, malgré son désir de la fuir, c'était grave. À l'hôpital, ce n'était pas vraiment la vie. On se serait cru dans un aéroport, un espace transitoire et déshumanisé où tous les vols étaient en retard et où les gens se traitaient les uns les autres avec moins de considération que des bagages.

Violet écoutait le chant matinal des oiseaux tout en se demandant pourquoi le personnel de l'hôpital ne considérait pas le fait de fumer comme un « comportement suicidaire », quand elle entendit le bruit du Zippo d'Edie qui s'ouvrait.

« Salut ma belle.

— Violet ? C'est toi ? »

Les yeux d'Edie étaient plus vitreux qu'elle ne les avait jamais vus, et les traces d'oreiller sur sa joue donnaient à sa peau une texture qui rappelait la viande hachée.

« Oui, c'est moi. Ça va ?

— Oui, il faut vraiment que j'arrête, dit Edie en agitant sa cigarette. Je suis tellement accro que je fume avant de mettre mes lentilles de contact.

— Tu as déjà arrêté ?

— Une fois. C'était pas si terrible. Il n'y avait que la clope du matin qui me manquait vraiment. Et celle d'après les repas. » Elle souffla, abattue. « Et celle d'après le sexe. Et quand je m'ennuyait. Et quand je révisais ou quand je conduisais.

— Ça a l'air d'avoir été facile.

— À part couper les ponts avec ma mère, ç'a été la chose la plus difficile que j'aie jamais faite. Pourquoi est-ce que c'est tellement difficile de renoncer à une chose dont tu sais que ça va te donner le cancer ? »

Edie n'était pas du genre à ne pas comprendre l'ironie.

« Tu es sûre que ça va ? demanda Violet. Ils ont encore changé tes médicaments ? »

Edie secoua la tête.

« Non. Ça va. Pardon. J'ai l'impression de n'être capable que de deux humeurs, ces temps-ci : déprimée ou en colère.

— Pareil pour moi. »

Violet écrasa sa cigarette sous sa chaise. Elle avait déjà commis l'erreur de tenter d'en écraser une avec sa pantoufle d'hôpital. Résultat : un gros trou dans la semelle.

« Pourquoi ? Qu'est-ce qui se passe ?

— Rien. Mon père n'arrête pas de m'appeler pour me poser des questions qui concernent tout le monde sauf moi. »

Elle lui parla de Douglas et des services sociaux.

« Triangulation, fit Edie tristement en battant des mains pour éloigner la fumée. C'est comme ça que communiquent les familles tordues. Au lieu de se parler directement, tout passe par un intermédiaire. Quand une personne contrôle l'information, elle peut mentir et monter les gens les uns contre les autres. Laisse-moi deviner, ta mère joue le rôle de l'interprète familial ? »

Violet acquiesça. Elle était toujours surprise de la précision avec laquelle Edie comprenait instinctivement ce qui se passait dans leur famille.

« Ton père s'adresse sûrement à toi parce qu'il a peur de la mettre en colère. »

Violet n'avait jamais vraiment réfléchi à la manière dont sa mère s'immisçait dans les relations de tout le monde. Elle ne s'était pas contentée de créer une compétition entre Violet et Rose, elle les avait aussi empêchées de connaître Will.

« Certaines mères sont incapables d'aimer, fit Edie d'une voix un peu trop forte et agressive. Demande à n'importe quel agriculteur, tu verras que les mères ne sont pas un produit naturel. Avoir un bébé ne fait pas de toi une mère, comme acheter un piano ne fait pas de toi Beethoven. »

Plus tard, dans la salle informatique, Violet observa Edie du coin de l'œil. Son amie avait l'air vidée. Elle avait les lèvres sèches, gercées. Ses épaules s'affaissaient d'épuisement, et même ses yeux bleu lagon paraissaient confus et vides. Edie ne leva même pas le regard de son écran quand l'une de ses schizophrènes préférées se mit à parler à son bureau comme si c'était un cheval qu'on amadouait : « Sois gentil, sinon je ne te donne pas de pomme quand on rentre à la maison. »

Violet alla sur Facebook et consulta le profil d'Amelia, l'amie de Rose. D'après sa page, elle était danseuse dans le corps de ballet de Rochester. Violet savait ce qu'était un corps de ballet, mais elle ne pouvait s'empêcher de penser à un cadavre. Et de fait, la photo d'Amelia n'était pas très vivante : on n'y voyait que son visage, son long nez, ses longs cheveux, et Amelia ne souriait pas beaucoup. Elle avait la tête penchée en arrière, comme si quelqu'un hors du cadre tirait le bout de sa queue-de-cheval terne.

Violet ne l'avait rencontrée qu'une ou deux fois, après des pièces de l'école, alors qu'Amelia et Rose étaient encore toutes rouges et transpiraient à travers leur maquillage, jonglant maladroitement avec des bouquets enrobés de cellophane et envoyant des baisers à leurs camarades.

À présent, Violet comprenait comment Rose et cette fille avaient pu former un duo intouchable. Toutes deux étaient minces et élégantes. Toutes deux étaient avares de sourires.

Violet écrivit à Amelia le numéro de la cabine de l'hôpital en lui demandant de la rappeler quand elle pourrait. C'était un geste désespéré, mais elle devait tenter le tout pour le tout. Elle avait besoin de l'aide de sa sœur pour sortir. Si Rose se trouvait bien à Old Stone Way ce soir-là, elle pourrait l'aider à lever les charges qui pesaient contre elle et l'accusaient d'avoir blessé Will. Parce que si elle attendait que son père prenne ses responsabilités, elle n'avait pas fini.

À l'ordinateur voisin, Corrina abattit une main sur le bureau.

« Putain, Edie, s'écria-t-elle. Tu nous as pas dit que c'était ton anniversaire ! »

Edie leva le visage égaré qu'elle avait eu toute la journée.

« Hein ? Comment tu sais ?

— C'est écrit sur Facebook. Espèce de sale cachottière… »

La femme qui parlait à son ordinateur comme à un poney se mit à chanter « Joyeux anniversaire » sur l'air de ce qui ressemblait à « My Heart Will Go On » de Céline Dion. Alors, Edie s'effondra en pleurs, de grosses larmes qui ne s'arrêtèrent que lorsqu'elle arracha le clavier pour s'enrouler le fil autour du cou, avant d'être escortée vers la « salle de repos ».

WILLIAM HURST

Quand son père rentra du travail, il prit le calendrier familial au mur et s'assit à la table du petit déjeuner pour l'examiner.

« Qui est Trina ? demanda Douglas en soulignant le nom avec son doigt.

— Tu la connais. » La mère de Will retira son nouveau chapeau et le posa sur le plan de travail de la cuisine. « Du club d'histoire. Elle est venue afin qu'on discute de la visite des maisons en pierre de l'année prochaine. Il y a déjà de la polémique dans l'air. Les Allerton ne veulent pas participer si les Fletcher participent. Les Fletcher ont mis à nu les poutres dans leur salon, alors leur maison n'est plus correcte d'un point de vue historique. »

La poitrine de Will se serra à nouveau. Il eut une soudaine envie de quitter la pièce, mais il se sentait pris au beau milieu d'une fusillade invisible.

L'ouvre-bouteille électrique émit un petit bruit de tronçonneuse alors que Josephine débouchait le vin qu'ils avaient acheté chez le caviste. Elle en versa un grand verre qu'elle posa sur la table devant le père de Will.

Douglas fit tourner le verre puis le repoussa.

« Jo, est-ce que les services sociaux sont venus ici ? »

Josephine s'immobilisa, Will sentit la pression de l'air changer dans la pièce. Sa mère ne paraissait pas exactement coupable, mais l'espace d'une seconde il perçut la honte qui montait en elle. Ce sentiment fut aussitôt remplacé par une pure rage accusatrice.

« Je te l'ai dit hier, Douglas. C'est quoi ton problème ? Tu commences un Alzheimer ou quoi ?

— Jo, je crois que je me rappellerais quelque chose d'aussi important que…

— Non ! Désolée, Douglas, mais c'est des conneries. Tu fais très bien semblant d'écouter, mais à moins que quelque chose ne te concerne directement…

— Je dirais que si un bureau du gouvernement essaie de me retirer mes enfants, ça me concerne…

— Non mais, écoute-toi ! Tu es tellement froid. Tellement occupé à te regarder le nombril ! Tu nous fais honte soixante pour cent du temps… Demande à ton fils. Vas-y, Douglas. Demande-lui s'il a peur de toi. Will a l'impression que tu t'intéresses à lui seulement quand tu as besoin de quelque chose. Il a l'impression que tu ne le connais même pas. Regarde, quand il est venu à ton travail, tu l'as laissé seul dans ton bureau toute la journée. Tu l'as laissé seul à table quand vous êtes allés déjeuner. »

Aphone, un mot descriptif qui signifie *sans voix*.

Des larmes coulaient sur le visage de Will. Quelque chose qu'elle avait dit sonnait juste.

Quand il trouva enfin le courage de lever les yeux, son père avait quitté la pièce, peut-être même la maison. Sa mère était assise devant la baie vitrée, elle buvait le vin de Douglas et feuilletait un catalogue de vente par correspondance.

« Alors, céréales pour le dîner ? » demanda-t-elle sans détourner le regard de la page des valises.

Will ne répondit pas. Elle lui adressa un sourire consolateur et ouvrit les bras.

« Oh, mon chéri, ne t'inquiète pas pour lui. Ton père prend un malin plaisir à faire passer les autres pour des fous. » Elle se lécha un doigt et tourna la page tandis que Will se blottissait sur ses genoux. « Vraiment, William. Toutes ces larmes… Ça va, tu n'as pas à t'inquiéter. Je ne laisserai pas ton père te faire ce qu'il a fait à Rose. Maintenant, dis-moi, qu'est-ce que tu penses de cette valise à roulettes ? Je me dis… si on commence à chercher un pensionnat, il va vraiment te falloir un bagage digne de ce nom. »

VIOLET HURST

Quand l'infirmière lui annonça qu'une amie voulait la voir, Violet pensa aussitôt à Edie.

La pièce d'isolement, ou « salle de repos », était comme dans les films, entièrement vide à part un matelas fin comme une crêpe. En voyant Edie entraînée là-bas, Violet avait eu peur qu'on la calme avec une camisole de force et des seringues de benzodiazépine. Mais Sara lui avait expliqué que la salle de repos était simplement un endroit où l'on pouvait échapper aux « stimulus douloureux » et « vivre ses émotions violentes ». La porte était laissée entrouverte, même si Violet et les autres patients avaient interdiction de regarder à l'intérieur.

Mais ce n'était pas Edie qui demandait à la voir. C'était Imogene. Elle l'attendait dans la salle des visiteurs avec ses livres de cours et une boîte de chocolats de chez Krause.

Imogene avait l'air encore moins à sa place que d'habitude. Elle jouait avec sa boucle d'oreille en argent. Ses cheveux arc-en-ciel s'étalaient sur le dossier de sa chaise. Le panneau qu'elle examinait disait : « *VISITEURS, LAVEZ-VOUS LES MAINS APRÈS CHAQUE ENTRETIEN AVEC LES PATIENTS.* » Violet et ses amies appelaient ça le *NE-PAS-NOURRIR-LES-ANIMAUX*.

« Oh merde ! » Les bracelets indiens d'Imogene tintèrent quand elle ouvrit les bras pour embrasser Violet. « Ça va ? Cet endroit est glauque. J'ai toujours imaginé ces hôpitaux comme dans les films. Tu sais, tout blancs et propres. Mais ici… J'ai l'impression d'être déjà intoxiquée à l'amiante. »

Violet ne perdit pas de temps à rire, son esprit sautait déjà aux questions qu'elle voulait poser.

« Comment tu es venue ?

— Finch m'a accompagnée. Il m'a dit de te dire qu'il est désolé. Il ne pouvait pas entrer. » Le cœur de Violet se serra. Imogene gonfla ses joues et souffla. « Tu sais, il a… ce truc avec les hôpitaux.

— Je sais. Comment elle va ? »

Violet ne parvint pas à prononcer le nom de Beryl, comme si cela rendait son diagnostic plus réel.

« Pareil.

— Et toi, Imogene, comment tu vas ?

— Honnêtement, je ne suis plus si triste. C'est la vie. J'essaie d'arrêter d'avoir peur que maman meure. On se serre les coudes. Quand elle déprime, je la réconforte. Quand je déprime, elle me réconforte. Au moins elle a un nouveau cancérologue. Il dit qu'elle est la malade la plus saine qu'il ait connue. »

Violet sourit en pensant à Beryl. C'était la toute première personne qu'elle voulait voir quand elle quitterait Fallkill. Si elle en sortait un jour.

« Et chez Dekker ?

— C'est bizarre. Finch dit que les flics ont débarqué hier soir après la fermeture. Un tas, et Mme D. ne veut pas dire pourquoi. »

Imogene retira le couvercle de la boîte de chocolats et révéla un assortiment d'écorces de citron enrobées de chocolat et de caramels au beurre salé, leurs préférés. Violet fit non de la tête.

« Je ne sais toujours pas ce qui s'est passé, poursuivit Imogene. La femme du frère de Jasper m'a dit qu'elle avait vu ta mère et Will au groupe de jeu de Rosendale. Elle minimisait l'incident en racontant à tout le monde que Will avait juste eu un accident à la cuisine.

— Tu connais le nom de quelqu'un qui y était ? Jasper les connaît ? Elles pourraient témoigner pour moi ? Tu sais que je ne l'ai pas fait, hein ? Tu me crois ? Personne ne me prend au sérieux là-dessus.

— Évidemment… Tu ne ferais pas de mal à une mouche, même si tu étais complètement défoncée ce soir-là. »

Violet inspira.

« À mon avis, il y a trois possibilités. Will s'est fait mal tout seul ; maman lui a fait mal ; ou Rose lui a fait mal.

— *Rose ?* »

Le piercing sur le sourcil d'Imogene scintilla.

« Je crois que je l'ai vue dans la maison ce soir-là.

— Violet, on avait pris des graines. J'ai eu l'impression de voir Dieu, et il ressemblait à Bill Murray. Pourquoi Rose reviendrait-elle ?

— Parce qu'elle est en colère. Ou parce qu'elle veut quelque chose. Ou parce que c'est elle qui est derrière tous les trucs bizarres qui se passent à la maison. Au début, j'ai cru que c'était maman qui cherchait à me saboter, mais vu le timing… Je commence à penser que c'est Rose qui a rayé la voiture et qui a découpé les photos d'elle. »

Violet sortit les enveloppes qu'elle portait dans la poche de son jean.

« C'est l'adresse de Rose à New York ?

— C'est un magasin UPS. Rose loue une boîte là-bas.

— Peut-être qu'elle n'en a pas chez elle ? suggéra Imogene.

— Peut-être qu'elle souhaite instaurer une relation à distance, où elle peut nous joindre et pas nous.

— Mais pourquoi ? Pourquoi ferait-elle ça ? Ça n'a pas de sens. » Imogene l'observait. L'ombre magenta sur ses paupières accentuait encore l'intensité de son regard. « Ta mère a appelé la mienne hier pour dire que tu étais mythomane. Elle a dit que c'était le diagnostic qu'avait donné l'hôpital. Elle a dit qu'on devait se méfier de toi – que tu auras l'air normale quand ça t'arrangeras et que tu recommenceras à mentir pour parvenir à tes fins. »

Les oreilles de Violet se mirent à bourdonner, comme si quelqu'un avait ouvert la porte d'une cabine de pilotage en plein vol, comme si elle était aspirée hors d'elle-même.

« Violet ? Elle a dit que tu fais du mal à Will.

— Comment ?

— Elle dit que tu es jalouse de lui. Que quand il était à l'école, tu donnais des informations à ses camarades pour qu'ils se moquent de lui. Elle dit que tu le pinces quand vous êtes seuls, tellement fort que ça lui laisse des marques.

— Je n'ai jamais touché Will.

— Elle a dit que le mieux qu'on puisse faire, c'était de garder nos distances avec toi, de laisser tes problèmes te faire souffrir toi, pas nous. » Le menton d'Imogene se contracta. Des larmes emplissaient ses yeux. « Je ne sais pas quoi croire. Je lui ai dit que tu ne m'avais jamais menti. En tout cas, pour autant que je le sache…

— C'est génial ! » Folle de rage, Violet se leva un peu trop brusquement, mais elle avait besoin de se dégourdir les jambes. « Parce que si je suis tellement douée pour mentir, alors personne ne pouvait soupçonner que j'avais un problème. Mais la réalité, c'est que je n'ai aucun problème ! »

Sa colère jouait contre elle, elle le savait. Chaque fois que sa voix montait d'une octave, elle perdait encore un peu plus Imogene. Elle allait s'excuser quand Corrina passa la tête dans la pièce.

« Violet, dit-elle en jetant un regard soupçonneux à Imogene. Il y a une certaine Amelia au téléphone.

— Je veux qu'on parle de tout ça…, déclara-t-elle à Imogene.

— Moi aussi, répondit celle-ci.

— … mais je ne peux pas maintenant. Il faut que je prenne ce coup de fil. C'est Amelia, l'ancienne amie de Rose. Peut-être qu'elle connaît son numéro de téléphone. J'ai besoin que Rose m'aide à sortir d'ici. »

Imogene parut déconcertée.

« Mais tu viens de dire qu'elle vous harcèle. Toute cette histoire de poubelles…

— Rose n'en a pas après moi, mais après mes parents. Et à en juger par ce que ma mère me fait, je dirais qu'ils le méritent. » Lorsque Violet serra Imogene dans ses bras, celle-ci resta toute raide, mal à l'aise. « Merci pour les chocolats. Sache que je ne t'ai absolument jamais menti. Embrasse ta mère pour moi. Finch aussi. »

Sa mère mentait. Comment pouvait-elle connaître son diagnostic si elle ne répondait pas quand sa thérapeute, Sara, l'appelait ? Pourtant, au fond d'elle-même, quelque chose fit dangereusement douter Violet. Se pouvait-il qu'elle mente de manière compulsive sans s'en rendre compte ? Sara semblait le croire. Imogene en était presque convaincue. Violet avait pris beaucoup de MDMA dernièrement, et sa mémoire n'était plus ce qu'elle avait été. Peut-être son cerveau était-il troué comme un gruyère. Peut-être qu'elle perdait ainsi le souvenir de certains événements, des bribes de conversations. Mais elle n'était pas violente. Pour l'instant, le seul qui la croyait sur ce point était Nicholas Flores, mais même lui ne pouvait rien faire pour la sauver. Pas sans témoin. Pas sans Rose.

La cabine téléphonique sentait encore la crème que Corrina s'étalait sur les jambes. Et Violet perçut la chaleur de son souffle quand elle s'empara du combiné.

« Amelia ? »

Violet espérait que sa voix ne trahissait pas son épuisement et son angoisse. Elle ne voulait pas avoir l'air d'une hystérique.

« Violet. Je suis désolée, je n'ai que quelques minutes, il faut que je retourne à la répétition. »

La voix d'Amelia était étonnamment profonde et équilibrée, avec un côté traînant à la *Valley Girl*.

« Ce n'est pas grave. Je n'en ai pas pour longtemps. Je me demandais juste si tu étais encore en contact avec Rose. Elle m'a écrit récemment…

— Rose t'a écrit ? »

Peut-être était-ce seulement sa voix sans timbre qui donnait cette impression d'accusation.

« Ouais. Tu as des nouvelles d'elle ?

— Pas depuis un an.

— Tu sais quelque chose sur Damien ?

— Qui est Damien ?

— Son petit copain. Celui avec qui habite Rose. »

Violet entendit un frottement, comme si Amelia changeait le téléphone d'oreille. Il y eut un bruit de porte qui se fermait. Puis le brouhaha des danseuses et des violons qui s'accordaient s'éloigna.

« Je ne connais pas de Damien. Je n'ai connu que son ancien copain, et elle ne serait jamais allée vivre avec lui. »

La voix d'Amelia était sévère maintenant, bien plus claire. Elle devait être sortie du théâtre.

« Comment tu sais, si tu ne lui as pas parlé ? »

Il y eut un silence. Puis le clic d'un briquet. Une inspiration.

« Amelia ? Tu es toujours là ? Comment tu sais qu'elle ne serait pas allée vivre avec lui ?

— Parce qu'il était marié, d'accord ? Son ancien copain était marié. »

Il y eut à nouveau le bruit de la porte, suivi d'une autre voix féminine, sérieuse.

« Je sais, dit Amelia à quelqu'un d'autre. Oui, merci. J'arrive. »

Violet était estomaquée.

« Qui… ? C'était il y a combien de temps ? »

Amelia inspira bruyamment.

« Son ancien professeur… » Elle souffla. « … de géologie structurelle ou je sais pas quoi. Il s'appelait Matt. M. Métaphores-rocheuses. Je suis surprise qu'ils soient à nouveau ensemble. Après leur séparation, Rose était tellement anéantie qu'elle ne parvenait pas à prononcer son nom. Elle s'est mise à l'appeler le Volcan. Ou le Tremblement de terre. Tu sais, comme tous les désastres naturels dont il était spécialiste.

— Il était marié ou il l'est toujours ? demanda Violet.

— Il était marié à l'époque. Maintenant, je ne sais pas… Encore une minute, siffla Amelia à la personne qui se tenait à la périphérie de leur conversation.

— Tu l'as dit à la police quand on a cru que Rose avait disparu ? »

Violet espérait que sa voix n'était pas trop dure, trop accusatrice. Elle ne pouvait pas se permettre d'effrayer Amelia.

« Non. J'aurais dû. Je sais ce que tu dois penser de moi. J'aurais vraiment dû leur en parler. Mais il faut me comprendre : Rose m'avait fait jurer de garder le silence. Elle était tellement amoureuse. Même après qu'il l'a traitée de cette manière, elle craignait que cette histoire le fasse virer. Tu imagines ? Moi, je lui disais : "*On s'en fout.* Il mérite de perdre son travail après tout ce qu'il t'a fait." Mais Rose s'en fichait. Tu la connais.

— Oui, je la connais, mentit Violet.

— Alors tu sais comme elle s'oublie quand elle aime quelqu'un. Elle prend tellement à cœur les intérêts de l'autre qu'elle oublie qui elle est.

— Donc Rose a choisi les sciences plutôt que le théâtre pour mieux ressembler à son copain marié ?

— La Rose que je connaissais n'avait rien à foutre des failles, des corps rocheux déformés ou de tout ce qui a soudain commencé à l'obséder. Je l'ai suppliée de rester. La rumeur courait qu'on ferait *Anything Goes* l'année suivante, et Rose collait parfaitement pour le rôle de Reno Sweeny. »

Violet émit un petit chuintement d'approbation. En fait, elle en savait tout juste assez sur les comédies musicales pour être sûre de les détester de toutes les fibres de son être.

La toux d'Amelia sembla secouer sa cage thoracique.

« Je sais que Rose la romantique aime l'amour. Quand elle est amoureuse, Rose est persuadée d'être dévouée, altruiste, tout ce que tu veux. Mais ce n'est pas vrai. J'ai essayé de le lui dire un jour. Je lui ai dit : “Rose, tu t’attaches à des gens parce que, quelque part, tu aimes qu’on se serve de toi.” »

Violet eut un nouveau tic d’approbation. Cette fois-ci, elle était entièrement d’accord.

« Je lui ai dit qu’elle aimait jouer les victimes. “Rose, tu aimes avoir l’impression qu’on te sous-évalue en permanence. Tout ça n’a rien à voir avec M. Géologie, c’est juste qu’avec lui c’est les montagnes russes émotionnelles et c’est ça qui te rend accro.” J’ai essayé de lui expliquer que la manière dont elle aimait ce prof était tout aussi égoïste que celle dont votre mère l’aimait.

— Tu as comparé Rose à maman ?

— Ce n’était pas une très bonne idée, je sais. Je pense que c’est pour ça que Rose ne m’a plus adressé la parole. » La personne qui demandait à Amelia de raccrocher revint. « Violet, je dois vraiment y aller. Il faut que j’essaie un costume.

— Juste un dernier truc : tu savais que Rose avait avorté ? »

Amelia soupira comme si elle était émotionnellement épuisée.

« Si je le sais ? C’est moi qui l’ai accompagnée à la clinique. Ta mère faisait pression sur elle. Elle la traitait de traînée, elle assurait qu’elle ne lèverait pas le petit doigt pour l’aider si Rose gardait le bébé, qu’elle se contenterait de rire en disant : “Je te l’avais dit” pendant que Rose deviendrait grosse, pauvre et en aurait assez de son enfant.

— Quel soutien !

— C’était horrible. Ta mère l’a harcelée. Mais – et crois-moi, je ne l’ai jamais dit à Rose – je pense que c’était sans doute mieux que Rose n’accouche pas.

— Parce que le professeur ne voulait pas quitter sa femme ? »

Le rire d'Amelia était presque amer.

« Non : Rose se fichait d'être mère célibataire – en fait, je crois que c'était ce qu'elle voulait… Je pense que ça vaut mieux parce que Rose aurait étouffé cet enfant. Elle se serait servie de lui comme elle se servait de tout le monde dans sa vie – pour se sentir mieux elle-même. Même si M. Tremblement-de-terre avait quitté sa femme, je pense que Rose aurait voulu que cet enfant n'aime qu'elle. C'était la même chose avec notre amitié. Rose s'énervait si j'avais d'autres amis ou si je sortais seule avec la troupe de théâtre. Je n'avais pas réalisé à quel point j'étais isolée jusqu'à ce qu'elle arrête de me parler.

— Rose était si possessive que ça ?

— C'est à cause de toutes ces années de compétition avec Will et toi. Elle n'a jamais eu l'impression de t'arriver à la cheville.

— De m'arriver à la cheville ?

— Ouais. Elle n'arrêtait pas de dire que ta mère répétait sans arrêt combien tu étais intelligente, que tu étais naturellement belle tandis que Rose devait travailler pour ça. Pourquoi tu crois qu'elle mettait deux heures avant d'aller où que ce soit ? Elle était paralysée de peur dès qu'il fallait choisir une tenue. Si son fer à friser ne marchait pas, sa journée était fichue. »

Violet ne savait pas ce qui était le plus choquant : l'idée que Rose ait été jalouse d'elle, ou que Rose ait voulu du bébé et que ce soit leur mère qui l'en ait dissuadée. Elle repensa à la photo sanglante de bébé – que venait-elle faire dans cette version des événements ?

« Amelia, combien de temps s'est écoulé entre le moment où tu as amené Rose à la clinique et celui où elle a arrêté de te parler ?

— Peut-être quelques jours. Je me suis dit qu'elle faisait son deuil. Ça a duré bien plus longtemps que je ne m'y attendais. Elle avait déjà changé de département, alors on ne se voyait pas tous les jours en cours. J'aurais dû l'appeler pour m'excuser. Mais j'avais besoin d'une pause. Rose demandait tellement d'attention et de réconfort. C'était comme une petite fille. Je me sentais… épuisée.

— Et puis elle s'est enfuie.

— Ouais. Ça m'a choquée, mais je me suis dit que ce serait un changement positif. Je pense que tu en conviendras, Rose avait besoin de mettre de la distance entre elle et vos parents. »

Une porte claqua. Le bruit des instruments à cordes reprit.

« Je suis vraiment désolée, Violet. Ils appellent tout le monde pour la coda de l'acte II. Je dois y aller.

— Amelia, une dernière chose.

— Quoi ?

— Tu as déjà vu Rose devenir violente ? Tu crois qu'elle en est capable ?

— Je ne sais pas. Personnellement, je crois que c'est simplement une question de point de rupture. N'importe qui peut devenir violent. Et ta mère a poussé trop loin. »

Violet réfléchit un instant.

« Rose jouait très bien la comédie, reprit Amelia. Je ne pense pas qu'elle commettrait une erreur à moins qu'elle veuille qu'on la surprenne. »

WILLIAM HURST

Will fut réveillé par une présence inhabituelle dans sa chambre. Il entendit sa lampe de chevet s'allumer et, lorsqu'il se retourna, il fut totalement surpris par ce qu'il vit : son père, mal à l'aise dans ses vêtements du week-end. Il n'était pas rasé et il portait une paire de chaussons élimés.

« Tous tes médicaments sont dans l'armoire de la salle de bains ? » demanda Douglas.

Will remonta la couverture sous son menton et hocha la tête.

« Et tes devoirs ?

— Quoi, mes devoirs ?

— Où sont-ils ?

— Partout. Certains sur l'ordinateur. D'autres dans les livres du bureau de maman. Certains dans notre tête. » L'idée que son père se mêle de son travail l'agaçait, sans compter qu'il lui volait un temps précieux avec sa mère. « Où est maman ?

— Je lui ai dit de prendre sa journée. »

Douglas avait l'air tellement autoritaire en disant cela ; pourtant, il n'imaginait pas sa mère recevoir d'ordres de son père.

« Où elle est allée ?

— Je ne sais pas. Elle m'a parlé d'un spa. Peut-être qu'elle va prendre le train pour New York. Elle m'a parlé d'une exposition au Guggenheim. »

L'idée que sa mère regarde des tableaux sans lui le plongea dans un profond désespoir. Elle disait toujours qu'il lui donnait à nouveau le sentiment d'être professeur et qu'elle aimait ça. Elle adorait lui expliquer des choses, par exemple que les Romains avaient aimé les orchidées jusqu'à ce qu'ils deviennent chrétiens, après quoi ces fleurs avaient disparu de leurs œuvres d'art car elles paraissaient soudain trop sexuelles – le nom scientifique *orchis* dérivait d'un mot grec signifiant *testicules*.

« Vous vous disputez encore, avec maman ? demanda Will.

— Qui t'a dit qu'on se disputait ? Habille-toi, s'il te plaît. Et descends prendre le petit déjeuner.

— Qu'est-ce que je dois mettre ? »

Will attendit que son père aille choisir dans l'armoire ce que sa mère aimait appeler son « ensemble du jour ».

— Quelque chose de chaud, répondit Douglas. Ils annoncent qu'il fera en dessous de zéro aujourd'hui. »

Il se retourna, raide, et descendit à la cuisine, où Will entendit le bruit des céréales qu'il versait dans deux bols.

Le dîner au petit déjeuner, songea Will avant de se reprendre, sachant que ce devait être l'inverse.

Will ne put s'empêcher de fixer les gribouillages sur le côté de la voiture de son père. De près, les rayures sur la peinture semblaient encore plus profondes, comme si elles avaient été faites avec un couteau, et non une clé. Le fait que son père ait pu inspirer ce genre de fureur à quelqu'un n'était pas si difficile à envisager. La véritable question était, laquelle de ses sœurs était responsable ? Violet la désaxée, la droguée ? Ou Rose la calculatrice, la revancharde ?

Je ne laisserai pas ton père te faire ce qu'il a fait à Rose. C'était ce qu'avait dit sa mère la veille au soir. Un caractère se cachait-il derrière l'aspect un peu perdu de son père ? Sa mère faisait parfois allusion à sa « jeunesse tumultueuse ». En le regardant sortir du garage en marche arrière, Will songea que son père était à la fois impétueux et froid, comme si, émotionnellement, il avait le pied à la fois sur le frein et sur l'accélérateur. Un coup de stress de trop, et Douglas pouvait tout à fait devenir le genre de meurtrier que les voisins décrivent en disant : *Il a craqué.*

« On va où ? demanda Will.

— Chez le médecin.

— Mon médecin ? Le Dr Salomon ?

— Un autre, répondit Douglas. Un nouveau médecin. Le Dr Martin. C'est l'ami d'un ami. J'ai passé la nuit à examiner ton dossier médical, et il manque beaucoup de choses. »

Son père croyait-il qu'il était stupide ? Qu'il pouvait l'emmener chez un nouveau médecin pour tenter de changer son diagnostic derrière le dos de sa mère ? Will était furieux.

« Quoi, par exemple ?

— Quoi ?

— Je t'ai demandé ce qui manque dans mon dossier médical. Je n'ai pas besoin de perdre du temps avec un nouveau docteur ! Je sais ce qui ne va pas chez moi ! »

Mais son père ne l'écoutait pas, il s'était déconnecté mentalement.

« Papa ! » cria Will. Il se pencha en avant, tirant sur sa ceinture de sécurité. « Mon autisme ne te regarde pas ! Tu ne peux pas perturber mon éducation et ma vie juste pour te venger de maman ! Je ne vais pas te laisser m'utiliser parce que tu as l'impression de souffrir d'ectopie.

— Je ne sais pas ce que ça veut dire, répliqua Douglas platement.

— C'est quand les testicules ne sont pas descendus », cracha Will.

Le grognement de Douglas indiqua que le coup avait porté. Il laissa les essuie-glaces couiner pendant sept kilomètres avant de réaliser qu'il ne pleuvait plus.

Le Dr Martin était un psychologue pour enfants, et il était difficile de déterminer si Martin était son nom ou son prénom.

Will était sur la défensive, un peu blasé. Au cours de l'année écoulée, il s'était morfondu dans au moins trois cabinets exactement comme celui où il se trouvait, et il ne faisait pas la moindre confiance à ce type. Selon les mots de sa mère, la plupart des thérapeutes étaient des « pleurnichards victimes de mauvais traitements » qui tentaient de se convaincre que tout le monde devrait « arrêter de faire des efforts et se plaindre » comme eux-mêmes le faisaient.

« Où tu es passé, Will ? demanda Doc Martin. On dirait que ton corps est là, mais pas ton esprit. J'ai raté quelque chose ? »

Will fixait la ridicule chaussette orange à rayures qui sortait de la jambe de pantalon de Doc Martin. Cela lui rappela la cravate des Jets de M. Flores. Les adultes pensaient-ils vraiment que s'habiller comme des clowns les rendait plus sympathiques aux enfants ? *Tu ne me comprends pas*, songea Will. *Je suis plus mûr que ça.*

« Vous n'avez rien raté, répondit-il d'un ton un peu trop désinvolte. Je n'ai aucune raison d'être ici.

J'ai déjà fait tout ça. Je ne suis pas malade comme ma sœur. Malade dans mes émotions, je veux dire…

— Tu es malade d'autre chose ? »

Doc Martin partait à la pêche, il se raccrochait aux branches, et Will le méprisa pour cela.

« Pas vraiment malade. Juste différent. L'autisme…

— Oui, ton père m'a parlé de ton autisme. Nous y viendrons dans quelques minutes. Vu que ce que nous vivons affecte parfois notre santé, je dois te poser les mêmes questions que je pose à tous mes patients. Tu es d'accord ? »

Will n'avait aucune intention d'être le patient de cet homme, mais il était physiquement incapable de se montrer impoli. Son côté passif, soumis aux adultes, prit le dessus et il hocha la tête pour dire que oui, il était d'accord.

« Il y a des choses qui t'inquiètent dans ta vie ? »

La réponse arriva si vite que Will lui-même en fut surpris.

« Non. »

À la périphérie de ses pensées, la vengeance de Rose flottait tel un ballon d'hélium raclant le plafond. Il y avait aussi la possible liaison de son père. Mais ce n'étaient pas des causes d'inquiétude en soi. Ces choses existaient, et aucune inquiétude de sa part ne pouvait les annuler. Mieux valait employer son énergie à être l'enfant dont personne ne devait s'inquiéter.

« Ton père m'a dit que ta sœur a été admise dans un hôpital psychiatrique la semaine dernière. Tu n'es pas inquiet pour elle ? »

Will haussa les épaules.

« Si elle est malade ou quoi, c'est qu'elle est née comme ça. Ça n'a rien à voir avec notre famille. »

Le médecin parut surpris, mais reprit vite son masque impassible.

« Tu as douze ans, mais parfois tu en fais quarante. On ne t'a jamais dit ça ? Tu es très protecteur envers tes parents, non ? »

Will se demanda s'il essayait de le mettre en colère. Devant son absence de réaction, Doc Martin continua :

« Parfois, les gens qu'on aime et dont on a l'impression qu'ils sont à l'origine de tous nos problèmes essaient en fait juste d'attirer notre attention sur des questions plus profondes que le reste de la famille préférerait ignorer. Peut-être que Violet a plus de mal à faire comme si tout allait bien.

— Personne ne fait semblant. Tout va bien. »

Will commençait à penser que sa mère avait raison. L'homme en face de lui, avec sa barbe de saint Nicolas et ses yeux « compréhensifs », était persuadé de connaître l'histoire des Hurst et se fichait totalement de ce qu'il avait à dire.

Doc Martin pointa son stylo à bille vers son attelle.

« Ton père m'a dit que ta sœur t'avait peut-être blessé. Ça a dû te faire peur. Tu dois te sentir désemparé.

— Elle est là où elle doit être. Elle ne fera plus de mal à personne. »

Le psychologue consulta son calepin.

« Ton père m'a aussi dit que ton épilepsie t'avait posé pas mal de problèmes et que tu ne peux plus aller à l'école à cause de ça. Je n'ai jamais connu de crise moi-même. À quoi ça ressemble ? »

Will se détendit un peu. Il était bien plus à l'aise pour parler de ses problèmes de santé que de sa famille. Il décrivit à Martin les sueurs glacées. Il parla du pincement et du fourmillement qu'il sentait dans la poitrine et du fait que, pendant une crise, il oubliait comment on respirait. Il l'avait décrit tellement de fois que les mots avaient perdu leur sens. Décrire une crise revenait à réciter une poésie ou donner une représentation de son spectacle sur Edgar Allan Poe.

Soudain, Doc Martin se pencha en avant et planta son crayon dans le taille-crayon sur la petite table.

Le crissement fit sursauter Will. Il serra les doigts de sa bonne main sur l'accoudoir en cuir du canapé.

« Pardon pour le bruit, fit Doc Martin. Je vois que ça t'a plutôt secoué. Tu trouves que ça t'arrive souvent ? Tu es facilement surpris ? »

Le reste de la session fut de la même teneur. Cet enchaînement de questions mettait Will sur les nerfs. « Tu as du mal à dormir ? » « Tu te sens déconnecté des autres ? » « Tu as l'impression de ne ressentir ni joie ni peine – rien qu'un sentiment de malaise constant ? »

À la fin de la consultation, Will avait la mauvaise impression d'avoir montré tous les symptômes de la défaillance mentale que Doc Martin cherchait chez lui – un soupçon qui ne fit que s'accroître quand le psy lui demanda de rester dans la salle d'attente pendant qu'il disait quelques mots à son père.

Will tenta de ne pas fixer ni juger les deux personnes qui se trouvaient dans la salle d'attente : une femme morose qui sentait la cigarette et son fils au crâne rasé qui avait l'air agressif et paraissait souffrir d'un déficit d'attention. Will s'assit et se mit à feuilleter *Psychology Today* dans un coin. À l'intérieur, un article disait que les végétariens comme Violet jouissent en général d'une moins bonne santé mentale que ceux qui mangent de la viande. Tandis que personne ne le regardait, il partit aux toilettes avec le magazine et déchira la page, qu'il plia dans sa poche pour la montrer à sa mère plus tard.

Sur le chemin du retour, Douglas s'arrêta devant un camion de hot dogs au bord de la route. Will regarda d'un air sceptique son père qui revenait vers la voiture, une saucisse enduite de moutarde dans chaque main.

« Maman et moi, on ne mange pas de hot dogs, dit Will.

— Eh bien maman n'est pas là, répondit Douglas d'une voix sèche.

— C'est aussi mauvais pour la santé que les cigarettes. On l'a lu. Ça provoque des mutations génétiques. »

Son père soupira et posa le deuxième hot dog en équilibre sur le frein à main. Il avait insisté pour que Will monte à la place du passager, malgré ses protestations car il était un an trop jeune (le code de la route disait qu'il fallait avoir treize ans).

Douglas essuya la moutarde au coin de sa bouche.

« Will, qu'est-ce que tu penserais de retourner à l'école ? »

Les idées de Will sur la question ressemblaient un peu à celles qu'il aurait eues s'il avait été coincé sous l'essieu d'un camion de soixante-dix tonnes. Un poids écrasant lui serrait la poitrine, et l'air de la voiture lui devint trop épais à respirer.

« C'est impossible, répondit-il avec un grincement de colère dans sa voix. Mon épilepsie… »

Il déroula la liste de toutes les raisons que sa mère donnait : les lumières fluorescentes de l'école, l'absence de tapis…

« Eh bien, le Dr Martin n'est pas complètement sûr que tu sois épileptique, déclara Douglas. Tes autres médecins non plus. Le fait que tes électrocardiogrammes soient normaux et que tu continues à avoir des crises alors que tu prends des médicaments doit vouloir dire qu'il se passe quelque chose.

— Quoi par exemple ?

— Un trouble de l'anxiété, par exemple. Des crises de panique. »

Douglas sortit de la poche de sa veste un article sur ce qui s'appelait les crises psychogènes non épileptiques (CPNE).

« Ils disent que ça arrive aux vétérans de guerre ou aux mères qui se battent pour la garde de leurs enfants, remarqua aussitôt Will. Aux *adultes* qui travaillent trop…

— Non, non. Lis jusqu'au bout. » Son père lui indiqua la partie de l'article qui expliquait que les CPNE se produisaient quand des gens dotés de mauvais « mécanismes de défense » devaient faire face à des « relations instables » ou à des « événements stressants ». Douglas ajouta : « Cinquante-quatre pour cent des gens qui subissent ces crises d'angoisse sont diagnostiqués comme épileptiques.

— Je ne retournerai pas à l'école de Stone Ridge ! Je suis épileptique ! »

Will tenta de se calmer en pensant à la possibilité de partir en pensionnat. Sa mère et lui avaient déjà un plan en tête.

« Je ne dis pas que je ne te crois pas, déclara Douglas. C'est juste que je ne t'ai jamais vu avoir une crise, et je ne peux pas confirmer ce que je n'ai pas vu.

— Ma mémoire fait des choses bizarres. Comme la dernière fois…

— Le Dr Martin pense que ça pourrait s'expliquer autrement.

— Comment ?

— Regarde la deuxième page. »

Will retourna la feuille sur les CPNE et se trouva face à une fiche intitulée « TRAUMATISME ET DISSOCIATION ». Elle expliquait comment certaines personnes se déconnectaient de leur corps, de leurs sensations, de leur mémoire et de leur conscience quand elles étaient extrêmement stressées. C'était un mécanisme de défense, écrivait l'auteur, un moyen de se couper des choses qu'on ne se sentait pas capable d'affronter. Certaines personnes, par exemple les victimes de viol, vivaient le traumatisme comme si elles s'observaient depuis les airs. D'autres oubliaient des journées entières tout en continuant à travailler, à faire leurs courses et à mener une vie sociale, agissant comme des automates.

« Ce docteur t'a dit que j'avais ça ? C'est pour les soldats qui rentrent de la guerre. Ou les enfants qui ont perdu leur famille dans un tsunami.

— Le Dr Martin dit que c'est bien plus fréquent chez les gens traumatisés par quelqu'un qu'ils connaissent et à qui ils font confiance. Je suis obligé de prendre ça au sérieux, conclut Douglas en roulant sa serviette en boule. C'est la deuxième fois qu'un psychologue me parle de symptômes de stress post-traumatique. »

Will songea à tous les médecins qu'il était allé voir avant d'être diagnostiqué autiste.

« L'un de mes anciens médecins a dit ça aussi ? demanda-t-il, stupéfait, luttant contre les larmes.

— Non, répondit Douglas. Je parlais de la thérapeute de Violet. Elle pense que la méditation bouddhiste de Violet, quand elle arpentait sa chambre la nuit, n'était qu'un moyen de combattre une anxiété extrême.

— Mais qui est censé nous avoir traumatisés ? »

Les mots étaient à peine sortis de sa bouche qu'il pensa à Rose. Les avait-elle maltraités, lui et Violet ? Leurs esprits fragiles avaient-ils changé de trajectoire afin de s'en préserver ?

Douglas lui jeta un regard effrayé, coupable.

Will essaya de se rassurer. Rien de si terrible ne pouvait lui être arrivé. Sa mère était là. Si Josephine était constamment avec lui, c'était peut-être pour cela. Peut-être sa mère était-elle devenue un peu envahissante en réaction à un quelconque danger. Peut-être le protégeait-elle d'une tempête bien réelle.

VIOLET HURST

Violet prépara soigneusement son approche quand elle aperçut Sara dans le couloir. Elle se promenait avec un collègue que les patients appelaient le Dr Cellophane à cause du mauvais lifting qui avait donné à son visage un étrange aspect plastique. Bien qu'elle en meure d'envie, elle n'allait pas foncer et exiger à grands cris de savoir si Sara pensait qu'elle était mythomane.

« Pardon de vous déranger, lança Violet. Je voulais juste vous remercier de m'avoir fait rester. Ça a vraiment été une grosse semaine pour moi. Tout le monde me dit que ce ne sont que les joies du début, mais j'ai beaucoup appris. »

Sara parut surprise mais accepta de lui parler.

« Viens, marchons », dit-elle.

Elles se retrouvèrent dans son bureau extrêmement déprimant, et Violet s'assit sur son canapé de cuir couleur tristesse.

« Vous m'avez dit que ma mère ne répondait plus à vos appels ?

— Oui.

— Mais vous avez vu mon père hier quand il est venu me rendre visite. »

Sara eut une expression méfiante.

« Oui. Ton père et moi avons parlé de son alcoolisme. Il se sent responsable du fait que tu te drogues. Il craint que tu n'aies hérité de sa maladie, et que sa propre addiction ne l'ait aveuglé. Il a dit qu'il aimerait mieux comprendre tes problèmes.

— Je sais que la génétique joue un rôle dans l'addiction. Mais c'est ma faute si je consomme des substances. Je les prends parce que j'ai besoin d'effacer qui je suis pour être la personne que veut ma mère.

— Et qui ta mère veut-elle que tu sois ?

— Le mouton noir. Quelqu'un qu'elle peut accuser quand elle échoue. Mais je ne suis pas obligée d'être la mauvaise élève. Endosser ce rôle ne rend pas ma famille meilleure. C'est pire.

— Hmmm. »

Violet ne parvint pas à déchiffrer le visage de Sara. Tout ce qu'elle disait était sincère, mais elle ne savait pas si elle améliorait ou si elle aggravait sa situation.

« Ici, j'ai appris que je ne peux pas choisir les émotions qui me conviennent. Quand j'arrête d'être terrifiée, j'arrête aussi d'être contente. Je suis engourdie depuis si longtemps. Je crois que je voulais mourir pour que mon apparence corresponde à mon état. J'ai essayé de me suicider parce que je me sentais déjà morte. »

Un sourire apparut sur le visage de Sara.

« On dirait que tu as progressé. Est-ce que cette prise de conscience fait que tu te sens prête à abandonner certains de ces comportements ? »

Violet hocha la tête.

« Je me rends compte que je m'identifiais à mon... » Elle chercha un mot neutre mais précis. « … agresseur. Une de mes amies ici, Edie… Elle m'a aidée à me rendre compte que je me torturais moi-même de la même manière que quelqu'un d'autre m'avait torturée.

— Et qui est cette personne ?

— Ma mère. Edie pense qu'elle est narcissique.

— Je ne peux pas me prononcer sur la santé mentale de quelqu'un que je n'ai pas rencontré. Et je ne peux pas diagnostiquer quelqu'un qui ne vient pas me voir avec la volonté de changer et me demander activement de l'aide.

— L'éthique, acquiesça Violet. Je comprends.

— Je dirais qu'il est généralement reconnu qu'avoir une mère narcissique est l'une des pires choses qui puissent arriver à un enfant. Son manque d'empathie, sa mauvaise interprétation persistante des besoins sociaux inarticulés mais urgents de celui-ci, sa tendance à se sentir mise en cause par l'inconfort de son enfant, son besoin compulsif de passer pour une bonne mère au risque de ne pas en être une… toutes ces choses perturbent gravement le développement de l'enfant. Les fils et les filles de narcissiques ont tendance à se sentir coupables et dangereux même s'ils n'ont jamais rien fait. »

Le moment était venu de parler du couteau.

« Je n'ai rien fait à mon frère. J'accepte la responsabilité de beaucoup de choses, mais pas ça. Je ne découpe pas les mains des gens. Mais je me sens coupable, jusqu'à un certain point. Parce que même si je n'ai pas fait de mal à Will, je l'ai regardé souffrir sans intervenir.

— Souffrir comment ?

— Souffrir isolé. Souffrir étouffé. Souffrir utilisé pour mettre ma mère en valeur, pour qu'elle se sente spéciale.

— Il ne t'est jamais venu à l'idée d'intervenir ?

— Non. Ça avait toutes les apparences de l'affection. J'étais même jalouse de lui. Avant, j'étais jalouse de Rose. Tous les deux, ils avaient l'air de recevoir bien plus d'approbation que moi.

— Mais était-ce vraiment de l'amour ?

— Bien sûr que non. C'était de l'exploitation. C'était de la maltraitance maquillée en amour.

— C'est peut-être pour cette raison que tu as peur qu'on te voie. C'est pour cela que tu as peur d'avoir une vraie relation avec ta sœur. Tu as peur parce que l'intimité t'évoque la terreur. Parce que, du moins en ce qui concerne ta mère, la terreur est la seule forme de proximité que tu aies connue.

— Donc vous ne pensez pas que je suis mythomane ? »

Sara conserva une expression neutre.

« Peu importe ce que je pense. Es-tu prête à admettre que tu as des problèmes avec le mensonge ?

— Je ne crois pas, mais je veux savoir si c'est mon diagnostic. Des amis m'ont dit que ma mère les avait appelés. Elle leur a dit qu'on m'avait diagnostiquée mythomane.

— Violet, je n'ai pas parlé à ta mère depuis ton admission. »

Violet était contente de poser les questions. Avant, elle aurait peut-être simplement accepté ses « mensonges » supposés comme une vérité et serait repartie dans son coin avec une tonne de mépris pour elle-même, un sachet d'herbe et une pile de livres bouddhistes sur la vérité dans le langage. Elle aurait accepté que la drogue ait provoqué chez elle un déficit neurologique. Maintenant, elle était prête à découvrir ce que Rose et peut-être ses parents lui cachaient. Josephine voulait de l'honnêteté, elle allait en avoir. Sa petite fille était en train de grandir.

« Voici ma lettre, dit Violet en se levant pour tendre une feuille de papier à Sara. Je veux être libérée ou je veux une audience au tribunal. »

Elle avait besoin de revenir vers ses amis avant que Josephine ne fasse en sorte qu'elle n'en ait plus un seul au monde.

WILLIAM HURST

En rentrant de chez le Dr Martin, Will et son père trouvèrent la maison vide. Josephine n'était pas rentrée de la sortie qu'elle avait entreprise seule, et sans les femmes Hurst, Old Stone Way était aussi impressionnant, étrange et froid qu'un mausolée.

Will observa son père allumer les lumières du couloir et la radio, qui diffusait une émission de divertissement. Pourtant, ni la lumière ni le son ne dissipèrent le malaise qui planait sur la cuisine telle une vieille odeur de friture.

« Bon, dit le père de Will. On continue tes leçons ? »

L'idée que son père joue au professeur le choqua.

« C'est inutile de le faire sans maman, répondit-il. Je préfère recommencer à zéro demain.

— Will, si tu restes à la maison, il faut que tu continues à étudier et que tu maintiennes des horaires d'école. C'est important. Surtout que les services sociaux sont venus. Il faut qu'on puisse justifier ton programme… »

Will laissa échapper sa colère. La tension qui n'avait cessé de monter toute la journée atteignit son point de rupture et il explosa.

« Écoute, *papa*. » Il prononça ce mot avec de l'acide sur la langue. « Tu n'es pas enseignant comme maman. Tu n'as pas sa patience. Tu n'as pas son enthousiasme et sa curiosité intellectuelle. Et tu n'as certainement pas ses connaissances.

— Je ne sais pas comment ta mère t'a convaincu qu'elle était la prof de l'année.

— C'est une *universitaire*.

— Pour autant que je le sache, non. Pas depuis qu'elle s'est fait virer.

— Maman est partie de SUNY. Elle a démissionné pour pouvoir me faire la classe à moi.

— C'est ce qu'elle t'a dit ? » La mâchoire de son père se crispa. « Will, ta mère s'est fait virer parce qu'elle avait un faux diplôme. Elle a obtenu son doctorat dans une sorte d'usine à diplômes. Ça lui suffisait. Elle n'a jamais envisagé que ses étudiants ou son employeur verraient les choses différemment. »

Fariboles : mensonge, fausseté, bêtises.

« Ce n'est pas vrai ! J'ai tenu maman dans mes bras pendant qu'elle pleurait après avoir décidé de quitter son travail. Elle n'arrêtait pas de changer d'avis, elle ne savait pas quoi faire.

— La décision de quitter SUNY ne lui appartenait pas. »

Voilà qui était inacceptable. Il refusait de laisser son père, qui n'avait jamais rien fait pour lui, dénigrer sa mère, qui était tout.

« OK, je vais me mettre au travail, souffla Will. Aujourd'hui, c'est le jour du cours de musique. » (Ce n'était pas le cas.)

Il se rua sur le piano et martela une valse de Chostakovitch à une main pendant près d'une heure. Le clavier était l'instrument parfait pour son angoisse soudaine, très russe. En plus, tant que sa main bougeait, son père ne pouvait pas lui parler de l'école ou de ses prétendus traumatismes cachés. Il n'avait pas besoin d'en entendre davantage sur le diagnostic bidon du Dr Martin. Peu lui importait que son père accepte ou non son Asperger. Il lui échapperait. Le succès était la meilleure vengeance, et bientôt il serait dans une classe préparatoire prétentieuse – ou plutôt *prestigieuse*. Il étudierait l'économie et fréquenterait des garçons qui partaient en « villégiature » plutôt qu'en « vacances ». Un jour, il irait à Oxford ou à la Sorbonne. Son père n'aurait plus alors qu'à lécher ses chaussures bateau. À manger les rognures de son crayon HB.

Quand Will, enfin fatigué, arrêta le piano, il regarda par la fenêtre. Dehors il pleuvait et son père était sur une échelle, en train de nettoyer une gouttière bouchée. Sous la capuche de son manteau, le visage de Douglas exprimait un étrange mélange d'angoisse, de honte et de détermination. *Trop peu, trop tard*, songea Will en l'observant. Les réparations à la maison, son inquiétude tardive à propos des services sociaux, son soudain intérêt pour sa scolarité et sa santé. C'était trop peu, trop tard. La tempête avait déjà frappé. Le tuyau d'évacuation était déjà engorgé. Les effets de sa négligence leur coulaient déjà dessus, jusqu'aux fondations de la famille.

Will alla à la cuisine, où la radio était toujours allumée.

La voix du présentateur était gutturale et ringarde : « *De quel objet les femmes disent-elles ne pas pouvoir se passer ? Je dirais de coton. Dites-moi, mesdames, que faites-vous avec tout ce coton ?* »

Will se dirigeait vers la réserve secrète de truffes de sa mère quand le téléphone de son père vibra sur le plan de travail. Le volume du téléphone, combiné à la voix fausse du présentateur, éveilla en lui un flot d'émotions ; il éprouva une colère tellement irrationnelle qu'il saisit le téléphone de toute la force de sa main gauche.

« KERRY », annonçait l'appel.

Classe. Le nom de la briseuse de familles s'écrivait avec un K.

Sans savoir à quoi il pensait, il répondit. Il n'avait pas réfléchi. Il était dans une sorte d'urgence émotionnelle – une alarme incendie –, il ne faisait que réagir à une sonnerie.

« Arrêtez d'appeler ici ! hurla Will. Mon père est marié ! Vous devriez avoir honte ! »

Il n'attendit pas que la traînée réponde. Il n'avait pas plus besoin d'entendre ses justifications que sa voix.

Will venait tout juste d'enfoncer le bouton Raccrocher que le téléphone se remit à sonner. Il continua à vibrer tandis qu'il prenait la boîte de truffes Lindor sur l'étagère et qu'il en mangeait trois sans sentir le moindre goût.

Il fusilla son père du regard quand celui-ci se précipita dans la cuisine pour répondre au troisième ou au quatrième appel. (« Salut Kerry. J'étais plongé jusqu'au cou dans une gouttière bouchée. ») Douglas sortit de la pièce, son manteau gouttant sur le sol propre, avec une expression qui se voulait détendue, ou du moins dénuée de culpabilité. Mais Will n'était pas dupe. Il savait que son père était un menteur et un alcoolo.

Quatrième truffe Lindor. Il la jeta tout entière dans sa bouche et sentit une ligne de bave chocolatée couler au milieu de son menton.

Les mots de sa mère lui revinrent en mémoire. *Tu crois que tu te sentiras mieux après avoir bu un coup,*

Douglas ? Il se demanda sournoisement si un verre de vin aiderait son père à se détendre à propos de cette histoire de services sociaux, de stress post-traumatique et d'école. Il monta sur l'escabeau de la cuisine pour attraper un verre en cristal. La bouteille qu'il avait achetée la veille avec sa mère se trouvait toujours sur le plan de travail, à moitié pleine et rebouchée. Will retira le bouchon et versa le liquide d'un rouge enchanteur jusqu'au bord du verre. Il le laissa sur la table comme une invitation muette pour son père.

À la radio, encore des bavardages sexistes. Des auditrices appelaient pour dire qu'elles « ne pouvaient pas vivre sans » leur autobronzant, leur gloss à lèvres et leur recourbe-cils.

Quand Douglas rentra, ses yeux se dirigèrent immédiatement vers le verre sur la table.

Dipsomane : qui a un besoin compulsif de boire de l'alcool. Dans le cas de Douglas, au point d'avoir le hoquet, de se pisser dessus, de ne plus pouvoir articuler et de perdre toute capacité mentale.

Douglas pinça la bouche.

« Will, ça va ? demanda-t-il. Tu n'as pas l'air d'être toi-même.

— Et qui ai-je l'air d'être ?

— Pour être franc, j'ai l'impression de voir ta mère. »

Les mots de son père lui firent l'effet d'un glaçon dans le bas du dos.

« La personne à qui tu viens de parler au téléphone. Il s'appelle Kerry. C'est mon parrain. Tu sais ce que ça veut dire ? »

Will secoua la tête.

« Ça veut dire que je suis alcoolique. Ça veut dire que j'essaie d'arrêter de boire et de mener une vie sobre. Kerry est mon modèle, mon professeur et mon détecteur de conneries. Personne ne m'a posé d'ultimatum, personne ne m'a forcé à participer aux séances de groupe. J'y vais parce que je veux m'améliorer et améliorer ma relation avec vous, mes enfants... »

Soudain, Will cessa d'écouter ce que disait son père. La voix de Douglas passa à l'arrière-plan tandis que la voix du présentateur annonçait le résultat du sondage :

« *La bonne réponse est... roulement de tambour s'il vous plaît. Une nouvelle étude révèle que la plupart des femmes ne peuvent pas vivre sans... leur sèche-cheveux ! Qu'est-ce que vous avez avec ces trucs, mesdames ? Mon ex-femme a failli mettre le feu à notre chambre d'hôtel en séchant ses culottes avec.* »

Douglas tentait toujours d'expliquer les tenants et les aboutissants de son alcoolisme tandis qu'il suivait Will dans l'escalier, en direction de la chambre de Rose.

« L'alcoolisme détourne les circuits de ton cerveau qui s'occupent de prendre des décisions, disait-il tandis qu'il s'asseyait sur l'édredon rose dans la chambre de sa fille. C'est de famille, Will. Il faut que tu le saches, quand tu grandiras. Il suffit que tu boives un peu avant d'avoir vraiment l'âge pour que tu associes "alcool" et "le seul truc au monde qui vaille la peine". »

Will aurait adoré répondre à son père que *a*) ça ne se faisait pas de faire la leçon à quelqu'un d'autre alors même qu'on essayait de « reconnaître ses torts » et *b*) il trouvait l'alcool à peu près aussi appétissant que la nourriture pour chat (en partie grâce au souvenir de l'haleine de Douglas), mais il avait quelque chose de bien plus urgent en tête.

Will se dirigea droit vers la commode de Rose et tira l'un des paniers dans lesquels il avait fouillé les jours précédents.

« *Regarde*, dit-il en brandissant le Conair 225R de Rose.

— Que je regarde quoi ? Le sèche-cheveux ? »

Douglas fut tiré de son monologue. Il parut s'apercevoir pour la première fois qu'ils se trouvaient dans la chambre de sa fille disparue.

« Oui. Tu n'as pas entendu ce qu'ils viennent de dire à la radio ? La plupart des femmes prétendent qu'elles ne peuvent pas vivre sans leur sèche-cheveux. »

Will observa son père, attendant avec autant de patience que possible que celui-ci comprenne où il voulait en venir. Une personne aussi obsédée par son image que Rose ne serait jamais partie sans son vieux sèche-cheveux préféré. Damien devait l'avoir poussée à partir plus tôt qu'elle ne voulait. Il l'avait pressée, ou bien il l'avait piégée. Peut-être qu'ils avaient dû saisir une opportunité qui ne se représenterait pas.

Will attendait. Que son père fasse quelque chose. Qu'il réagisse. Qu'il bouge un muscle. Qu'une émotion tende son visage d'homme d'âge moyen. Il ne s'attendait pas à cette réaction (exagérée ?) quand elle arriva enfin. Son père se pencha en avant et enfouit sa tête entre ses genoux. Il mit les mains sur ses oreilles, laissant apparaître les demi-lunes humides de sueur sous ses aisselles. Ses épaules tressaillirent violemment. Will mit plusieurs minutes à déterminer si son père pleurait ou haletait.

VIOLET HURST

Maintenant qu'elle avait un plan, Violet était bien décidée à découvrir tout ce qu'il y avait à savoir sur Rose et les circonstances de sa disparition. D'ici à trois jours, elle espérait être sortie de Fallkill. En attendant, il fallait qu'elle en apprenne plus sur ce petit ami en qui sa sœur avait placé tous ses espoirs.

Elle parvint à se rendre à la salle informatique pour la deuxième fois de la journée en affirmant qu'elle voulait consulter ses notes de mi-trimestre. C'était un mensonge de première classe, et le fait de raconter des bobards lui donna l'impression d'aller dans le sens de sa mère, mais le temps jouait contre elle. Il lui paraissait clair que Matt était « Damien », et elle devait faire quelques recherches sur lui avant que la police de Kingston ne lui rende visite, comme Nicholas lui avait assuré qu'ils le feraient.

Sur le site du département de géologie, il y avait une photo de Matt. Il était indéniablement beau, mais son visage avait la symétrie parfaite qui donne aux hommes un air mal assuré et contrit, surtout dans les Catskills, où les gens accordent plus de valeur au sens des responsabilités qu'au sex-appeal – du moins le prétendent-ils.

Le Pr Roche-métamorphique – en fait, c'était un assistant – avait adouci sa mâchoire carrée avec des pattes qui évoquaient des poils pubiens. Ses longs cheveux paraissaient graisseux sous son chapeau à la Indiana Jones. Ses yeux bleu acier étaient encadrés par des lunettes rondes démodées. Pourtant, son sourire avait quelque chose de contagieux tandis qu'il montrait quelque chose à côté d'un escarpement rocheux. Violet ne lui faisait aucune confiance, mais son enthousiasme crevait l'écran, et elle comprit ce que Rose avait pu lui trouver.

Elle s'enfonça plus avant dans ses recherches Google. Matt avait un site Internet un peu bas de gamme, pas très fourni, sur lequel il énumérait les divers guides qu'il avait publiés ainsi qu'une page de blagues salaces autour de la géologie : « *Qu'est-ce qui rend la géologie plus amusante que tout ? Les points chauds et les lèvres de faille.* » Matt avait évalué les risques de tremblement de terre au Maroc. Il avait étudié les failles dans les Andes. Il était excentrique, accompli, voyageur et, bien sûr, marié.

Matt et sa possible ex-femme, Francesca, avaient convolé cinq ans plus tôt. La cérémonie avait eu lieu dans leur jardin sous un treillis. Violet le savait car elle avait découvert l'ancien site de leur mariage. En fait, c'était plutôt un blog, et, pendant l'année qui avait précédé la cérémonie, Francesca avait énuméré obsessionnellement la moindre de ses hésitations, depuis son « dilemme » entre servir des cupcakes au lieu de la pièce montée traditionnelle (« *Que faire de la tradition de couper le gâteau ? Est-ce que la tradition est vraiment importante ?* ») jusqu'à sa recherche d'un thème pour le mariage (« *Je renonce à toute prudence avec une combinaison de trois couleurs : marron, rose et bleu !* ») Violet parcourut la liste de mariage du couple chez Williams-Sonoma, et grimaça quand elle vit qu'ils avaient demandé le même couteau Wüsthof qu'elle avait brandi devant sa mère. Elle lut l'histoire de leur relation, qui commençait par ces mots tristes et trompeurs : « *Tout au long de leur relation, Matt et Francesca ont été très ouverts l'un avec l'autre.* »

Une recherche sur Francesca lui montra une blonde avec une fossette et de grandes dents, des lunettes de soleil sur la tête, un décolleté qui semblait prêt à l'étouffer. Elle était très jolie, même si sa beauté faisait un peu album de coloriage. Violet ne pouvait imaginer comment une telle femme prendrait la nouvelle de l'infidélité de Matt. Un mari coureur de jupons et une petite amie enceinte figuraient rarement au nombre des fantasmes de princesse, or Francesca portait une tiare le jour de son mariage.

Et Rose ? Se sentait-elle unique, elle aussi ? Était-elle contente que, malgré sa femme Barbie, Matt l'ait remarquée ?

Violet prit une profonde inspiration, puis envoya une demande à Francesca sur Facebook afin de pouvoir fouiller un peu plus profondément et découvrir si Matt l'avait quittée. Ensuite elle nota le numéro de Matt et ses horaires de rendez-vous dans son calepin et lui envoya un e-mail sur son adresse de l'université :

Bonjour Matt,

Je tenais à me présenter officiellement. Je suis la sœur de Rose, Violet. Je voulais vous remercier de vous être si bien occupé d'elle et de l'avoir aidée à quitter la maison de mes parents. J'ai hâte de vous rencontrer.

J'espère à bientôt !

C'était direct, mais elle se consola en pensant à ce que Sara lui avait dit sur sa peur de l'intimité. Ne devait-elle pas essayer d'être plus ouverte et de faire confiance aux autres ? Elle se rappela également les propos de Nicholas : ça valait la peine de se renseigner un peu sur Matt, de s'assurer que c'était un type bien (pas un obsédé sexuel ni un serial killer).

Si Matt était un type bien, s'il avait quitté sa femme pour Rose, alors il voudrait sans doute en savoir plus sur sa famille. Violet ajouta son numéro de téléphone à Fallkill et lui dit d'appeler s'il passait par Poughkeepsie.

Après la salle informatique, Violet et Corrina allèrent retrouver Edie dans la salle commune. Elle était assise, impassible, dans le fauteuil à côté du palmier mort qu'aucun membre du personnel ne pensait à arroser ou à retirer. L'infirmière de jour se tenait à côté d'elle, occupée à manger les chocolats Krause de la boîte ouverte sur les genoux d'Edie.

« C'est comme voler sa sucette à un enfant, se moqua Corrina en arrachant la boîte des mains d'Edie. Tu es fière de toi, patronne ? »

C'était ainsi qu'elle appelait toutes les infirmières.

La femme lécha une traînée de caramel sur son pouce.

« Elle n'en voulait pas.

— C'est gentil de ta part, Violet, mais j'ai vraiment l'estomac noué. Elle peut en prendre », fit Edie.

Ses yeux bleus avaient encore cet air hagard. Violet s'assit et lui posa une main sur l'épaule.

Corrina saisit une cerise enrobée de chocolat, la contempla et la remit dans la boîte.

« Edie, chérie, ça va ? On s'inquiétait pour toi, Violet et moi. Tout le monde, en fait. Tu sais comment c'est ici. Les dominos, toutes ces conneries. Une personne passe une mauvaise journée, et elle entraîne tout le monde dans sa chute.

— C'est vrai, renchérit Violet. Jocelyn est restée en position fœtale depuis ce matin.

— La dame Tourette a tourné raciste, ajouta Corrina. Elle traite les médecins de terroristes. »

Edie donnait l'impression que le simple fait de soutenir un regard lui demandait un effort.

« Ça va, dit-elle. C'est toujours une journée dure pour moi. Je me sens très vulnérable, comme s'il allait m'arriver quelque chose de grave. Comme si on allait s'en prendre à moi. J'essaie juste de la surmonter.

— Tu essaies de surmonter ton anniversaire ? » demanda Violet.

Edie hocha la tête, mortifiée.

Corrina secoua la tête, incrédule.

« On devrait exploiter ça à ton avantage. Encore plus de pauses-cigarette. Encore plus de pauses goûter. J'aurais pu convaincre le Dr Cellophane d'aller nous acheter des pizzas.

— C'est son choix, murmura Violet. Si elle ne veut pas fêter…

— C'est débile, coupa Edie. C'est juste un déclencheur. Tu es au centre de l'attention… Les *anniversaires*… Quand j'étais petite, ma mère en profitait toujours pour me faire sentir coupable ou pour me mettre la honte. Des fois, elle s'engueulait avec le magicien de la fête. Elle traînait en faisant semblant d'être malade et elle tirait la gueule sur toutes les photos. »

Les yeux d'Edie étaient à nouveau dans le vague, et Violet sut que son amie n'avait pas consciemment choisi de parler de sa mère. Ses aveux d'enfance étaient comme des hémorragies qu'elle ne parvenait pas à arrêter. La plaie d'Edie cicatrisait, mais elle saignait encore.

Elles laissèrent Edie dans la salle commune devant un épisode de *House Hunters*. Corrina affirmait que c'était juste le bon mélange de vacherie et de catharsis, sans les ressorts émotionnels d'autres plaisirs télévisés coupables comme *La Loi et l'Ordre*.

Violet et Corrina pillèrent le stock de feutres, de paillettes et de scotch de la salle de dessin. Le « thème » de la fête (Violet pensait encore à Francesca) fut un tiercé : festivité, folie et ironie. Elles fabriquèrent des banderoles en papier-toilette sur lesquelles elles écrivirent « *JOYEUX ANNIVERSAIRE !* » et « *ON AIME EDIE !* » Elles firent un « gâteau » pour leur amie avec des rubans et des cannettes de limonade empilées : c'était la boisson préférée d'Edie au distributeur, sur laquelle était inscrit « *ZÉRO POUR CENT DE JUS* » en grandes lettres sur le côté. Corrina sortit de l'argent de Dieu sait où, et le Dr Cellophane le glissa dans la poche de sa blouse, promettant des pizzas et des ailes de poulet de chez Gino.

Violet préparait des confettis avec une perforeuse quand la fille pratiquement muette que tout le monde appelait Helen Keller passa la tête par la porte.

« Violet, il y a quelqu'un au téléphone pour toi. »

Corrina, qui n'avait jamais entendu Helen parler, la regarda, stupéfaite.

« Encore un coup de fil, lança-t-elle à Violet. Eh ben, ma fille, je sais pas où tu vas chercher que tu es introvertie. Tu reçois plus de visiteurs que John Edward.

— Le politicien ?

— Non, andouille. Le voyant. »

« J'aurais répondu à tes messages quoi qu'il arrive. Ce n'était pas la peine de contacter ma femme. »

La voix de Matt n'était pas celle du professeur autoritaire à laquelle s'attendait Violet. Elle avait un côté geignard, comme un petit chien qui jappe.

Violet lutta pour ne pas bégayer. Elle en savait plus sur les conflits que la plupart des gens, pourtant elle les détestait profondément.

« Je te demande si tu as contacté ma femme.

— Non. Je lui ai juste envoyé une demande d'amitié. Je ne lui ai pas envoyé de message.

— Tu es la dernière chose dont Francesca ait besoin en ce moment. On commence juste à revenir sur les rails. Tout ce qui s'est passé avec Rose… » Il étira le prénom, comme un plaisir qu'il s'accordait. « Ce n'était pas juste. Ce n'était pas parfait, mais ça ne veut pas dire que je n'aime pas ma femme. »

Violet se sentit d'abord un peu perdue, puis sur la défensive. Matt n'avait donc pas quitté Francesca pour Rose.

La communication fut interrompue. Violet s'aperçut qu'elle frissonnait comme un chien mouillé. Elle n'était pas préparée à une dispute. Elle s'attendait à trouver un petit ami heureux de faire sa connaissance – un petit ami qui ne verrait peut-être pas d'inconvénient à ce que Violet vienne vivre avec Rose et lui le temps qu'elle retombe sur ses pieds.

Violet avait à peine reposé le combiné que le téléphone sonna à nouveau.

« Désolé, dit Matt. C'est juste que, quelle que soit la leçon que tu veux me donner… je peux t'assurer que je l'ai déjà entendue un million de fois. Je viens de passer un an à regarder le divorce en face. Tu crois sincèrement que je ne me sens pas coupable ?

— Je me fiche de ce que vous ressentez. »

Elle n'avait pas voulu se montrer méchante, elle était toujours perdue, gênée.

« Tu as raison. J'ai été égoïste et faible. Mais tu es bien pire que moi si tu comptes me faire du chantage. J'ai besoin de mon travail. J'ai besoin de mon assurance santé. Ma femme a un lymphome. »

Elle songea à Beryl et se radoucit.

« Je ne vous fais pas de chantage. Je croyais simplement que vous étiez encore avec Rose.

— *Non !* »

À nouveau cette note plaintive, enfantine. La raison pour laquelle un homme tel que Matt (qui avait trente-trois ans, d'après le blog de son mariage) avait eu une liaison avec une fille de dix ans sa cadette (Rose avait vingt-deux ans) était évidente : même au téléphone, son immaturité était patente. Avant, elle s'était imaginé que Rose avait recherché en Matt une figure paternelle de substitution. À présent, ça semblait plutôt l'inverse. Peut-être que Rose voulait un homme qu'elle pouvait dorloter, rassurer, quelqu'un qui avait autant besoin d'attention que Josephine. Même Violet se sentait mûre, comparée à Matt.

« Donc vous n'allez pas voir Rose en ville ?

— À New York ?

— Oui, à New York.

— Non. »

L'espace d'une seconde, il parut sur le point d'ajouter quelque chose.

« Vous mentez ?

— Non ! C'est juste que… Je suis surpris, c'est tout. Rose m'a dit qu'elle aimait vivre près des montagnes. Elle disait toujours que ça donne du recul. Quand on se sent trop imbu de soi-même, il suffit de regarder par la fenêtre pour voir comme on est petit. »

Violet ne put s'empêcher de remarquer qu'il parlait de Rose au passé.

« Rose et vous, vous êtes déjà allés à New York ensemble ? »

Elle le sentit hésiter.

« Fran et moi on a un appartement là-bas. Un petit studio dans West Village. »

Pas loin du magasin UPS de Chelsea, donc.

« Donc, la dernière fois que vous avez parlé à Rose…

— C'était pour rompre. Ça nous a soulagés tous les deux, je crois. »

Il *croyait*. Violet souffla sèchement.

« Je suis sûre que ça a été un immense soulagement pour Rose quand elle a avorté. Vous n'avez même pas pris la peine d'aller au rendez-vous avec elle.

— Rose ne voulait pas que je vienne ! Elle ne voulait pas que je l'aide à payer. Elle disait qu'elle ne voulait rien de moi, et je l'ai crue. Si c'était une sorte de test, je n'y suis pour rien. Je ne lis pas dans les pensées. Je ne peux me baser que sur ce que me disent les gens.

— Je peux vous poser encore une question ? Ensuite je disparais… Comment ça a commencé ?

— Quoi ? Rose et moi ?

— Évidemment.

— Eh bien on s'est rencontrés pour une séance de tutorat avant un dossier de recherche.

— Et ?

— Et à la fin je lui ai demandé : “Autre chose ?” Je me rappelle qu'elle a posé le pied sur la table, elle a remonté la jambe de son pantalon et a dit : “Regardez mes nouvelles chaussettes !” C'était des chaussettes de randonnée Darn Tough, pas du tout son style mais je n'avais pas arrêté de parler des miennes en cours. C'était flatteur que Rose s'en soit souvenue. »

Violet essaya de se rappeler si le style de Rose avait changé lorsqu'elle était passée du théâtre aux sciences. Peut-être y avait-il eu quelques mois au cours desquels elle avait flirté avec la polaire et la flanelle, mais c'était une fausse apparence. Elle avait peut-être de la boue sur ses chaussures, mais elle mettait toujours de la laque sur sa queue-de-cheval.

« Et ensuite ? demanda Violet.

— Un soir, sur la messagerie de l'école, Rose m'a écrit pour me dire bonjour. On a fini par rester trois heures à discuter.

— Et ensuite ? »

Elle avait l'impression de lui tirer les vers du nez. Elle lui en voulait de la forcer à lui arracher une histoire qu'il était seul à pouvoir raconter.

« Puis un jour, je l'ai croisée sur Church Street. Je ne connaissais pas encore très bien le quartier. Je lui ai demandé le chemin d'un café et elle m'a dit : “Je vais vous accompagner.” Donc on y est allés, on a commandé un café à emporter et on l'a bu en se promenant le long de la voie ferrée. À ce moment-là, on dépassait clairement les limites. Mais j'ai toujours eu des frontières assez floues avec les femmes. Je m'en suis rendu compte depuis que ma femme et moi avons commencé la thérapie de couple. »

Violet plaignait le psychologue qui devait régulièrement écouter Matt pendant près d'une heure.

« Quand est-ce que c'est devenu sérieux ?

— Si j'ai bien compris ta question, on s'est embrassés seulement un mois avant la fin du semestre. Et on n'a pas couché ensemble avant les dernières semaines. »

Peut-être que tous les universitaires mesuraient le temps avec les mêmes repères, mais dans la bouche de Matt ça paraissait particulièrement infantile.

« Quand votre femme l'a-t-elle su ?

— Non, non, fit Matt, presque moqueur. Tu as déjà eu ta dernière question. Maintenant, tiens parole et disparais.

— Donc vous ne parlez vraiment plus à Rose ?

— Plus du tout », répondit-il fermement.

Violet espérait que c'était un bon menteur. Dans le cas contraire, qui était Damien ? Avec qui s'était enfuie Rose ?

L'inspecteur Donnelly versa du lait dans son thé et souffla sur la surface fumante. Il semblait agité. Il fit cliqueter le stylo dans sa poche, comme s'il avait honte de passer aux choses sérieuses.

« Nick Flores m'a dit que tu avais de nouvelles informations au sujet de ta sœur ? »

Violet acquiesça. Elle était encore tout étourdie de sa conversation avec Matt. Au fond d'elle, la colère qu'il avait exprimée lui confirmait que toute personne à qui elle se confiait s'en prenait ensuite à elle. Elle ne pouvait se fier à personne.

Elle ne savait vraiment pas par où commencer. Si elle parlait des lettres de Rose, l'inspecteur Donnelly dirait sans doute qu'elles accréditaient l'idée que sa sœur ne se trouvait pas à la maison.

« Rose s'est mise à m'écrire, mais je ne veux pas encore vous montrer les lettres. »

L'inspecteur Donnelly parut surpris, mais pas agacé. C'était bon signe.

« Tu peux commencer l'histoire par où tu préfères.

— Bon, quand elle s'est enfuie, les policiers qui m'ont interrogée n'arrêtaient pas de me demander : “Selon toi, que lui est-il arrivé ?”

— J'ai lu le dossier, fit Donnelly. Si je me rappelle bien, tu as dit qu'à ton avis elle s'était enfuie avec son copain. Tu as dit que Rose gardait ses relations secrètes. Tout indiquait que ta mère était stricte et très protectrice. Elle nous a déclaré qu'elle n'approuvait pas le sexe avant le mariage, encore moins la vie de couple. Si une fille comme ta sœur voulait emménager avec un garçon, elle serait obligée de s'enfuir en pleine nuit.

— Effectivement, ma mère est stricte, et c'est pour ça que j'ai omis quelque chose. »

Donnelly se gratta la joue avec son stylo puis griffonna lentement sur son carnet tandis que Violet lui racontait l'histoire de l'avortement de Rose et de la photo sur le bureau de Josephine.

« J'espère que vous allez me reposer cette question… Vous savez, ce que je pense qu'il est arrivé à Rose. »

L'inspecteur se pencha en avant et appuya un coude sur la table.

« Eh bien, qu'est-ce que tu penses ? demanda-t-il.

— C'est juste une théorie… »

Elle prit une inspiration et pria pour que ce qu'elle s'apprêtait à dire ne paraisse pas fou. Dans la salle des visiteurs avec ses barreaux aux fenêtres et son panneau « *NE PAS NOURRIR LES ANIMAUX* », il était difficile de dire quoi que ce soit qui paraisse sensé.

« Bien sûr, dit-il. C'est ton rôle d'avoir des intuitions. Le mien, c'est de les vérifier.

— L'ex de Rose…

— C'est ce Matt ?

— Oui, Matt. Sa femme, Francesca, a un cancer.

— OK, fit Donnelly avec une moue dubitative.

— La mère de ma meilleure amie aussi a un cancer. Elle a subi une chimiothérapie, des radiations, tout. Je sais que ces traitements peuvent rendre stérile. Beryl dit toujours que si elle avait su qu'elle aurait un cancer, elle n'aurait pas pris la peine de se faire ligaturer les trompes.

— OK.

— Bon, il me semble qu'un homme venant de découvrir qu'il ne pourra peut-être jamais avoir d'enfants avec sa femme ne doit pas être totalement anéanti de découvrir que sa petite amie est enceinte. Peut-être qu'il pensait quitter sa femme pour s'installer avec Rose. Au moment de la naissance du bébé, Rose n'aurait été qu'à quelques mois du diplôme.

— Ce type est si égoïste que ça ?

— Je ne sais pas. » Violet haussa les épaules. « Je ne lui ai parlé qu'une fois. Mais il est immature. Un vrai gamin.

— Écoute-toi, fit Donnelly avec un petit sourire. Tu as quoi ? Dix-huit ans ?

— Seize. »

Violet rit, retournant la plaisanterie.

« Mais, attends un peu, ta sœur a mis un terme à sa grossesse.

— Oui. Mais ça ne veut pas dire qu'elle en avait envie. Ma mère a fait de sa vie un enfer. Matt – qui s'habituait à l'idée qu'il n'aurait jamais d'enfant – avait soudain eu l'occasion d'être père… et Rose lui avait retiré cette chance à cause de la pression de ma mère… Il me semble que, dans ces conditions, il aurait eu une grosse revanche à prendre sur ma mère et notre famille en général. Peut-être qu'il aurait même réussi à retourner Rose contre nous, pour qu'elle se venge.

— Donc tu penses que Matt mentait quand il t'a dit qu'il n'avait pas reparlé à Rose depuis la fin de leur liaison ? »

Violet eut un mouvement de recul : le mot *liaison* lui évoquait les séries que regardaient les patients plus âgés – des mélodrames mêlant coups bas et gros plans mal cadrés.

« Je reconnais que je n'ai jamais bien connu ma sœur. Mais c'est bizarre de recevoir ces lettres juste maintenant.

— Donc ta théorie est que Matt et Rose veulent faire payer ta mère pour le bébé qu'elle leur a fait perdre. Mais comment ?

— En faisant souffrir le bébé de ma mère – Will. »

Tandis que Violet parlait à Donnelly, quelqu'un avait décidé que la fête d'Edie devait comporter un spectacle. Et à présent, une répétition hâtive était en cours. Jocelyn jouerait une version blues de « Rehab » d'Amy Winehouse à la guitare acoustique. Corrina déballerait un bonbon Starburst rien qu'avec la langue. Helen Keller acheva de surprendre tout le monde en proposant de réciter un poème de Charles Bukowski.

« Tu es douée pour quoi, Hurst ? demanda Corrina.

— La paresse, ça compte ?

— Oui, mais les vrais paresseux ne posent pas la question. Comment ça s'est passé avec le flic ? »

Violet haussa les épaules et déballa un bonbon rose.

« Je lui ai raconté ce que je sais. Il m'a dit que quand Rose avait disparu, ils avaient respecté son droit à s'éclipser volontairement. Mais maintenant, avec tout ce qui est arrivé à Will, ils envisagent la possibilité qu'elle ait joué un mauvais coup.

— Ses goûts en matière d'homme, ça compte comme mauvais coup ?

— C'est l'hôpital qui se fout de la charité, répliqua Violet en riant. Ce que je veux dire, c'est que la police peut à nouveau s'intéresser à Rose. Donnelly a aussi dit que ça valait la peine de s'assurer qu'elle n'avait pas disparu l'année dernière parce qu'elle avait fait quelque chose de grave. »

Corrina était l'une des rares personnes à Fallkill qui ne paraissaient pas croire que sa peur de l'intimité poussait Violet à exagérer. Elle acquiesça d'un air entendu.

« Genre si elle et le prof avaient fait un coup à la Bonnie et Clyde.

— J'ai du mal à imaginer un géologue à moitié geek faire un carnage. »

Jocelyn était en mode Joni Mitchell, pieds nus, les jambes croisées, dans un coin, agitant ses bagues de turquoise tandis qu'elle jouait les accords.

« Tout le monde est capable de tuer, intervint-elle. Dans la nature, on appelle ça l'instinct. Quand c'est un gouvernement qui le fait, ça s'appelle la guerre.

— Et puis, commença Corrina, qui s'interrompit pour cracher un emballage de bonbon vide, les géologues à moitié geek connaissent sans doute les meilleurs endroits où enterrer les cadavres. »

Le fait que sa sœur soit rentrée à la maison à ce moment-là avait frappé Violet comme une vague de confusion et de chaleur.

« Rose ! avait-elle crié en gesticulant vers l'entrée. Rose est ici ! Rose !

— Ce n'est pas drôle, avait hurlé Josephine. Douglas, fais quelque chose, tout de suite ! Fais-la taire ! » Puis, à Violet : « Ta sœur nous a abandonnés. Il faut que tu l'acceptes. Elle ne veut rien avoir à faire avec toi, toi ou toi ! »

Les deux derniers *toi* s'adressaient à Douglas et à Will. Leur père était pâle, il tremblait. Le visage de Will ruisselait de larmes.

Ce soir-là, Violet avait eu plusieurs révélations – par exemple, que la « réalité » se compose en fait de couches superposées d'hallucinations –, mais peu semblaient aussi certaines que celle-ci : chaque atome de son corps était emprunté à quelque chose venant de l'extérieur – l'oxygène, la lumière du soleil ou la nourriture de chez Dekker. Fœtus, elle avait fait partie de sa mère malade, tordue, qui n'avait absorbé que le plus sombre et le plus pourri de son propre environnement.

Tout le mal de Josephine était aussi présent en elle. Sous l'effet de l'acide, Violet avait nettement vu son ADN se tortiller devant elle ; elle avait vu la moitié sombre, malade, de sa personnalité s'enrouler à sa partie joyeuse, lumineuse. Les deux étaient indissociables. Elle ne pouvait en prendre une et écarter l'autre, pourtant elle avait l'obligation morale de mettre un terme à cette hérédité grotesque. Il n'y avait qu'un seul moyen de briser le cercle.

« Le suicide », avait-elle dit.

Violet avait été surprise de la facilité et de la joie avec lesquelles ce mot lui avait échappé, s'était envolé, simplement, comme s'il était rempli d'hélium. C'était le mot le plus léger qu'elle avait prononcé de toute la soirée.

Elle ne s'était pas arrêtée là. Elle l'avait répété trois ou quatre fois, comme si elle élaborait les détails. *Suicide, suicide.* Et avec quelle déception elle avait constaté que même le *sallekhana* ne briserait pas le cycle ! Car, même si elle se tuait, ses atomes seraient à nouveau absorbés dans un système clos de douleur et de souffrance. C'était sans fin. Il n'y avait pas d'issue. L'histoire ne ferait que se répéter.

La réalité l'avait rappelée en hurlant à plein volume.

« Hé, du calme ! » suppliait Will.

Douglas marmonnait :

« Hé, Violente. Violet. »

Violet avait baissé les yeux et s'était aperçue qu'elle tenait encore le couteau Wüsthof à la main. Vingt centimètres luisants pointés vers sa mère.

« Tu es complètement malade ! » hurlait Josephine comme un cri de guerre.

Le mot *malade* avait suscité en elle une tristesse incontrôlable. Elle avait pensé à Beryl. Elle avait enroulé ses bras autour de sa poitrine pour se consoler, mais elle n'avait rien éprouvé. Elle ne pouvait plus sentir son corps. Quand elle toucha sa gorge, celle-ci avait disparu. Ses yeux aussi, lorsqu'elle essaya de les frotter.

Elle aurait mené à bien son idée initiale (le suicide à l'ancienne), elle aurait pu faire partie de ceux qui, sous acide, se tailladent les veines ou font le saut de l'ange par la fenêtre – si seulement elle n'avait pas été persuadée qu'elle était déjà morte. Son esprit était vide. Elle n'avait pas conscience de respirer. Elle craignait de se réveiller dans un enfer encore pire que celui auquel elle tentait d'échapper. Sur le micro-ondes, l'heure ressemblait à une somme d'argent. Elle lisait *$7,42.*

« Poughkeepsie ! hurlait sa mère. Pas Kingston ! Tu m'entends, Douglas ? Il faut que Violet aille à l'hôpital à Poughkeepsie. »

Kingston était plus près, mais Poughkeepsie avait un département de psychiatrie.

Quand Violet et son père étaient partis pour l'hôpital, le couteau était posé sur la planche à découper. Will se tenait près de sa mère, la soutenant en silence. Il observait, les yeux écarquillés, trop habillé, avec son cardigan et sa cravate à pince. Pas de sang. Pas de larmes. Pas de crise. Le regard inexpressif. Il ne portait aucune marque.

WILLIAM HURST

Will se hissa sur le lit à fanfreluches et posa une main apaisante sur l'épaule de son père.

Il aurait sans doute dû être terrifié par ce flot interminable de larmes. Mais Will était reconnaissant, presque soulagé. C'était un rôle qu'il savait jouer.

« Chhh, papa. »

Son père posa la main sur son coude, doucement, lui ordonnant ainsi d'arrêter.

« Tu n'as pas besoin de me sauver, mon fils, déclara Douglas. C'est à moi de te protéger. Pas l'inverse. Et puis, comme dit Kerry, si on essaie d'aider un papillon à sortir de son cocon, il risque de mourir. Le papillon doit lutter pour devenir plus fort. »

Son père se mit à arpenter la pièce, feuilletant les programmes de théâtre jaunis de Rose, arrachant les quelques photos qui restaient accrochés au-dessus de son bureau. Il s'avança vers la penderie où se trouvaient les sacs à main de sa fille et les jeta un par un sur le tapis rose. Il lança à Will un sac de plage à rayures roses.

« Fouille les poches », lui ordonna-t-il.

Will passa les mains sur la toile. Il y avait encore du sable du dernier voyage de Rose au North-South

Lake. Il sortit une paire de lunettes de soleil à verres roses.

« La police l'a déjà fait, dit-il.

— Ils ont peut-être raté quelque chose. Moi, j'ai raté quelque chose. J'ai passé un an à ignorer l'évidence. Je ne voulais pas abandonner l'espoir. J'avais tellement envie que ce soit vrai. »

Will acquiesça d'un air entendu.

« Tu voulais croire que Rose était partie parce qu'elle en avait envie. »

Douglas hocha la tête.

« Tout est la faute de ce sale type », marmonna-t-il.

Will avait donc vu juste. Le sèche-cheveux était bien la preuve que ce bon à rien avec qui sortait Rose ne lui avait pas laissé le temps ni le choix. Pour autant qu'ils le sachent, il pouvait l'avoir kidnappée.

Il était temps de montrer sa trouvaille à son père : le journal de grossesse de Rose. Il voulait le garder pour sa mère, mais la dernière fois qu'il avait essayé de le lui montrer, elle l'avait repoussé avant de le punir. À quoi servait d'être un détective hors pair si personne n'appréciait votre travail ? Sherlock avait Watson. Frank Hardy avait Joe.

Si son père fut impressionné par ses talents, il n'en montra rien. Douglas se contenta de tourner délicatement les pages avec le mouchoir Ralph Lauren qu'il avait toujours dans sa poche. Will et Josephine lui en offraient un identique à chaque fête des Pères. Toujours en soie, toujours à carreaux.

« Qui d'autre a vu ça ? demanda-t-il.

— Juste moi, je crois. Il n'y a pas grand-chose sur son petit copain. Mais il n'a pas l'air très sympa.

— Non, pas vraiment », fit Douglas.

Il avait repris son air de somnambule. Ses yeux inexpressifs ne clignaient pas, il paraissait à un million d'années-lumière de là. Quand il eut lu chaque page deux ou trois fois, il enveloppa le journal dans le sac en plastique vide de la corbeille de Rose.

« Qu'est-ce que tu vas en faire ? demanda Will.

— Pour l'instant, rien.

— Où est-ce que tu l'emportes ? Papa ? »

Mais Douglas sortit de la pièce.

« Viens dans mon bureau », lança-t-il d'un ton si grave que Will suffoqua.

VIOLET HURST

Il était presque l'heure de l'extinction des feux quand Violet reçut un appel.

« Tu as cinq minutes ! Pas une de plus ! » cria une infirmière quand Violet se glissa dans la cabine.

Elle hocha la tête en saisissant le combiné.

« Violet ? Inspecteur Donnelly. »

L'infirmière était toujours là.

« Il me faut une confirmation verbale, lança-t-elle.

— Je vous ai entendue. Cinq minutes, répondit Violet en chassant la femme d'un geste. Désolée, dit-elle au policier.

— Pas besoin de t'excuser », fit Donnelly. Sa voix avait un ton plus sec que la dernière fois. « Je voulais te dire que j'ai discuté avec Matt et Francesca.

— Les deux ?

— Oui. Matt a insisté sur le fait qu'il n'avait pas revu Rose depuis la fin de leur relation il y a dix-huit mois. »

Dans le couloir, les infirmières riaient, sans doute de quelqu'un.

« Il a peut-être menti.

— Je n'en ai pas eu l'impression. Et Francesca a dit n'avoir aucune raison de croire que Matt ait repris sa liaison. »

Bien sûr, ces deux-là qui payaient la taxe foncière et portaient des alliances en or devaient avoir paru plus convaincants à la police qu'une adolescente dans un hôpital psychiatrique.

« Mais Matt ne le dirait pas à sa femme, s'il voyait à nouveau ma sœur. »

Violet entendit le bruit du vent et comprit que Donnelly l'appelait depuis son portable.

« Ils ont dit qu'ils étaient désolés d'apprendre ce qui était arrivé à ton frère. Ils acceptent de coopérer et de mettre tout ce qui s'est passé avec Rose derrière eux. »

Je veux bien te croire, songea Rose.

Il y eut un frottement, comme si Donnelly changeait son téléphone d'oreille ou qu'il se grattait la joue.

« C'est pour cette raison qu'ils ont accepté de nous ouvrir leur appartement new-yorkais. Le propriétaire a laissé entrer un de mes hommes, et Rose n'y était pas.

— Elle n'y est pas en ce moment. Dans ses lettres, elle dit qu'elle passe beaucoup de temps au nord de l'État.

— Violet, rien n'indique qu'elle ait jamais vécu là-bas. Mon gars a parlé aux voisins. Un seul a dit qu'il avait *peut-être* vu Rose, et ç'aurait été il y a plus d'un an.

— Mais c'est Manhattan ! Personne ne connaît ses voisins ! »

L'infirmière reparut derrière Violet, exhalant l'agressivité par tous les pores de sa peau.

« Les cinq minutes sont écoulées », aboya-t-elle.

« Écoute, Violet, lança Donnelly, d'après ce que tu m'as dit, rien ne paraît menaçant dans ces lettres. Rien ne peut passer pour du harcèlement. Elles m'ont semblé plutôt amicales. Et si ta sœur t'écrit, c'est qu'elle n'a pas disparu. »

L'infirmière s'approcha encore de Violet.

« Dernier avertissement. Je compte jusqu'à trois, annonça-t-elle. Un, deux… »

Violet sentit son cœur s'emballer.

« Mais je me disais… Peut-être que Rose est revenue extorquer de l'argent à mes parents. L'année dernière, elle n'a pas vidé son compte en banque parce qu'elle avait l'intention de s'enfuir. Elle l'a fait pour payer son avor… »

L'infirmière enfonça les doigts sur la fourche du combiné, et la communication s'interrompit.

… *tement*. Les épaules de Violet s'affaissèrent.

Elle se retourna en grimaçant, et l'infirmière dit d'un ton suave :

« Trois. »

WILLIAM HURST

Tandis que dans le bureau confortable (très type A) de Josephine, tout était rangé dans des paniers, des classeurs et des tiroirs, celui de Douglas était minuscule et glacial jusqu'au carrelage, situé dans ce que les anciens propriétaires utilisaient comme buanderie. Partout, Will ne voyait que câbles d'ordinateur, tours de CD et poussière couleur de pollen.

De même que dans le bureau de Douglas chez IBM, il n'y avait pas la moindre touche personnelle : pas de presse-papier à valeur sentimentale, pas un seul cadre au mur. Ce que son père aimait ? Will n'en avait aucune idée. Il aurait pu écrire des tomes entier sur les préférences de sa mère, mais il ne savait rien de son père.

Douglas allumait son ordinateur.

« Pour quoi tu as besoin de moi ? » demanda Will.

Mais son père, qui buvait une gorgée d'eau pétillante (sans alcool, espérait-il), avait l'air déjà trop perdu dans ses pensées pour répondre. Il se connecta à la boîte e-mail de Rose et entra rapidement son adresse de mémoire.

« Tu connais le mot de passe de Rose ? demanda Will quand le curseur se déplaça dans l'espace suivant.

— Pas encore. Tu vas m'aider à le trouver.

— Moi ? C'est toi l'informaticien. Tu n'as pas un programme pour pirater les comptes e-mail ?

— Non. Mais la plupart des mots de passe ont un caractère social. Les gens utilisent des mots faciles à retenir. Ou bien ils emploient toujours les mêmes. On peut les deviner. »

Ses doigts dansèrent les claquettes sur le clavier.

« Alors, qu'est-ce que tu devines ?

— Je vais commencer par les mots de passe les plus courants. »

Mot de passe incorrect, répondit le site en rouge.

« Par exemple ?

— Oh, tu sais… *12345*, *Jésus, Princesse, Love, Mot de passe.* »

Will ne savait pas du tout, mais il fut surpris par son propre intérêt pour la question. C'était un aspect du langage auquel il n'avait jamais pensé. Le langage informatique. La phraséologie de la vie privée. Même pour lui, qui glissait du vocabulaire partout, il semblait dangereux de mettre des mots sur une chose secrète. Quand son père et lui auraient craqué le mot de passe de sa sœur – quand ils auraient deviné ce qui lui arrivait vraiment –, ils seraient peut-être obligés d'agir. Voilà le problème avec les mots : ce sont les piquets qui épinglent la réalité. Parfois, Will redoutait le langage alors même qu'il empalait les choses avec.

« Il y a aussi les mots de passe en Leet speak, poursuivit Douglas. Ceux où les lettres sont remplacées par des chiffres. Par exemple si je tape *Rose* avec zéro à la place du O. »

Mot de passe incorrect.

Douglas tapota le bord de son bureau.

« OK, dit-il. OK, c'est bien.

— "Bien" ? s'étonna Will.

— Oui. J'aurais été déçu si Rose avait été assez naïve pour utiliser un de ces mots de passe. Si tu les utilises, autant sortir dans la rue et donner ton portefeuille à la première personne que tu croises. »

Will eut honte en pensant que sa mère et lui avaient choisi le mot de passe *ChristLove* pour sa propre adresse e-mail.

Trop de tentatives, annonça la boîte e-mail de Rose, qui se bloqua.

« Qu'est-ce qu'on fait, maintenant ? demanda Will.

— On va utiliser une adresse IP anonyme et réessayer. Prends ces programmes de théâtre, dit Douglas en indiquant la pile aux pieds de Will. On va essayer tous les spectacles dans lesquels Rose a joué. Et le nom de tous les personnages qu'elle a interprétés. »

Will obéit. Les pièces de Rose apparurent dans le désordre : *Camelot, Act a Lady, Into the Woods, Pygmalion, Dracula, Périclès*, de Shakespeare. Son père et lui essayèrent *SandraDee* et *Maria*, mais aussi *SummerNights*, *Grease, VonTrapp* et *RainDropsOnRoses*.

« Papa ? demanda Will.

— Mmh ?

— Pourquoi tu n'as pas essayé ça plus tôt ?

— Parce que, contrairement à ta mère, je n'aime pas fouiller dans les affaires de mes enfants. Mais là, c'est une urgence. En tout cas, je pense qu'il est temps de changer de direction. Monte dans la chambre de ta sœur, et rapporte tous les livres et les DVD que tu trouves. Regarde aussi dans son armoire. Prends ce calepin et note ses marques de vêtements préférées. »

Quand Will revint, ils essayèrent le nom de tous les parfums et des marques de vêtements de Rose, mais tout paraissait trop frivole, trop superficiel.

Quel secret les filles gardaient-elles le plus jalousement ? Les garçons. Les relations. Will le savait grâce aux amours naissantes que racontait Violet dans le journal intime que lisait leur mère. Quel que soit le mot de passe de Rose, il avait un rapport avec son petit ami, Will en était certain.

« Tu n'as pas trouvé de CD ? » demanda son père.

Will secoua la tête.

« Elle écoutait de la musique sur son ordinateur. Elle a tout emporté.

— Pas moyen de connaître ses chansons préférées alors.

— Rose s'occupe de choses différentes maintenant, dit Will, songeant au journal de grossesse. Peut-être qu'on devrait essayer le nom d'un camping ou d'un chemin de randonnée. »

Ils étudièrent les cartes en ligne du parc national de Minnewaska et de la réserve de Mohonk. Ni l'un ni l'autre n'évoqua à voix haute le fait qu'ils n'avaient pas parcouru ces sentiers depuis des années.

« Essaie *EchoRock*, dit Will.

— *Waa waa*, fit Douglas, imitant le son de la défaite dans un jeu télévisé.

— Et *CastlePoint ?*

— Non plus. »

Ils poursuivirent ainsi, échec après échec.

« Rappelle-moi, c'était quoi, le cours préféré de Rose ? demanda Douglas. Elle avait changé de matière.

— Quelque chose dans les sciences. »

Will rougit à nouveau. Pourquoi personne n'avait-il écouté quand Rose était rentrée du secrétariat toute joyeuse, la queue-de-cheval au vent ? Parce qu'ils avaient aussitôt énuméré toutes les raisons pour lesquelles Rose devait absolument reprendre le théâtre. Will se rappelait encore le discours de sa mère au dîner : *Rosette, c'est tout simplement égoïste de gâcher ton talent. Tu peux dire tout ce que tu veux sur le thème « c'est ma vie, c'est mon choix » mais beaucoup de gens – des professeurs, des agents – se sont donné du mal pour toi. Tu les laisses tomber, eux aussi. C'est un affront.*

À ce moment-là, Will se rappela l'emploi du temps qu'il avait trouvé dans la chambre de Rose.

Il courut jusqu'au panier de linge sale à l'étage, priant pour que sa mère n'ait pas encore lavé son pantalon en velours. Il était toujours là, sous plusieurs jours de sous-vêtements et de chaussettes à carreaux. Avec la crise de Violet, sa mère n'avait pas seulement négligé son travail scolaire. Will saisit la liste des cours dans la poche et retourna en courant vers le bureau, où son père se balançait légèrement sur sa chaise en se mordillant l'intérieur de la joue.

« Son emploi du temps. Il y a juste écrit les cours qu'elle suivait. Tiens, dit Will en tendant la feuille à son père.

— Garde-la et lis-la-moi. Je vais chercher les cours sur le site de SUNY.

— ANG393.

— Ça doit être un cours d'anglais. Il y a quelque chose qui ressemble à des sciences ?

— BIO220.

— Bon, c'est de la biologie. Mais on ne dirait pas que c'est son mot de passe. Autre chose ?

— GLG293.

— Géologie. C'était ça, sa nouvelle matière principale, je m'en souviens maintenant. »

Soudain, Will se rappela aussi. *Pardon, Rose, mais je ne t'y vois vraiment pas*, avait dit sa mère en riant. *Vraiment pas. Tu veux faire quoi, travailler pour l'industrie pétrolière ? Tu sais qu'ils peuvent t'envoyer au Niger ou je ne sais où – un endroit primitif, plein de pétrole, à des milliers de kilomètres de ta Clinique adorée ?*

« Ha ! J'ai réussi ! s'écria Douglas en abattant une paume triomphante sur le bureau.

— C'était *Géologie*, le mot de passe ? »

Will semblait incrédule.

« Non. C'est le code du cours que tu m'as donné : GLG293.

— Vraiment ? »

Will fronça les sourcils. Quelques instants plus tôt, il était prêt à parier que le mot de passe de Rose avait une valeur sentimentale. Après tout, un cours préféré ne restait qu'un cours. Les gens n'utilisaient sûrement pas des mots de passe qui leur rappelaient le travail et les délais à respecter ; ils choisissaient un endroit, une personne, l'anniversaire de leur chéri – une flèche qui marquait le plus profond de leurs souvenirs.

Cingulomania : un fort désir de tenir quelqu'un dans ses bras.

« Oh non, gémit Douglas. Oh non, non, non ! »

Les cheveux de Will se hérissèrent. Ses épaules se raidirent. Il comprit ce qui n'allait pas dès qu'il regarda l'écran. Des pages entières d'e-mails non lus, en gras. Des centaines de messages. Peut-être des milliers. Tout cela, depuis les messages personnels jusqu'aux spams et aux notifications Facebook, attendait la prochaine connexion de Rose.

« Ça remonte jusqu'à quand ? » demanda Will.

Mais il connaissait la réponse. Ça remontait jusqu'à un an plus tôt, quand Rose s'était « enfuie ». Dorénavant, lorsqu'il penserait à ce mot, celui-ci serait toujours accompagné de guillemets ironiques. Le livre que sa mère et lui étaient en train de lire expliquait qu'on appelait ça des *scare quotes*, les guillemets de la peur. Will avait toujours trouvé cela étrange, mais aujourd'hui, dans le chaos glacé du bureau de son père, il en comprenait la signification. Il n'y avait rien, absolument rien de plus effrayant qu'un mot qu'il fallait placer entre guillemets pour s'en distancier.

VIOLET HURST

Un peu avant l'aube, Violet entendit du bruit et supposa qu'il était provoqué par un nouvel arrivant. Ces derniers jours, les patients entraient régulièrement. Peut-être était-ce à cause de la pleine lune. À moins que tout le monde n'ait consommé la même fournée de mauvais stimulants. Quelle qu'en ait été la raison, les gens continuaient d'arriver, soit tellement catatoniques qu'il fallait les nourrir à la petite cuiller et les laver avec une éponge, soit tellement enragés et dangereusement en manque de sommeil qu'ils avaient l'impression qu'on leur courait après pour le plaisir et que tout cela n'était qu'un jeu. Violet entendit un bruit de sabots et supposa qu'il s'agissait d'un patient à qui on refusait des médicaments. Elle enfouit la tête dans son oreiller, les mains sur les oreilles. Ce ne fut qu'au matin qu'elle apprit l'horrible nouvelle.

Jocelyn, Corrina et Helen étaient regroupées autour d'une table, leurs plateaux couverts de pancakes bon marché que tout le monde appelait « paillecakes » en raison de leur texture. Le sirop d'érable au goût de sauce soja qui les accompagnait ne faisait rien pour arranger les choses. Violet enjamba la banquette pour les rejoindre.

« Tu as entendu ? » demanda Corrina.

Violet but une gorgée de café tiède et secoua la tête.

Jocelyn écarquilla les yeux. Elle retira une mèche de cheveux de sa bouche.

« Edie a essayé de se suicider. »

L'estomac de Violet fut secoué de spasmes.

« Quoi ? »

Elle n'était pas sûre que la question soit sortie de sa propre bouche.

« Je dormais, raconta Helen, mais Edie a arraché la spirale de son carnet et s'est tailladé l'avant-bras avec la pointe. Elle a tellement appuyé qu'elle a même coupé une veine. Quand je me suis réveillée, il y avait du sang partout. »

Les yeux de Violet tombèrent sur le verre de jus de tomate de Jocelyn, qui lui parut soudain sentir trop fort, lui sembla trop sanglant.

« Elle va bien ? » demanda-t-elle.

Helen haussa les épaules et croisa les bras.

« C'est ce qu'ils disent.

— Elle n'est plus dans le service ? »

La voix de Violet tremblait. Elle s'aperçut qu'elle faisait un effort pour ne pas pleurer.

Jocelyn avait des yeux de Fée Clochette, grands ouverts.

« On pense qu'ils sont en train de la recoudre quelque part. »

Violet éprouva une colère irrationnelle. Edie était une personne importante pour elle, mais tout à coup elle ne la comprenait plus. Elles avaient beaucoup de points communs, sauf les tendances suicidaires. Violet s'était tournée vers la drogue et le *sallekhana* parce qu'elle pensait que c'était la seule manière de mettre un terme à la cruauté de sa mère. Mais, loin de Josephine, la vie paraissait possible, excitante même. Violet voulait vivre. C'est ce qui faisait d'elle une anomalie à Fallkill. Elle appréciait Edie et Corrina, mais elle n'avait pas sa place parmi elles. Il fallait qu'elle sorte.

Lors de sa séance de thérapie, Violet voulut savoir où en était sa demande.

« Je dois juste soumettre ton dossier à quelques-uns de mes collègues », répondit Sara.

Violet se retint de lever les yeux au ciel. Tout allait dans ce maudit dossier : ce qu'elle mangeait, ce qu'elle disait, son apparence, à qui elle parlait. Les gens l'observaient toute la journée en prenant des notes.

« Mais je vais mieux ! Pas de retour d'acide. Pas d'envie de me mutiler. Pour autant que je le sache, personne ne m'accuse de rien concernant Will.

— J'entends bien, répondit Sara. Mais il faut que tu patientes pendant la procédure. Tu peux faire ça ? »

Violet acquiesça.

« Tu es sûre que tu n'es pas trop vulnérable pour rentrer chez toi ? Ton amie a essayé de se suicider hier soir. Quand tu es arrivée, tu étais en colère et tu pleurais.

— S'il vous plaît, ne retenez pas ça contre moi dans vos délibérations. Je ne serais pas humaine si je n'étais pas touchée par ce qui arrive à mes amis.

— Tu as raison, répondit Sara. Bien sûr, ça te touche. Tu fais face à de vraies émotions, à la vraie vie. Je considère que c'est bon signe. Tu établis des liens avec les gens – honnêtement, sans mentir – sans avoir la garantie que ça se passera bien. C'est ainsi que fonctionne la véritable intimité. »

« Tu as du courrier », annonça l'infirmière quand elle vit Violet retourner vers sa chambre, les yeux rouges, voilés. Violet ne prit même pas la peine de lui sourire poliment.

Le sceau. Cette saloperie de sceau ridicule. Déjà épuisée pour la journée, Violet se sentit presque agressée par la clé de sol. C'était une affirmation tellement prétentieuse, un appel au devoir qu'elle n'était pas sûre de vouloir écouter.

Bon sang, comme elle aurait voulu pouvoir compter sur un petit coup de pouce chimique. Comme elle aurait voulu pouvoir fumer quelque chose, n'importe quoi, une bouffée, puis une autre, puis une autre. Elle avait besoin de se vidanger le sang, de changer le filtre de son cerveau, de se remettre à zéro, de plonger dans l'oubli.

Dans les conditions présentes, elle devrait se contenter de cigarettes. Elle glissa la lettre dans sa ceinture et sortit avec un paquet qu'Edie avait tiré de sa cartouche. Elle inspira rapidement deux profondes bouffées, et aussitôt elle se sentit encore plus mal. Elle observa la fumée s'enrouler et retourna la lettre dans tous les sens. Elle aurait aimé en approcher une allumette, regarder toute une vie de dysfonctionnement brûler, réduite en cendres.

Finalement, elle fut prise d'un élan de loyauté mal placé et ouvrit maladroitement l'enveloppe avec son doigt.

Elle vit l'encre bleu clair et l'écriture droite de Rose.

Chère Violet, lut-elle. *Damien et moi avons réfléchi... Si tu as besoin d'un endroit où dormir, tu es la bienvenue chez nous !*

WILLIAM HURST

« Peut-être qu'elle a juste changé d'adresse e-mail », suggéra Will.

Il s'aperçut que c'était un tic nerveux, toujours dire quelque chose de positif et de rassurant. Mais ce n'était pas totalement à exclure.

Son père secoua la tête et se redressa dans son fauteuil.

« Elle aurait au moins lu quelques messages. Elle aurait écrit à quelqu'un dans sa liste de contacts pour lui donner sa nouvelle adresse. Sa boîte d'envoi aussi s'arrête en octobre.

— Qu'est-ce que tu vas faire ? »

Douglas recula de son bureau et appuya les mains sur ses genoux.

« Il est temps de retourner voir la police, dit-il en s'agitant d'avant en arrière, l'air mal à l'aise. J'ai failli engager un détective privé il y a quelques mois. Mais tout le monde n'arrêtait pas de dire qu'elle ne reviendrait jamais si on ne la laissait pas respirer. Ta mère et moi avons décidé qu'il valait mieux concentrer nos efforts sur toi et Violet. Regarder vers le futur, arrêter de vivre dans le passé. »

Will sentit sa bouche devenir toute sèche. Il espérait que sa mère reviendrait bientôt. Son père et lui n'étaient pas préparés pour affronter cette révélation seuls.

« Donc, Rose a disparu à nouveau ? demanda-t-il.

— Pas *à nouveau*. Si elle a disparu, c'est depuis le début. »

Will se frotta les yeux. La poussière du bureau de son père commençait à le déranger.

« Non, dit-il. Elle est quelque part. Elle écrit à Violet.

— C'est ce que j'ai entendu », répondit Douglas.

Will tenta de dissimuler sa surprise. Il avait toujours cru que son père était constamment le dernier de la famille à être au courant de quoi que ce soit.

« Tu as lu ces lettres, Will ?

— Non.

— Moi non plus.

— Tu crois que ça a un rapport avec son petit ami, Damien ?

— Je n'en sais rien. Je ne sais rien de Damien. Et toi ?

— Moi ? » fit Will en haussant les sourcils.

Douglas le fixait.

« Ta mère t'a dit quelque chose sur lui ?

— Juste qu'il lui avait paru assez méchant quand il l'avait appelée à la maison l'année dernière. Il l'a insultée. Il a dit que Rose la détestait.

— Oui, je me rappelle à quel point elle était perturbée.

— On n'a qu'à regarder dans ses e-mails, suggéra Will. Damien doit apparaître quelque part. On peut le trouver. On peut lui écrire. »

Douglas passa une main dans ses cheveux.

« Je ne sais pas, Will. Je ne pense pas qu'on devrait toucher à ses messages, du moins pas avant d'avoir prévenu la police. L'année dernière, ils disaient : *Rien d'anormal. Pas de quoi s'en faire.* Et ça, alors ? » Il roula en boule la feuille sur laquelle ils avaient inscrit les mauvais mots de passe et la jeta de rage. « On a perdu un an. Si ce Damien fait du mal à Rose… S'il l'a emmenée contre son gré… S'il l'influence… Alors on lui a laissé un an pour couvrir ses traces et on ne pourra l'accuser de rien. »

Au loin, Will entendit le bruit des clés de voiture de sa mère dans le bol de cristal sur la table de l'entrée, puis ses pas sur le parquet. Le poids qui pesait sur sa poitrine s'envola.

« Je me demandais où vous étiez passés », dit Josephine. Ses cheveux avaient de grosses boucles tout droit sorties de chez le coiffeur et une étrange odeur chimique. Will mit quelques instants à absorber le changement.

« Tu es blonde », constata-t-il.

Josephine rit.

« Tu exagères. C'est juste une teinte légèrement différente. La coiffeuse a dit que les femmes de mon âge font toujours l'erreur de se teindre trop sombre, alors que les cheveux clairs font paraître plus jeune.

— C'est joli, dit Will.

— Merci, chéri, roucoula-t-elle en se penchant pour l'embrasser. Je suis contente que quelqu'un pense ça. »

Elle se racla la gorge à l'intention de Douglas. Celui-ci ne détourna pas le regard de l'écran. Il cligna des yeux, lentement, douloureusement.

« Jo, Rose n'a pas ouvert ses e-mails depuis un an.

— Quoi ? Non ! »

Son visage se décomposa. Fascinée par l'écran, elle s'approcha et posa une main sur le dossier du fauteuil de Douglas. Celui-ci se leva et sortit son téléphone.

« Qu'est-ce que tu fais ? » demanda-t-il.

Josephine promenait son doigt sur la souris tactile de l'ordinateur portable.

« Je lis ses e-mails. Je crois qu'on a le droit de les lire, non ?

— Attends, Jo. On va attendre la police, répliqua Douglas en l'éloignant du clavier avant de se déconnecter.

— D'accord, répondit-elle en tremblant. D'accord, tu as raison. J'imagine que Damien peut être derrière tout ça. Il faut qu'on fasse quelque chose. Je peux t'aider ? Et si je consultais ses comptes ? » On aurait dit qu'elle le bombardait de questions jusqu'à ce que l'une d'elles fasse mouche. « Ça aiderait, non ? *L'argent ne ment pas*, c'est ce qu'ils n'arrêtaient pas de répéter l'année dernière. Hein Douglas ? Eh, réponds-moi !

— Bien sûr, Jo. D'accord. C'est une bonne idée. »

Ses mots étaient enthousiastes, mais sa voix trahissait l'agacement : elle avait interrompu ses pensées.

Cagamosis : un mariage malheureux.

Tandis que Douglas sortait dans le couloir, Josephine s'empara de sa chaise de bureau et tapa « *informations bancaires* » dans Google.

« Quelle idiote ! s'écria-t-elle. J'aurais dû penser à faire ça il y a des mois. Attends-moi ici, Will », ajouta-t-elle quand l'écran afficha un site qui promettait des renseignements « rapides » et « fiables ».

Will ne savait pas comment l'aider au mieux. Sa poitrine se serra. Son cœur ne battait pas plus vite, il clopinait plutôt, comme un handicapé qui aurait tenté de courir.

« Où tu vas ? demanda-t-il.

— Chercher le numéro de compte de Rose. »

Elle revint quelques minutes plus tard.

« Oh, chéri, dit-elle quand elle le vit jouer nerveusement avec un arrache-agrafes pointu. Tout va bien se passer, je te promets. Là, assieds-toi. Je ne veux pas que tu nous fasses une crise par-dessus le marché. »

Joséphine tourna légèrement l'ordinateur vers elle, et entra le nom de Rose et son numéro de compte. Quand elle se pencha pour taper, un nouvel effluve de ce parfum de salon de coiffure frappa Will. Elle essayait probablement de se rendre plus attirante pour son père, elle tentait désespérément de reconquérir quelque chose de sa vie d'avant la crise de Violet, d'avant le crime de Rose.

« Il ne te trompe pas, murmura Will au cas où son père aurait pu les entendre. Il arrive tard du travail parce qu'il va à des réunions des Alcooliques anonymes. La personne à qui il téléphone tout le temps est un type du nom de Kerry, son parrain. »

Le sourire de sa mère fut un pur rayon de soleil, la plus belle chose qu'il ait vue de toute la journée. Elle pencha la tête en arrière, en proie à un soulagement extatique. Elle prit la tête de Will entre ses mains, la couvrit de baisers et écarta les mèches de ses yeux.

« Chhht », fit-elle, un doigt manucuré devant ses lèvres.

Il hocha la tête, il avait compris qu'elle voulait entendre son père le lui annoncer lui-même.

« Bon, Will, laisse-moi regarder son compte en banque. Rose… Voilà. Rose a sept cents dollars, c'est bien. Elle a pris deux nouvelles cartes après sa fuite. Elle a deux mille dollars de dettes, mais ça ne dépasse pas son plafond de dépenses. »

Les épaules de Will se contractèrent. Deux mille dollars, ça paraissait énorme.

« C'est une mauvaise nouvelle ? demanda-t-il.

— Je dirais que c'est encourageant. Tu vois ? Elle paie ses cartes à temps et elle s'en sert toujours.

— Alors Damien ne lui a pas fait de mal ? Elle va bien ? »

L'an passé, au cours de la brève période où Rose avait été portée disparue, les Hurst avaient utilisé *elle va bien* comme synonyme de *elle est vivante*.

« Ce n'est pas à moi de le dire, Will. Ta sœur nous a écartés de sa vie. Mais en voyant ça, je dirais qu'elle n'est pas morte dans un fossé quelque part. Ton père a surréagi l'année dernière en étalant les problèmes, somme toute normaux, de notre famille sur la place publique. Je ne vais pas le laisser perdre la tête à nouveau. Je ne ferai pas ce plaisir à Rose et à son petit ami. » Un message d'erreur s'afficha, elle laissa échapper un grognement agacé. « Il n'y a plus d'encre dans l'imprimante. Will, montre-moi comment on change la cartouche. Dépêche-toi, s'il te plaît. La police aura besoin de voir ça. »

VIOLET HURST

Rose lui proposait de venir vivre avec elle. Une promesse en or, un rêve devenu réalité, un billet gagnant à la loterie : la lettre aurait aussi bien pu arriver avec une enveloppe timbrée et un coupon-réponse où il suffisait de cocher une case pour changer de vie.

> *On dirait que tu détestes vraiment maman !* avait écrit Rose. *Sors de là ! Viens plutôt vivre avec nous ! Je t'aiderai à t'inscrire à l'école. Je t'aiderai à trouver un travail. On trouvera une solution pour tout. Appelle-moi quand tu sors de l'hôpital, on trouvera un endroit pour se rejoindre. Ça serait super, non ? Tous les Garfield qu'on veut ! Tu n'auras plus jamais besoin de retarder ta montre !*

Les deux dernières lignes étaient des *private jokes*. Quand elles étaient petites, leur mère leur interdisait de lire Garfield car, selon elle, cela « glorifiait la paresse ». Et un jour, quand Violet avait six ou sept ans, elle avait reculé l'heure sur sa montre Minnie Mouse, croyant réellement retarder ainsi le moment où elle devrait rentrer pour un dîner familial chargé de tension.

Tout à la fin se trouvait sa planche de salut : le téléphone de Rose. Ces dix petits chiffres auraient aussi bien pu être la combinaison d'un cadenas – un gros Master Lock comme elle en avait sur son casier de sport – que Violet avait passé un an à secouer en se demandant jusqu'où elle devrait aller pour entrer en contact avec la sœur qui la détestait ou l'ignorait. À présent, *Sésame, ouvre-toi*, la serrure avait cédé toute seule comme par un heureux dysfonctionnement. D'un coup, Rose offrait à Violet sa liberté ainsi qu'une relation entre sœurs harmonieuse et sans compétition.

Violet était plus que touchée : elle était électrisée. Rose lui offrait l'hospitalité au moment où elle en avait le plus besoin ! Mais elle ne pouvait s'empêcher de se sentir légèrement vexée. En s'ouvrant comme elle l'avait fait dans sa dernière lettre, elle attendait une sorte de confirmation. Elle espérait que, d'une certaine manière, Rose percevrait sa douleur et reconnaîtrait le traitement inégal qu'elles avaient reçu de leur mère. *Oui, je sais que ça a toujours été pire pour toi*, voulait-elle que Rose écrive. *Vraiment. Je comprends ta douleur.*

Violet venait d'écraser sa cigarette lorsque Edie ouvrit la porte de la cour. Elle avait les yeux baissés et marchait à pas lents sur le sol en briques. Quand elle aperçut Violet, elle prit un air penaud.

« Je peux t'emprunter une cigarette ? demanda-t-elle, s'adressant plus au paquet qu'à Violet.

— Elles sont à toi. »

Edie tenta un demi-sourire.

« Dans ce cas, tu m'en donnes une ? »

Violet dut allumer les allumettes car le bras gauche d'Edie était momifié jusqu'à sa main, qui avait l'air inerte. C'était une vision choquante : un long bandage, sans doute pour une longue blessure. Edie ne s'était pas tailladé le poignet, mais tout le bras. Rien qu'à le regarder, l'avant-bras de Violet lui faisait mal comme une carie.

Violet inspira la première bouffée et passa la cigarette à Edie entre deux doigts.

« Comment tu te sens ? demanda-t-elle enfin.

— Plutôt gênée, en fait.

— Si ça peut te consoler, je pense que presque tout le monde ici a conçu sa propre version du même geste. On en est toutes passées par là. »

Edie hocha la tête mais elle ne paraissait pas convaincue.

« Je ne l'ai jamais fait comme ça avant.

— Comment c'était ?

— Différent. Ça m'a plus épuisée. Tu sais, dans les émissions sur les flics et tout, ils disent toujours que les combats au couteau, c'est très intime. Que ça demande de la passion et de la colère. Je comprends, maintenant. »

Un sentiment de terreur monta en Violet. La personne qui avait fait du mal à Will éprouvait-elle pour lui la haine viscérale que les gens comme Edie et elle avaient pour elles-mêmes ?

« Qu'est-ce que c'est ? reprit Edie.

— Une autre lettre de ma sœur.

— Elle dit quelque chose sur l'autre soir ? Tu crois toujours qu'elle a joué *Kill Bill* avec ton frère ?

— *Kill Will*, tu veux dire. C'est marrant. » Violet retourna l'enveloppe et traça à nouveau le sceau avec son doigt. « Je ne sais pas. Elle ne dit pas un mot sur Will. Elle m'a demandé si je voulais habiter chez elle quand je sortirais d'ici.

— Ils te renvoient chez toi ?

— Probablement. J'espère. Sara est assez évasive sur la question, elle met tout sur le dos de la bureaucratie. »

Edie jeta ses cendres, pensive.

« Emménager avec Rose résoudrait un tas de problèmes. En tout cas, tu ne serais pas obligée de retourner chez cette folle mythomane. »

À moins, bien sûr, que Rose et Damien ne s'avèrent fous aussi.

« Ça fait beaucoup à digérer. Je ne dis pas ça pour être méfiante. C'est juste que chaque fois que Rose – ou n'importe qui de ma famille – fait un effort, en général il y a un truc.

— Tu as l'impression qu'il y a des intentions cachées, fit Edie en se mordant la lèvre. Je te comprends.

— Mais j'ai aussi l'impression d'avoir à nouveau une sœur. »

Edie lui serra l'épaule.

« Tu vas trouver une solution. Tu as le temps. »

Violet tritura le coin de la lettre de Rose.

« Je ne sais pas si j'ai tellement de temps que ça. »

« Tiens, Douglas, dit la mère de Will en agitant le relevé de compte de Rose.

— Parfait, répondit-il sans la regarder. Je le montrerai à la police en arrivant au commissariat.

— Ne te contente pas de le mettre dans ta poche. Regarde : Rose a pris de nouvelles cartes de crédit ! Je trouve ça encourageant, pas toi ?

— Fantastique, répondit platement Douglas. Je m'assurerai qu'ils regardent ça. Mais tu sais que Damien peut l'avoir fait.

— Tu pars maintenant ? Ça ne peut pas attendre demain ?

— Je leur ai dit que je venais ce soir.

— Et le dîner ? Tu dois être affamé.

— Moi, oui, intervint Will. Mon estomac crie famine. »

Douglas lui jeta un regard qui aurait presque pu le blesser, sinon le tuer.

« Dis juste que tu as faim, lança-t-il.

— Mais ça veut dire la même chose ! couina Will d'une voix de porcelet.

— Il a raison, Douglas. C'est vrai. Toi, tu n'es pas logophile. »

Josephine adressa un clin d'œil à Will et eut un rire amer.

Même Will se rendit compte que c'était exagéré : le mal que se donnait sa mère pour dresser la table avec des serviettes en tissu et des bols à soupe posés sur des assiettes plates.

« Vraiment, Josie, il n'y a pas le temps pour tout ça, dit le père de Will.

— *Tout ça*, ce n'est que de la soupe réchauffée. Elle est au micro-ondes. Tu veux un verre de vin ? » Elle eut un sourire étrange. « Ou autre chose ?

— Non, Jo. Je veux juste aller au commissariat. Tu essaies de me mettre en retard ? Tu ne t'inquiètes pas pour Rose ?

— Ne sois pas ridicule. Bien sûr que je m'inquiète pour elle. Mais Will reste ma priorité. Si tu es tellement pressé, pourquoi est-ce que vous ne commencez pas à enfiler vos chaussures, tous les deux ? Ensuite on mange aussi vite que des routiers et on y va. Je veux que Will mange. J'ai une théorie sur le rapport entre le taux de sucre et les crises. »

Will se figea, paniqué. Il ne lui avait pas parlé de son passage chez le psychologue, de la théorie stupide du Dr Martin selon laquelle son trouble du système nerveux n'était qu'une manière d'affronter le stress et la peur. Quand il le ferait, son père aurait de sacrés problèmes pour l'avoir contredite.

« Allez, viens Will », dit Douglas.

Will fut pris d'un étourdissement quand il se pencha pour enfiler ses Hush Puppies. Il se sentait chargé comme une mule, comme s'il portait sur son dos chaque gramme de la nervosité que ses parents n'exprimaient pas.

« Tiens », ajouta Douglas en lui lançant les clés de la voiture.

Will ne parvint pas à les attraper, et elles tombèrent au sol avec un tintement.

« On doit attendre maman.

— Va démarrer la voiture.

— Je ne sais pas comment on fait. »

Douglas rougit de frustration.

« Il suffit de rentrer la clé dans le trou et de tourner.

— Mais… Et si la voiture démarre toute seule ?

— Will, la voiture n'ira nulle part si tu ne passes pas une vitesse.

— Oh. »

La honte germa dans le ventre de Will telle une fleur empoisonnée. Après tout, peut-être que faire l'école à la maison ne lui convenait pas.

Will détestait le garage la nuit. Il y faisait un froid de morgue et les néons clignotants éclairaient tout d'une lueur pâle, surréelle. Il se dirigea vers la voiture de son père en essayant de ne pas regarder directement les méchantes éraflures sur la portière du conducteur. En tirant la poignée, il aperçut son reflet légèrement distordu dans la vitre convexe. Il crut voir quelque chose, une ombre bouger derrière lui, mais quand il se retourna il n'y avait rien d'autre que des pelles, des râteaux chancelants et un tas d'objets à recycler – à moitié rincés, puants –, tout le bazar que ses parents tentaient de dissimuler à la vue derrière des portes fermées. Il glissa la clé dans le contact et le moteur prit vie dans un grondement. Puis il ouvrit la porte du garage et retourna à l'intérieur.

Dans la salle à manger, trois bols fumants de soupe au chou-fleur attendaient sur la table. On se serait cru dans l'histoire des Trois Ours, sauf que deux verres de vin blanc se trouvaient à côté des assiettes.

Will jeta un regard en coin à sa mère. Il essayait la télépathie. *Tu te rappelles ?* tentait-il de formuler. *Tu te rappelles ce que je t'ai dit dans le bureau sur le petit problème de papa ?*

Josephine se contenta de sourire en levant sa cuiller. Elle se ravisa et demanda (ou plutôt, ordonna) :

« Will, tu peux passer le pain à ton père ? »

Will obéit. Il plongea la cuiller dans son bol, la regarda se noyer dans la vase incolore.

« C'est super », affirma-t-il, bien que ce ne soit pas son plat préféré.

Il prit soin de suivre les instructions de sa mère pour manger la soupe : écumer le bol de l'avant vers l'arrière, boire par le côté. *Non, j'ai dit boire ! Pas aspirer !*

« C'était au congélateur ? » demanda Douglas.

Josephine ignora sa question.

« Pourquoi est-ce tellement urgent d'aller au commissariat ce soir ? Ils vont nous regarder comme des imbéciles alarmistes qui auraient simplement pu appeler pour mettre le dossier à jour.

— Nous allons au commissariat parce que j'ai exigé d'y aller, répondit Douglas. Je veux être sûr que la police prenne ça au sérieux. Je veux être sûr que ce soit une priorité. »

Josephine le regarda d'un air incrédule.

« Et qu'allons-nous leur dire exactement ? Que Rose n'a pas regardé ses e-mails ?

— Entre autres… Tu ne trouves pas qu'il y a un goût bizarre ? » Douglas fit claquer sa langue contre son palais. Il fronça le nez. « Comme du liquide vaisselle. Tu viens de laver les bols ? »

Will secoua la tête. Il ne trouvait rien de bizarre. Il prit une autre cuillerée et mâcha un morceau mal mixé.

Josephine arracha un bout de pain à la force de ses mains.

« Tu perds la tête, mon vieux. Quoi d'autre ?

— Le sèche-cheveux de Rose, dit Will. Elle l'a laissé ici. »

Sa mère fronça les sourcils.

« Attends, je ne comprends pas… Son sèche-cheveux ? J'ai raté quelque chose ? Will ? Douglas ? Ta sœur – notre fille – a pris son ordinateur portable, son téléphone, sa valise, sa brosse à dents. Elle a pris ses affaires et s'en est allée. Elle est partie. Est-ce qu'on n'a pas appris quelque chose l'année dernière ? Enfin, c'est… J'ai une sacrée impression de revivre un déjà-vu. »

Ce n'était pas son genre de s'exprimer de manière redondante, mais Will se garda de lui faire remarquer que *déjà-vu* impliquait, de fait, qu'elle le vive à nouveau.

« C'est juste cette phrase débile qu'on a entendue à la radio, marmonna-t-il, les yeux baissés. Les femmes ne peuvent pas vivre sans leur sèche-cheveux. C'est ce qu'ils ont dit. »

Josephine avait le coude sur la table, sa cuiller serrée dans son poing.

« Je ne vais même pas relever à quel point c'est sexiste. Et toi, Douglas, passer ta journée à rassembler des prétendus indices au lieu d'aller travailler. Je t'en prie ! Sherlock Holmes le sot et son Watson attardé. » Elle couvrit sa bouche, un geste qui contrastait avec son rire profond, brutal. « Oups, qu'est-ce que j'ai dit ? »

Cachination : rire forcé sans rapport avec l'état psychologique.

Will l'aida à débarrasser les assiettes, désireux de prouver qu'il n'était pas un fardeau. Tandis qu'ils étaient seuls dans la cuisine, il attendit qu'elle fasse allusion au mot qu'elle avait utilisé pour le désigner. Ne voyant rien venir, il tendit le verre plein de Douglas.

« Qu'est-ce que je fais avec ça ?

— Oh, Will, dit-elle en l'embrassant fort sur la tempe, je n'arrive pas à croire que je lui aie servi ça. Un réflexe, j'imagine. Mais une fois que c'était fait, je me suis dit que ce serait un bon test. On verra jusqu'à quel point il prend cette expérience des Alcooliques anonymes au sérieux. »

Le commissariat n'était pas loin, mais la portion de route qu'ils empruntèrent était particulièrement effrayante la nuit. Assis au milieu de la banquette arrière, Will regardait à travers le pare-brise, à l'affût d'un cerf. Il récita le « Je vous salue Marie » tandis que les bouquets commémoratifs défilaient sur le bas-côté. Difficile de savoir pourquoi cette partie de la route causait autant d'accidents. Peut-être la limitation de vitesse était-elle en cause : soixante-dix voulait souvent dire quatre-vingt-dix, et la ligne discontinue sur des kilomètres signifiait que certaines personnes roulaient jusqu'à cent kilomètres-heure. Ou peut-être était-ce la faute des conducteurs ivres qui rentraient de Kingston. Ce soir-là aussi, les automobilistes se déportaient vers eux avec leurs phares aveuglants. Au dernier moment, ils s'écartaient brusquement en klaxonnant.

Josephine se pencha vers son père et posa une main sur le volant.

« Douglas, dit-elle doucement.

— Quoiii ? lâcha-t-il d'une voix traînante, pâteuse.

— Douglas, tu es au milieu de la route. Ralentis, gare-toi là. »

Douglas leva le pied de l'accélérateur, et Josephine l'aida à guider la voiture jusqu'au parking vide du chemin de la voie ferrée. Elle défit sa ceinture de sécurité après qu'il eut mis le véhicule au point mort.

« Qu'est-ce qui se passe ? demanda Douglas de la même voix traînante et rauque.

— À toi de me le dire, souffla sa mère en défaisant sa propre ceinture. Tu as bu avant le dîner ? »

Elle ouvrit sa portière. Une bourrasque ouvrit son manteau lorsqu'elle passa devant la voiture.

Effectivement, son père paraissait ivre, encore plus quand il se cogna la tête en sortant du véhicule. Dans la lueur des phares, Douglas s'appuya à Josephine comme un enfant tandis qu'elle l'aidait à contourner un trou dans la terre. Un gravier se glissa dans sa chaussure et il se tordit la cheville. Il se rattrapa sur le capot, maladroit et désarticulé, les yeux aux trois quarts fermés. Josephine raffermit sa prise et l'aida à trouver son équilibre.

« Maman, papa va bien ? demanda Will quand elle eut installé Douglas à la place du passager et qu'elle eut incliné le dossier au maximum.

— Il va bien. Il est imprudent et égoïste, mais il va bien. »

Elle claqua la portière et revint du côté conducteur.

« Il faut vraiment être stupide pour se soûler avant de partir au commissariat », dit-elle en rapprochant son siège du volant.

Will repensa au discours de son père sur la manière dont l'alcool détournait les processus de prise de décision du cerveau.

« Il est seulement alcoolique, je crois.

— Peut-être », répondit-elle, sarcastique.

Elle chercha une station de radio parmi celles qu'avait présélectionnées Douglas. « The Weight » passait sur deux chaînes en même temps. La chanson était l'une des préférées de Will – l'hymne officieux du comté, où habitait le batteur Levon Helm, une célébrité locale –, mais Josephine frissonna de dégoût. Elle passa sur une station de musique classique et la voiture s'emplit du son lourd d'un violoncelle.

Will jeta un nouveau regard à son père, affaissé dans son siège.

« Ce que je ne comprends pas, c'est que papa n'a pas bu son vin au dîner. Et il n'a pas bu avec moi à la maison aujourd'hui.

— Oh, Will, tu es tellement naïf ! Je me rappelle l'époque où je me laissais berner comme toi. Je pourrais te dessiner une carte au trésor de tous les endroits où il cache de l'alcool dans la maison. » Elle passa la première et s'engagea sur la route en sens inverse. « On va devoir le ramener à la maison et retourner au commissariat tout seuls. On pourrait le laisser dormir dans le parking, mais si quelqu'un le voit comme ça… surtout devant un commissariat… »

Elle n'acheva pas sa phrase, laissant Will se demander pendant de sombres kilomètres quelle en était la chute. Les services sociaux reviendraient-ils ? L'emmèneraient-ils ? Il s'enfonça à nouveau dans la banquette et regarda les croix défiler au bord de la route. En latin, *croix* se disait *crux*, lui avait appris sa mère. En anglais, *crux* signifiait le cœur du sujet… un mot essentiel et curieux.

En douze ans, il avait connu son père dans tous les états que produit l'alcool. Il l'avait vu incapable d'articuler, au bord de l'accident. Un jour, il l'avait vu, ivre, composer un numéro de téléphone qui promettait « un paiement facile en cinq échéances de quarante-neuf dollars quatre-vingt-dix-neuf ». Et il l'avait souvent vu ronfler devant la télé après avoir descendu une bouteille de vin. Mais jamais il n'avait vu Douglas soûl au point de chanceler et de ne pas réussir à respirer, comme à présent. Il avait envie de se pencher pour contrôler le pouls de son père. Il essaya, mais sa ceinture se bloqua.

« William, l'avertit sa mère. La ceinture est obligatoire. À moins que tu ne veuilles mourir de blessures internes. »

Elle alluma les phares, et un mur de brouillard renvoya la lumière.

Will plissa les yeux et s'accrocha.

De retour à la maison, Josephine poussa Will dans sa voiture à elle.

« Allez, viens », le houspilla-t-elle quand elle le vit regarder le break de Douglas par-dessus son épaule.

« Et papa ? On ne devrait pas l'amener à l'intérieur ?

— On n'a pas le temps. Et puis, même si je voulais, je ne pourrais pas le porter. » Elle soupira, la mâchoire serrée. « À moins que tu ne veuilles le faire ? »

C'était une question rhétorique, mais il secoua la tête.

« Ne t'inquiète pas, il ira mieux après avoir dormi. C'est la meilleure solution, je te promets. »

Ce n'était pas l'avis de Will. On était fin octobre, à l'époque où l'été indien laissait place aux bourrasques de vent froid. D'après le tableau de bord de sa mère, il faisait à peine quelques degrés au-dessus de zéro.

Mais elle avait raison. Impossible de porter son père hors de la voiture. Il regarda la porte du garage se rabaisser tandis qu'elle sortait en marche arrière et pria pour que son père aille bien quand ils reviendraient. Malgré tout – la visite chez Doc Martin, la pression constante de son père pour qu'il retourne à l'école –, il se sentait plus proche de Douglas que jamais. *Je vous en prie, faites qu'il ne fasse pas une overdose ou qu'il ne prenne pas trop froid. Faites qu'il ne s'étouffe pas avec un renvoi de soupe au chou-fleur.*

Le commissariat était situé à proximité du fleuve. Will observa les lampadaires se refléter sur la surface de l'eau, formant des colonnes ondulées de lumière orangée. Ça lui faisait quelque chose de voir l'Hudson de nuit, si sombre et impraticable. Même en été, ce n'était pas un cours d'eau qui donnait envie d'y tremper les pieds, le pantalon ridiculement retroussé. C'était moins un cours d'eau qu'une décharge, une benne liquide remplie d'armes de crime, d'eaux usées et de plastique.

Les Hurst avaient tenté de ne pas en parler l'année passée, mais la police leur avait bien expliqué que les personnes définitivement disparues étaient très rares dans la région. On retrouvait quatre-vingt-dix-neuf virgule neuf pour cent des filles disparues (il s'agissait le plus souvent d'adolescentes), la plupart menant un style de vie destructeur qui impliquait la drogue, le plus vieux métier du monde et un petit ami pas très futé. Généralement, le zéro virgule un pour cent restant reposait, décomposé, plus bas dans le fleuve. Pour la deuxième fois en un an, Will se retrouva à espérer que Rose était saine et sauve, et non au fond de cette rivière sombre.

Quand sa mère et lui entrèrent, personne ne semblait attendre leur visite. Ils patientèrent pendant une demi-heure dans une pièce de la taille d'une boîte à chaussures tandis que plusieurs policiers exécutaient ce que Josephine appelait la « danse des boissons » : « Vous voulez de l'eau ? » demandaient-ils en passant leur tête rasée par la porte. Ou : « On est débordés ce soir, encore quelques minutes, désolé. Vous voulez du thé en attendant ? » Chaque fois, elle refusait poliment en les appelant par leur nom. « Non, merci, sergent Flynn », répondait-elle. « On n'a besoin de rien, capitaine Rossi. »

« On attend juste l'inspecteur Donnelly, leur annonça un policier. C'est lui qui connaît le dossier de votre fille. »

Josephine hocha la tête. Elle paraissait bien plus inquiète qu'à la maison. Elle triturait son alliance et la robe beige qui faisait joliment écho à sa nouvelle couleur de cheveux.

« Oh, Will, Will, dit-elle. Je ne sais pas ce que je ferai si Rose ne va pas bien.

— Elle ira bien », répondit automatiquement Will en posant sa main sur celle, glacée, de sa mère. Mais il ne savait absolument pas si c'était vrai.

Will s'attendait à ce que l'inspecteur ressemble à son ancien directeur d'école : une voix d'airain et une autorité qu'il portait tel un costume d'apparat. Mais Donnelly n'était que regards fatigués et silences pensifs. La date de sa retraite devait être entourée en rouge sur son calendrier.

« J'ai cru comprendre que vous étiez inquiète au sujet de votre fille », lança-t-il.

Son odeur évoqua à Will les vieux livres scolaires et le déodorant au pin.

« Peut-être que nous nous emballons, répondit Josephine. C'est juste mon mari – il a réussi à se connecter à la boîte e-mail de Rose et il y avait des messages non lus. »

Aucun message n'était lu, songea Will. *Pas un seul.* Mais les règles de sa mère voulaient que les enfants n'interviennent pas dans les discussions des adultes. Il se racla la gorge. Josephine le fusilla du regard, et il marmonna : « *Pardon.*

— Et votre mari…, commença Donnelly.

— Il est encore à la maison, devant l'ordinateur. Il mène l'enquête. Il voulait attendre d'avoir plus d'informations sur son petit ami, Damien.

— Pouvez-vous me donner le nom de famille de Damien ? demanda Donnelly. Il ne figurait pas dans le rapport, l'année dernière.

— Koch, répondit Josephine. En tout cas, c'est ce qu'il m'a dit quand il m'a appelée. J'ai aussi imprimé le relevé de compte de Rose. » Josephine posa la feuille sur la table. « Je n'arrive pas à croire que je n'y aie pas pensé plus tôt. »

Donnelly étudia le document en silence.

« Rose a-t-elle été en contact avec quelqu'un de la famille ? demanda-t-il.

— Avec ma plus jeune fille, mais je ne sais pas depuis combien de temps. »

Donnelly acquiesça, impassible.

Josephine porta une main à son cou.

« Personnellement, je ne m'y connais pas trop en informatique. Je sais, c'est impardonnable étant donné l'expertise de mon mari. Mais je me demandais à quel point les boîtes e-mail sont fiables. J'ai eu une idée terrible pendant que j'attendais : peut-être que Rose efface les e-mails qu'elle envoie. Je ne me pardonnerais pas de faire perdre son temps à tout le monde en venant ici pour rien.

— Vous êtes une mère, répondit Donnelly. C'est votre rôle de vous inquiéter. Bon, juste pour être au clair, les e-mails sont la seule chose qui vous fait penser que votre fille a disparu à nouveau ?

— Elle a laissé son sèche-cheveux, dit Josephine, les paumes en l'air comme si elle savait à quel point c'était stupide. Apparemment, elle l'a laissé quand elle s'est enfuie l'année dernière. Mais comme vous vous le rappelez sans doute, elle a pris l'essentiel : son maquillage, son ordinateur, son téléphone portable.

— Je m'en souviens. Son téléphone ne captait pas. On n'a pas pu le repérer. » Il tapota un ongle rongé sur le relevé bancaire. « D'après ça, elle n'a jamais payé son forfait.

— Oh non, fit Josephine, une main devant la bouche. Oh, non, je n'avais pas vu. On pensait que c'était une bonne nouvelle, n'est-ce pas Will ? »

Will se redressa comme un témoin appelé à la barre. Il hocha la tête. Elle se pencha vers lui et lissa ses cheveux d'un geste rassurant.

« Nous avons toujours pensé que Rose avait changé de numéro et d'opérateur.

— Ici, tout ce qu'on voit, ce sont les demandes de carte de crédit.

— Oui, oui, j'ai vu ça. »

Donnelly lut dans son bloc-notes.

« Donc, e-mails, sèche-cheveux, téléphone. Rien d'autre ?

— Son journal de grossesse », lâcha Will machinalement, sans réfléchir.

Il avait parlé sans qu'on lui adresse la parole. Il s'était laissé absorber par l'ambiance du commissariat. Il n'avait aucun mal à s'imaginer en inspecteur rapportant de vrais indices à son supérieur.

Il y eut un silence.

« Pardon ? Un journal de grossesse ? » demanda enfin Donnelly. Ses sourcils fournis prirent une courbe interrogatrice. « Tu as des raisons de croire que ta sœur est enceinte ?

— Non. »

Le visage de Will était cramoisi. Sa langue ressemblait aux sashimis que ses parents aimaient commander au restaurant, celui avec les lanternes rouges en ville.

« Je veux dire que Rose n'est pas enceinte maintenant. Elle l'a été. Il y a longtemps. L'année dernière.

— Donc, tu penses que Rose a eu un bébé ? »

La mère de Will avait une expression mécontente.

« Non. Elle a choisi de ne pas en avoir.

— Excusez-moi, coupa Donnelly. Je n'ai pas d'enfants moi-même. Qu'est-ce qu'un journal de grossesse ?

— C'est un journal de neuf mois, expliqua Josephine. Un cahier où on note son poids et ses humeurs.

— Rose écrivait qu'elle était triste et qu'elle avait peur. » Will prit soin de ne pas regarder sa mère. « Elle parlait un peu de Damien.

— Et tu as apporté ce journal ?

— Non. » Le regard de Will plongea sur le linoléum. Son esprit passa à Douglas dans le garage. « Nous… Je l'ai oublié à la maison.

— Ne t'inquiète pas, mon chéri », dit Josephine. Puis, à l'inspecteur : « C'était sans intérêt. Nous espérions que ça nous en apprendrait plus sur Damien, mais il n'y avait rien. »

Donnelly hocha la tête.

« Donc, la dernière fois que vous avez vu Rose…

— Chez nous, répondit la mère de Will.

— Chez vous le matin avant qu'elle parte à l'école l'année dernière ? Ou chez vous le soir où votre fils a été blessé ? » Il désigna l'attelle de Will. Celui-ci se retint de la cacher avec l'autre main. « C'est juste que… Votre autre fille a dit qu'elle avait vu Rose chez vous la semaine dernière. »

Will regarda sa mère. Il s'attendait à ce qu'elle demande quand et pourquoi la police avait parlé à Violet, mais le visage de Josephine était un masque d'assurance.

« Oui, dit-elle fermement. Oui, Violet a vu Rose ce soir-là. Nous l'avons tous vue. »

VIOLET HURST

Violet dormit d'un sommeil agité, avec d'étranges contorsions, ses bras protégeant son visage et ses mains tellement serrées qu'elle ne sentait plus ses doigts. Peut-être était-ce à cause de son inquiétude pour Edie. Violet était en alerte, elle attendait la suite des événements. À l'affût du moindre murmure, elle se retournait à chaque bruit de pas, chaque crissement de lit à roulettes.

Un cauchemar la réveilla trois heures trop tôt. Elle avait rêvé l'impossible : que la torche qui éclairait sa chambre ne venait pas du couloir de l'hôpital, mais de la pelouse de l'autre côté de sa fenêtre à barreaux. Quand Violet s'était levée pour aller voir, la lumière avait frappé la vitre, réfléchissant le visage de sa sœur. En l'espace d'un instant, l'expression de Rose était passée de la surprise au plaisir ; elle avait même eu un sourire de voyeuse. Le corps entier de Violet s'était mis à hurler. Elle s'était réveillée en sueur, haletante et tremblante tandis qu'une infirmière de nuit (la gentille) lui murmurait : « Tout va bien, chérie. Tu es en sécurité. Tout va bien. Il ne peut rien t'arriver de mal ici. »

Malgré leur gentillesse, ces mots sonnaient faux.

Plus tard, pendant la thérapie, Sara arborait une expression satisfaite, presque insensible.

« Qu'est-ce qui t'a tant perturbée dans ce rêve ?

— Je crois que c'est le fait qu'elle m'ait prise au dépourvu. Et qu'elle s'introduise ici alors qu'elle savait que je souffrais, qu'elle savait que ça me gênerait.

— Tu avais l'impression qu'elle voulait établir un lien ou te faire du mal ?

— Les deux. Comme si me faire du mal était la seule manière d'établir un lien.

— Il faut vraiment qu'on travaille sur tes problèmes de confiance… Tu sais ce qu'est la thérapie d'inversion de l'image ? » Violet secoua la tête et tira sur ses manches. « Ça consiste à modifier la fin d'un cauchemar de manière à ce qu'il ne te perturbe plus. Comment ferais-tu finir ton rêve pour qu'il ne te fasse plus peur ? »

Violet se gratta la tête. Sans tondeuse, ses cheveux semblaient avoir poussé d'au moins trois centimètres en une semaine.

« Je ne sais pas, avoua-t-elle. J'imagine que je sortirais pour lui parler. Je lui dirais que j'essaie de régler mes problèmes, et qu'elle devrait envisager de faire la même chose au lieu de venir me narguer.

— C'est bien, acquiesça la psychologue. Continue à te le répéter dans ta tête avec la nouvelle fin.

— Mais cette nouvelle fin pose un problème logistique.

— Quoi donc ?

— Je ne peux pas sortir lui parler. Parce que je suis enfermée. »

La psychologue retira ses lunettes et but une gorgée dans sa tasse.

« C'est drôle que tu parles de ça, dit-elle.

— Vous me libérez ?

— Oui », répondit Sara.

Enfin, elle allait pouvoir mettre un terme à la campagne de dénigrement de Josephine. Elle pourrait s'enfuir d'Old Stone Way. Elle serra le poing.

« Que pense ma mère de tout ça ?

— Elle a dit qu'elle ne porterait pas plainte à condition que tu t'excuses pour ce que tu as fait à Will.

— OK. »

Violet se sentait impuissante face à l'injustice de devoir s'excuser pour quelque chose qu'elle n'avait pas fait. Mais ce n'était pas la fin du monde. Elle pouvait le faire. Elle n'avait pas besoin d'approbation. Elle savait qu'elle n'avait pas fait de mal à Will, et puisque Rose lui proposait de l'héberger, elle avait un projet, un endroit où aller, c'était tout ce qui comptait.

« Ta mère a aussi dit qu'elle ferait un effort pour honorer le contrat que nous avons conclu, poursuivit Sara. Elle ne te reprochera plus de l'avoir déçue par le passé. Elle essaiera de se concentrer sur les problèmes du présent.

— Super », répondit Violet, bien qu'elle n'y croie pas une seule seconde.

Violet trouva Edie dans la salle commune en train de se frotter les yeux devant un puzzle. D'après la boîte cornée, il représentait les astronautes d'*Apollo 11*.

« Je crois que c'est un bout de 1, dit Violet.

— Ah oui ? Merci. » Edie reposa la pièce qu'elle tentait d'encastrer sur le visage de Neil Armstrong. « Je croyais que j'étais devenue débile. »

Violet l'aida à remettre les pièces dans la boîte. Elles étaient pliées, jaunies par le temps.

« Ils me libèrent, annonça-t-elle. Je rentre à la maison.

— Merde, fit Edie. Chez tes parents ?

— J'y ai réfléchi, je vais essayer d'aller chez Rose. »

Violet serra les genoux. Peut-être était-ce l'adrénaline qui la faisait trembler ainsi. Elle se sentait aussi soulagée que terrifiée.

Edie se pencha au-dessus de la lune et la prit dans ses bras.

« Je vais appeler mes colocs, dit-elle. Si ça ne marche pas avec Rose, je suis sûre qu'ils voudront bien te laisser habiter chez nous quelque temps. »

C'était tentant. Violet se remémora les cités universitaires où elle était allée une ou deux fois à New Paltz : des mugs comme cendriers, des repas à base de bols de riz, des serviettes mouillées séchant sur de vieux radiateurs, de la bonne musique, des jardins en boîtes de conserve, des tapisseries aux murs. Mais malgré sa terreur de revoir sa mère, elle ne supportait pas l'idée de ne pas en avoir terminé avec Will. Elle ne pouvait s'enfuir en l'abandonnant et qu'il la déteste, comme Rose.

« J'ai réfléchi, fit Violet. Aux narcissiques. Comment on fait pour qu'ils te laissent tranquille ? »

Edie fronça les sourcils. L'éternelle routarde de la psychologie.

« C'est pratiquement impossible, répondit-elle en secouant la tête. Ils n'abandonnent presque jamais quelqu'un qui leur a fourni du matériau. Si tu les ignores, ils reviennent encore plus fort à la charge. D'abord, avec l'offensive de charme, puis, si ça ne marche pas, ils te harcèlent.

— Ils ne peuvent pas entendre raison ?

— Non. Il n'y a que deux manières de réagir face à eux. Soit tu les imites – tu sais, tu les flattes, tu supportes leurs conneries, tu ne mets pas de limites –, en gros, tu deviens un paillasson. Soit tu limites tes contacts avec eux.

— Mais comment on fait pour les repousser s'ils ne te laissent pas tranquille ?

— Tu parles de ta mère ?

— Ouais. » Violet replaça le couvercle décrépit sur la boîte. « Ou de n'importe qui.

— Eh ben, tu pourrais lui faire peur. Si elle a un secret – par exemple si elle frappe ton frère, ou qu'elle déclare illégalement Rose sur ses impôts –, tu peux t'en servir pour la menacer. Ce n'est pas difficile. Fais une ou deux allusions. Bluffe en disant que quelqu'un, un voisin ou autre, est au courant. Laisse-lui imaginer les détails. Les narcissiques ont un esprit paranoïaque, et au fond ils savent qu'ils ne correspondent pas à la façade qu'ils affichent.

— Donc, si ma mère pense que j'ai quelque chose sur elle, elle me laissera aller vivre avec Rose ?

— Mmh, peut-être. » Les yeux bleus brillants d'Edie ne paraissaient pas convaincus. « Tu pourrais essayer de la manipuler. »

Violet secoua la tête. L'idée provoqua en elle une réaction presque physique. En matière de relations, ce n'était pas une artiste céramiste : soit elle chérissait, soit elle détruisait. Elle n'avait aucune envie de modeler les gens à sa volonté.

« Ce n'est pas aussi difficile que ça en a l'air, poursuivit Edie. Donne-lui tellement d'attention qu'elle en fasse une overdose. L'ego est une vraie drogue pour les narcissiques. Quand ils sont défoncés, ils se comportent comme de vrais enfants. Tu peux leur faire croire que tout se passe comme ils en ont envie.

— Donc, tu penses que si je bourre suffisamment le mou à maman, je pourrai la convaincre de me laisser respirer ? »

L'ironie de la situation n'échappait pas à Violet, car c'était exactement ainsi que Rose s'était libérée. Elle avait été une fille si obéissante, une véritable Hurst modèle, que Josephine avait lâché du lest dans sa routine de mère étouffante, lui laissant juste assez d'espace pour qu'elle s'enfuie.

« C'est possible. Fais comme si c'était pour son bien. Comme si tu voulais être sa taupe : aller vivre chez Rose et lui donner des informations intéressantes. Une fois que tu seras chez ta sœur, rien ne t'obligera à tenir ta promesse. »

En quittant la salle commune, Violet se dirigea vers les cabines téléphoniques et composa le numéro de Rose. On était en pleine journée ; le téléphone était éteint. Il sonna une fois, puis un message lui indiqua qu'elle se trouvait sur le répondeur de sa sœur. Après le bip, elle laissa son numéro de portable et annonça qu'elle était libérée.

« Envoie-moi un texto dans la journée, ajouta-t-elle. Maman ou papa doit venir me chercher. Ensuite je passe à la ferme prendre mon chèque. On peut se retrouver ce soir, quand il fera nuit, n'importe où près d'Old Stoneway tant que je peux y aller à pied. Indique-moi un endroit, j'y serai. Je sais quoi faire. » Elle marqua une pause puis ajouta : « J'ai appris avec les meilleurs. »

WILLIAM HURST

Peut-être que la vérité n'existe pas. C'était l'hymne des menteurs du monde entier. Will le savait, mais il ne pouvait s'empêcher de le penser. Car la vérité de sa mère était la seule option envisageable pour lui, or sa « vérité » était une invention évidente – un mensonge plus gros que l'Empire State Building.

Pendant quarante minutes, Will resta dans le commissariat glacé et jura ses grands dieux qu'il avait vu Rose descendre l'escalier du XVIIIe siècle des Hurst, comme si elle était passée à la maison chercher une écharpe ou un cahier.

C'est ce qui le rendait le plus malade : il ne pouvait se contenter de raconter un bobard et s'en tirer. Chaque mensonge en appelait un autre, comme avec les services sociaux. Sauf que cette fois-ci, c'était plus grave. C'était un parjure, l'un des mots qu'il avait appris le mois précédent. L'illustration correspondante représentait un homme transpirant, une main posée sur une pile de bibles.

Will avait inlassablement répété son faux serment :

« Non, je n'ai pas vu Rose entrer, je l'ai seulement vue sortir. » « Elle est restée peut-être trente secondes. » « Oui, vous avez raison, trente secondes, c'est long. Peut-être que j'ai eu l'impression que c'était très long parce que j'étais surpris de la voir. »

C'étaient des conneries en forme de poupées russes, et Donnelly semblait vouloir disséquer chaque phrase pour regarder à l'intérieur.

« Rose avait-elle l'air en détresse ? » demanda l'inspecteur.

Will secoua la tête pour dire non, ce qui se révéla être le mauvais mensonge (si un mensonge peut être encore qualifié de mauvais) car il amena l'inévitable question de Donnelly :

« Dans ce cas, pourquoi crois-tu qu'elle était en danger ou qu'on la forçait à faire quelque chose ?

— Oh. » Will commença à paniquer. Pour dissimuler sa peur, il se mit à jouer le savant insolent. « C'est juste ce mot. Quand j'entends *en détresse*, j'imagine blessée, effrayée ou affligée. Rose n'était ni l'un ni l'autre. Elle était plutôt…

— Elle n'était pas elle-même, intervint Josephine.

— Comment cela ? »

Le stylo de Donnelly était suspendu au-dessus de son carnet. Cela perturbait Will de voir ses mensonges aussitôt immortalisés.

Josephine lui jeta une bouée de sauvetage.

« Will a été déstabilisé par son apparence. C'était juste du maquillage, Will. Beaucoup de maquillage. Et une nouvelle couleur de cheveux. Plus sombre. »

Will hocha la tête. Son estomac gronda.

« Vous avez essayé de la suivre ? »

Mamihlapinatapai. Un nom qui signifiait *le regard silencieux qu'échangent deux personnes dont chacune espère que l'autre va prendre l'initiative de quelque chose que toutes deux désirent mais qu'aucune ne veut commencer*.

« Elle s'est enfuie, lâcha finalement Will.

— Le temps qu'on arrive à la porte d'entrée, elle était déjà partie, renchérit Josephine. Damien devait l'attendre dans la voiture.

— Vous avez pu relever le numéro d'immatriculation ?

— On n'a même pas vu la voiture, marmonna Will.

— Comme je vous l'ai dit, on est peut-être stupides, intervint Josephine. Si elle était vraiment en danger… Si Damien l'obligeait à agir contre sa volonté, elle aurait pu nous appeler. On était juste là. Elle savait qu'on l'avait vue. Elle savait qu'on pouvait l'aider. »

Donnelly se gratta la joue avec le bouchon de son stylo. Ses yeux sombres étaient aussi solennels que ceux d'un prêtre.

« Ce petit ami, Damien. Vous êtes sûrs que c'est l'homme avec qui elle s'est enfuie ? Votre autre fille paraissait croire que Rose venait de rompre avec son professeur d'université quand elle s'est enfuie. »

Josephine prit un air désapprobateur.

« Je l'ignorais.

— Êtes-vous sûre que c'est Damien Koch qui vous a appelée au téléphone l'année dernière ?

— C'est le nom qu'il m'a donné, répéta Josephine.

— Et vous êtes sûre que c'est Rose que vous avez vue le soir où votre autre fille a agressé votre fils ? À cent pour cent ?

— Oui, répondit-elle. Ce n'est pas Rose qui a blessé Will. C'est Violet, mais Rose était là.

— Elle portait son manteau blanc, lança soudain Will.

— Mmmh, fit Donnelly. C'était le même manteau que l'année dernière ? Celui qu'on voit sur les vidéos de surveillance de la gare ?

— Oui, le même, répondit Josephine, les yeux embués. C'était à peu près la seule chose qui n'avait pas changé chez elle. »

Sur le chemin du retour, Will fit une crise dans la voiture. Toutes ces inventions, c'en était trop. L'histoire avait sa vitesse propre, et quand il s'éloigna de tous les mensonges qu'il venait de dire, il se sentit comme quand il descendait du tourniquet rouillé au parc Lippman : son corps avait cessé de tourner, mais son cerveau n'avait pas encore intégré l'information. Il était nauséeux, étourdi jusqu'aux doigts de pied. Il se recroquevilla sur la banquette arrière tel un fœtus déprimé et sombra dans un sommeil lourd, gluant.

Quand il se réveilla, tous les muscles de son corps lui faisaient mal. Sa mère lui secouait le poignet.

« Descends », disait-elle.

C'était pire qu'un cri : un ordre froid, trop articulé – comme ceux qu'elle donnait aux répondeurs automatiques.

Will réfréna ses instincts humains (bâiller, grogner) et émergea dans le garage.

« C'est bien », dit sa mère, radoucie, en passant une main dans sa coupe au bol. Un geste de propriétaire. Renfort positif. « Tu t'es bien débrouillé là-bas. À quelques petites exceptions près. Si ça n'avait tenu qu'à moi, je ne t'aurais pas imposé ça. Mais on était obligés d'y aller. Sinon, ça aurait paru suspect. Tout ça à cause de ton putain de père et de son satané coup de fil. »

Ses talons résonnèrent sur le ciment tandis qu'elle se dirigeait vers le break de Douglas.

« Ça y est, tu es sobre ? » demanda-t-elle en ouvrant la portière.

La lumière intérieure s'alluma. Le siège passager était vide.

VIOLET HURST

Avant de quitter la cabine téléphonique, Violet fouilla dans sa poche et sortit la carte de visite de Nick Flores. En composant son numéro, elle éprouva la même timidité rampante que quand, en appelant chez les Field, elle se demandait si c'était Finch qui répondrait.

« Nicholas Flores à l'appareil.

— Nick, c'est Violet Hurst.

— Ultra-Violet.

— C'est moi. J'espère que vous avez des lunettes de soleil.

— Oui, bien sûr. » Il y avait un sourire dans sa voix. « Alors, qu'est-ce qui se passe, UV ?

— Je sors d'ici aujourd'hui, et je voulais parler un peu de l'émancipation. Vous savez, combien ça coûte, combien de temps ça prend. Ce genre de choses.

— Bien sûr, UV. On peut faire ça. Tu n'as qu'à passer me voir au bureau. Quel jour t'irait ?

— Je ne peux pas venir au bureau. Je vais partir un petit moment.

— Vraiment ? Où tu vas ?

— Je crois que je vais habiter chez Rose. Vous avez eu de ses nouvelles ?

— Non. » La voix de Nick devint sérieuse. « Elle n'a pas répondu à mes lettres. Ni à mes coups de fil. Ni à mes e-mails. Je me suis renseigné sur ce Damien Koch, mais personne de ce nom n'a de casier judiciaire dans l'État de New York.

— J'imagine que vous ne pouvez pas chercher Matthew et Francesca Chatsworth ? Je pense que Damien est un faux nom. Matt est le prof avec qui Rose avait une liaison, et Francesca est sa femme.

— Comment ça ? Je croyais t'avoir entendue dire que Rose était une bonne fille.

— Apparemment, elle n'est pas aussi vertueuse que je l'imaginais.

— Donc, tu crois que Rose voit toujours ce type ?

— C'est possible. Je veux juste savoir où je mets les pieds. Je ne veux pas aller jusque là-bas pour tomber sur un prof agressif furieux que je lui gâche ses escapades du week-end.

— Rose t'a dit qu'il était agressif ?

— Non. C'est moi qui pense ça. Je lui ai parlé au téléphone. » Il y eut une longue pause. « Nick ? Vous êtes toujours là ?

— Je suis en train de regarder s'ils ont déjà eu affaire à la police.

— Vous avez accès à ça aussi rapidement ?

— Ce serait pareil pour toi si tu étais devant un ordinateur. C'est en libre accès sur Internet. Pas d'arrestation pour Matt. Par contre, Francesca a été arrêtée il y a quelques années pour agression.

— Francesca a agressé quelqu'un ?

— Ouais. Tu as une idée de quoi il s'agit ?

— Pas du tout. Je ne sais rien sur Francesca. »

En tout cas, rien de plus significatif. Elle avait lu toutes les conneries sur le blog du mariage : Francesca trouvait que les jacinthes sentaient trop fort et les robes en soie et polyester lui donnaient la nausée.

« Bon, écoute. C'était une agression simple. Peut-être un simple crêpage de chignon quand Frannie était bourrée. Mais fais attention, UV. Tu connais la règle clé de l'autodéfense, pas vrai ?

— Avoir des chaussures confortables ?

— Le lacrymogène. Ce truc peut mettre hors jeu les mecs les plus baraqués, peut-être même une femme trompée comme Francesca. »

WILLIAM HURST

Posté en bas de l'escalier, Will essayait d'écouter. Au début, il n'cntendit que la voix de sa mère : des questions hystériques à intervalles irréguliers. Puis des portes qui claquaient, le tintement métallique des boutons de tiroir en cuivre et une lente dégringolade, comme si des chaussures à talons tombaient de leur meuble. Quelques instants plus tard, Josephine dévalait l'escalier pieds nus.

« Papa va bien ? » demanda Will, nerveux.

Le regard que lui jeta Josephine lui fit presque aussi mal que le mot qu'elle lui avait appliqué après le dîner. Il voulait dire la même chose : qu'il était mentalement déficient.

« Il va bien, répondit-elle en retroussant les lèvres comme si le mot *papa* l'avait incommodée. Apparemment, il s'est traîné jusqu'au lit. Il dormait comme un bébé pendant qu'on gérait la mélasse dans laquelle il nous a plongés. Maintenant, Will… il faut que je voie ce journal. »

Elle fit des guillemets avec ses doigts, comme si elle avait dit *yéti* ou *chupacabra*.

« C'est papa qui l'a. »

Elle s'appuya contre la partie recourbée de la rampe.

« Il ne l'a pas. Je viens de fouiller les poches de son manteau.

— Alors il l'a mis ailleurs.

— Où, ailleurs ? »

Voilà qu'elle se remettait à assassiner la syntaxe. Il sentit son sang se figer dans ses veines.

« Je ne sais pas. Je ne l'ai pas vu. Il ne m'a pas dit. »

L'espace d'une seconde, sa mère parut amusée par cette réponse en staccato. Elle descendit légèrement la dernière marche et passa un bras autour de ses épaules, comme un entraîneur de base-ball qui encourage son batteur à la traîne.

« Dis-moi ce qu'il y a écrit dedans, Will. Tout de suite. J'ai besoin de savoir, pour sauver cette famille.

— Pourquoi tu t'en prends à moi ? » dit Will.

Des larmes roulaient sur ses joues.

« Tu n'es pas le centre du monde, Will. » Sa mère farfouillait dans leur tiroir à bazar. Sa voix était une grimace. « Il faut que je trouve ce journal. J'ai dit à cet inspecteur que je le lui apporterais demain. Si on ne l'a pas, ça paraîtra…

— Je sais, je sais, renifla Will. Ça paraîtra suspect. »

Elle leva brusquement la tête du fouillis de piles, de sacs-poubelle et de ficelle.

« Eh bien, Will, j'allais dire *léger*. Peut-être que tu es contre moi, toi aussi. Peut-être que l'internat à Londres est une mauvaise idée.

— Je ne suis pas contre toi. Je ne comprends simplement pas pourquoi j'ai dû dire que j'avais vu Rose.

— Je ne t'ai pas mis le couteau sous la gorge. Je ne t'ai pas forcé à le dire. Je ne t'ai obligé à rien. » Elle détourna à nouveau les yeux. En elle-même, elle devait savoir que cette dernière phrase était fausse. « Tu me demandes si je l'ai vraiment vue ce soir-là ? »

Il soutint son regard. Il y avait tellement de mensonges dont il voulait lui parler – son faux diplôme, le diagnostic d'autisme potentiellement inventé –, mais il avait trop peur. Il ne savait pas ce qui l'effrayait le plus : la réponse ou le déchaînement de fureur que risquerait de provoquer la question.

« Non, je n'ai pas vu Rose ce soir-là, mais elle est tout le temps ici, Will. Je le sais. Parfois, j'entends des bruits. Des portes qui se ferment la nuit. Parfois, mon coussin a l'odeur de son parfum. »

Il remarqua un économe à côté d'une boîte retournée sur la planche à découper. Il la renversa pour lire l'étiquette : « *Antihistaminiques. Gel liquide.* »

Quand il la regarda à nouveau, elle l'étudiait, les yeux légèrement plissés. Sous la lumière de la cuisine, ses nouveaux cheveux blonds luisaient.

« Ah, tu es toujours aussi observateur, mon garçon, dit-elle. Ces allergies d'automne me tuent.

— Le journal ne sera pas dans la cuisine. Il doit être dans un endroit à papa. »

Elle se releva et lissa sa robe.

« Je n'ai pas encore été voir sur son établi », dit-elle. Son visage, déjà jeune pour son âge, s'éclaira soudain d'un optimisme de jeune fille. « Je vais regarder dans sa boîte à clés. Pourquoi tu ne monterais pas chercher sous son oreiller ? Et sous son côté du matelas ? Tu as des mains tellement petites et discrètes. Parfois, je me dis que tu devrais être chirurgien.

— Mais je veux être écrivain… Pourquoi est-ce qu'on ne peut pas attendre demain et demander à papa où il a mis le journal ?

— Parce que je vais m'agiter toute la nuit en y pensant. »

Elle enfonça ses pieds dans ses pantoufles à carreaux et s'enroula une couverture autour des épaules. Elle lui indiqua l'étage d'un geste – *Monte* – puis se dirigea vers le garage pour regarder sous le casque à tronçonneuse de Douglas et sous sa lampe-tempête.

« Will ?

— Oui.

— Je crois que j'ai trouvé l'école idéale pour toi.

— Comment elle est ?

— Parfaite. La plupart des élèves vont à Oxford ou Cambridge après. Des fils de notables. Pas de sport obligatoire. De nombreuses opportunités de porter des costumes, des smokings et des queues-de-pie. »

La chambre de ses parents était sombre, seulement éclairée par la lumière du placard de son père. Tout ce qu'il vit, en entrant discrètement, ce furent les cintres vides qui se balançaient sur la tringle en métal, toutes ses chemises et tous ses pulls à carreaux en boule sur la moquette.

Douglas était toujours habillé, endormi sur le lit, tel Jésus sur sa croix : les pieds collés, les bras écartés, la tête tordue sur le côté. Il avait la bouche ouverte, le menton relevé. En temps normal, il aurait dû ronfler comme un train de marchandises, mais il n'émettait pas un son. La pièce était effroyablement silencieuse. *Il est mort*, songea Will. Mais en s'approchant, il plaça une main à un ou deux centimètres de la bouche de Douglas, et un souffle faible, lent, le chatouilla. Il n'avait jamais rien tenu qui porte une couche et il n'en avait pas la moindre envie, mais cela lui fit penser à la respiration d'un bébé.

Peut-être devrait-il prendre soin de son père, d'une manière ou d'une autre – aller lui chercher une couverture ou lui mettre un linge mouillé sur le front –, mais aucune de ces options ne paraissait appropriée. Il se contenta donc de faire ce que lui avait dit sa mère : il souleva le matelas d'un centimètre avec une main et fouilla en dessous avec l'autre. Rien. Il joua à la petite souris et glissa son bras sous l'oreiller de son père. Le journal de Rose n'y était pas non plus. Son père restait aussi immobile qu'un hérisson mort.

Le téléphone portable de Douglas était posé sur la table de nuit. Will se surprit à espérer qu'il avait appelé Kerry avant de sombrer à nouveau.

Peut-être qu'il est soûl et malade. Il ne fallait pas mélanger certains médicaments avec de l'alcool. Un jour, il avait entendu Violet parler d'une fille qui avait fait une mauvaise réaction en avalant des antibiotiques avec un vodkaccino (un frappuccino mélangé à de la vodka bon marché). Il repensa au goût de savon de la soupe et à la boîte d'antihistaminiques dans la cuisine.

Vénéfice : empoisonnement.

Il éprouva une étrange sensation, comme s'il s'apprêtait à faire une crise. Il dut s'accroupir pour recouvrer son équilibre. Sa poitrine se serra, son cœur s'arrêta un instant. Sa mère pouvait-elle avoir drogué son père ?

Josephine entra, un verre d'eau à la main.

« Tu as trouvé ? » murmura-t-elle.

Il secoua la tête. *Tu es paranoïaque*, songea-t-il. *Tu as des idées folles, méprisables*.

Elle posa le verre sur la table de nuit, près de Will agenouillé.

« Ton père aura soif, dit-elle. On peut atténuer la gueule de bois avec beaucoup d'eau. »

Dans le couloir, il insista encore. Il avait décidé d'opter pour l'effacement le plus total. Comment aurait-il pu l'accuser directement d'avoir drogué son père avant de dissimuler les preuves ?

« Excuse-moi, maman. Il est tard. Mon cerveau est embrumé. Je ne comprends pas pourquoi on n'attend pas juste que papa se réveille. Il ne peut pas apporter le journal de Rose au commissariat ? Tu en as déjà tellement fait. Toutes ces questions… » Il eut une grimace compatissante.

Elle traversa son champ de force – cet espace symbolique, d'un mètre à peu près, qu'elle tenait absolument à instaurer entre elle et les autres – et s'approcha de Will afin de le prendre dans ses bras.

« Je ne veux pas qu'il trouve Rose avant nous, dit-elle. Rose déteste ton père. Toutes ces années de boisson… » Elle mit sa main sur sa bouche et détourna ses yeux embués. « Ton père a abusé d'elle. Le temps que je comprenne ce qui se passait, il était trop tard. Je ne pouvais plus la protéger. Le mal était fait.

— C'est pour ça que Rose a rayé la voiture de papa au lieu de la tienne ? »

Un sourire triste apparut sur son visage.

« Tu es tellement intelligent. Je ne peux rien te cacher.

— C'est pour ça que tu avais peur, je veux dire, encore plus, que papa ait une liaison.

— Je m'inquiétais… » Elle marqua une pause. « Je craignais qu'il ait renoué avec Rose.

— Il a essayé, remarqua Will. Il voulait engager un détective privé pour la retrouver.

— Je sais. J'ai mis des semaines à l'en dissuader. Je ne suis pas complètement détendue depuis. Je redoute un peu qu'il l'ait fait derrière mon dos. »

Il repensa aux événements dans la cuisine.

« C'est pour ça qu'après m'être fait mal j'ai dû dire que c'était Violet qui l'avait fait. »

Il avait voulu être un bon garçon et laver la carafe en cristal tandis que sa mère nettoyait le lave-vaisselle plein de risotto avec une louche en argent tout en pleurant hystériquement. Mais la poignée courbe glissait tellement, quand elle était mouillée ! Lorsque la carafe s'était fracassée sur le carrelage en mille éclats brillants, il avait été tellement horrifié qu'il n'y avait pas réfléchi à deux fois. Il avait attrapé le plus gros morceau au moment même où sa mère avait fermé son poing sur le sien. Ce n'était pas de la colère, avait-elle insisté plus tard. Elle essayait juste de l'arrêter. Mais il ne le savait pas. Il avait fait une crise et s'était cogné le menton contre le coin de l'îlot central. Josephine lui avait retiré les débris avec une pince à épiler, puis avait commencé le long voyage vers l'hôpital, à l'est. Tandis que Will tentait de ne pas mettre de sang sur les sièges, Josephine répétait : *C'est la faute de Violet. Tu n'aurais pas fait tomber la carafe si elle ne t'avait pas perturbé en criant comme une folle. C'est Violet qui t'a fait ça, Will. Dis-le au docteur.*

Elle le serra si fort que ses côtes touchèrent ses organes.

« Je sais que ça a été difficile pour toi, déclara-t-elle. Je ne mentais pas quand je disais que l'hôpital était l'endroit le plus sûr pour Violet. Elle ne veut pas avancer avec moi. Elle me traite comme si j'avais des cornes et une langue fourchue. Je ne pouvais pas prendre de risques. Je devais l'éloigner de ton père. Je dois tous nous éloigner de ton père. »

Pour la première fois, les tendances protectrices de sa mère avaient du sens. Bien sûr, elle gardait Will près d'elle pour le protéger du prédateur tapi dans leur propre maison.

« Que… qu'a-t-il fait à Rose ?

— Oh, Will, chéri. Je ne pense pas que tu aies l'estomac suffisamment bien accroché. Il y a une raison, si Rose devait cacher ses relations. Si elle ne sortait pas beaucoup avec des garçons. Ton père était horriblement jaloux, et en même temps fasciné par la vie sexuelle de Rose. Je l'ai déjà trouvé ivre mort, le nez dans le panier de linge sale, en train d'inspecter ses sous-vêtements. »

Instinctivement, il mit ses mains sur ses oreilles.

« Un jour, il l'a frappée parce qu'elle lui avait dit que Jason Blake lui avait demandé de l'accompagner au bal de fin d'année. »

Cette révélation le choqua.

« Elle m'a dit qu'elle avait éternué en enfilant ses collants et qu'elle s'était cogné la tête contre le genou. »

Elle lui jeta un regard éloquent, qui disait clairement : « Tu es encore plus bête que je ne le pense. »

« Papa m'a emmené chez un nouveau docteur aujourd'hui, ajouta-t-il. Il a dit que mon épilepsie n'était qu'une réaction à un traumatisme. Il a dit que mon autisme n'était pas réel.

— Ton autisme est réel, Will. Quant aux traumatismes, on en a eu un paquet – entre les crises de Violet et les mauvais traitements alcoolisés de ton père. »

Il cherchait quelque chose à dire pour la convaincre qu'il était vraiment de son côté, même après tout ce qu'elle avait fait et ce qu'elle lui avait fait faire, quand il jeta un regard par la fenêtre sombre de Rose et vit des flammes.

« Maman ! lança-t-il. Maman ! Il y a le feu dans le jardin ?

— C'est notre haie de cèdres ! » s'écria-t-elle.

Tandis qu'ils se précipitaient ensemble vers l'extincteur, il crut la voir réprimer un sourire. Rose était là et l'idée excitait autant sa mère qu'elle le terrifiait lui.

« Reste dans la maison, ordonna-t-elle. Ta sœur est peut-être ici. »

Il obéit, même s'il mourait d'envie de sortir et de crier à Rose, cettc méprisable lâche, de se montrer. Par une fenêtre du rez-de-chaussée, il vit la silhouette de sa mère cracher des nuages de poussière. Il entrouvrit le battant et entendit le sifflement de l'extincteur, pareil à celui d'un public mécontent. Voyant que ça ne fonctionnait pas, elle se précipita pour saisir le tuyau d'arrosage.

Will se réveilla tard le lendemain matin, les yeux encore embués d'une longue nuit à chercher le journal de Rose. Il était toujours en proie à la peur et à une sensation irréelle en se rappelant comment il avait regardé sous les tapis de bain, passé la main derrière les miroirs, espérant pour sa mère qu'il trouverait le livret caché derrière. En contemplant son père une dernière fois, il avait ressenti une bouffée de haine. Il se détestait de s'être laissé manipuler par Douglas. Et dire qu'il l'avait aidé à craquer l'e-mail de Rose. Dire qu'il avait momentanément baissé sa garde et qu'il s'était rapproché d'un monstre qui avait violé et battu sa sœur, voire pire !

Il se leva et enfila les vêtements que sa mère avait choisis pour lui : un pantalon chino, une chemise à carreaux très école privée et un pull à col châle. Cela voulait dire qu'une journée importante les attendait.

Quelque chose exigeait une tenue correcte, mais il ne savait pas quoi.

Dans la cuisine, du bacon sifflait dans la poêle. Sa mère raclait un toast brûlé avec un couteau.

Le journal de Rose trônait au beau milieu de l'îlot de la cuisine.

« Où était-il ? demanda Will en passant une main sur la couverture couleur lavande.

— Dans la bibliothèque. Caché en pleine vue. »

Elle porta le couteau à ses lèvres dans un geste qui signifiait *chut*.

Will tourna les pages jusqu'au troisième trimestre, mais les entrées suivant l'avortement de Rose avaient disparu. *Révisionniste*, un nom.

« Je les ai arrachées, déclara Josephine en posant des œufs pochés sur deux assiettes. Je ne veux pas que quelqu'un croie que ma Rose est devenue folle. Ce n'est pas elle. Elle n'est pas comme ça. »

Will se demanda pourquoi, dans ce cas, elle ne voyait pas de problème à ce que les gens pensent que Violet était folle.

« Avec Violet, c'est différent », cracha Josephine.

Will eut la sensation que son cerveau était un véritable aquarium dans lequel elle pouvait regarder quand elle voulait et voir les pensées tourner en rond. Il y eut un silence tendu. Elle poussa une assiette vers lui.

« Violet rentre à la maison aujourd'hui. Il faut qu'on mange avant d'aller la chercher. »

Will sentit un brusque afflux de sang. Ses jambes flageolèrent d'anxiété.

Josephine mordit net un coin de son toast.

« Ne me regarde pas comme ça. Je la laisserais là-bas si je pouvais, mais les médecins pensent qu'elle est stable et notre assurance veut qu'elle rentre à la maison. Tout ira bien.

— Non, ce n'est pas vrai.

— Mais si. Laisse-moi lui parler. »

Elle lui saisit le menton et leva doucement son visage pour qu'il la regarde.

« Elle va me détester, affirma-t-il, baissant les yeux pour contempler le contraste entre ses chaussures marron et le carrelage gris.

— Je ne pense pas que tu doives dire quoi que ce soit. Tout le monde s'en sort à bon compte. C'est comme ça que je vois les choses. Elle n'aura pas de casier judiciaire. Et de toute manière, elle avait besoin d'aller à l'hôpital. Elle hallucinait. Elle était droguée. »

Voyant qu'il ne répondait pas, son ton se fit plus sec.

« Will, elle a fait la paix avec toute cette histoire, c'est ce que disent ses docteurs. Si tu changes ton récit maintenant, ça ne fera que la perturber. Elle est encore fragile et désorientée. On doit la dorloter pendant une semaine ou deux. »

Will fut confondu par la tendresse soudaine de sa mère envers Violet. Il sentit son visage rosir de jalousie.

« Je me disais, tu crois que je devrais changer le mot de passe de l'e-mail de Rose pour qu'on n'ait pas à craindre que papa aille lire ses messages ? proposa-t-il.

— Tu connais le mot de passe ? »

Will hocha la tête. Il vit son visage se refléter dans la fenêtre de la cuisine, sa petite bouche en pruneau, ses yeux un peu trop larges. Il tentait de dissimuler la satisfaction qu'il éprouvait encore d'avoir piraté le compte de Rose.

« Fais-le tout de suite, avant que ton père se réveille. Choisis quelque chose qu'on se rappellera. Mets *ChristLove.* »

Il réprima une grimace. Quelques instants plus tard, le discours de son père sur les mots de passe stupides lui revint en mémoire, et il remplaça le O de *Love* par un zéro. Quand il revint à la cuisine, ses œufs étaient glacés, durs comme de la pierre.

Tandis qu'ils se préparaient pour se rendre à l'hôpital, Douglas descendit. On aurait vraiment cru qu'il roulait dans l'escalier, un engin de chantier de cinq tonnes sur des rails branlants. Son poids semblait pendre autour de lui et son visage moite, grisâtre, ressemblait à un aliment resté trop longtemps sous la lampe chauffante d'un fast-food. Il portait encore ses vêtements de la veille. Will se serait peut-être senti mal pour lui s'il n'avait pas su ce qu'il savait. Maintenant, quand il regardait son père, il ne voyait qu'une épave imbibée d'alcool : une peau flasque, une haleine pâteuse, des poings prêts à frapper. Rien qu'à entendre ce qu'il avait fait à Rose, il s'était senti souillé lui aussi.

Douglas prit le journal. Une veine se gonfla sur son front.

« Qu'est-ce qui se passe ? » demanda-t-il.

Josephine lui tourna le dos et jeta une assiette dans l'évier.

« Nous partons chercher Violet à l'hôpital, voilà ce qui se passe. Tu peux rester ici et faire ce que tu as à faire. Appeler ton parrain, etc. »

Douglas jeta un regard à Will.

Will baissa les yeux sur les miettes de pain.

Douglas se dirigea vers le placard et prit une tasse. Il tira le récipient de la cafetière, le trouva vide et le reposa brusquement. Il avait l'air perplexe, agressif, comme un somnambule réveillé en sursaut. Pendant tout ce temps, il avait gardé le journal à la main.

À ce moment-là, Douglas regarda par la fenêtre. Il posa la main sur la vitre et y laissa une trace. Il recula, stupéfait.

« La haie, dit-il. Jo, qu'est-il arrivé à cette haie ?

— Je ne sais pas, Douglas.

— Le commissariat..., commença-t-il. Tu leur as parlé de ça quand tu y es allée ? Violet ne peut pas avoir fait ça. Elle est encore à l'hôpital.

— Quand *nous* y sommes allés. Will et moi nous en sommes occupés.

— Et qu'est-ce que tu leur as dit ? »

Sa voix dénotait la panique.

« Tout. La haie, les e-mails. Bon, on n'avait pas le journal, mais on leur en a parlé. Tu pourrais nous rendre service en le leur apportant pendant notre absence. Enfin, si tu te sens en état de conduire. »

Elle prononça ces derniers mots avec lenteur en regardant Will d'une manière qui l'impliquait, lui aussi.

Douglas abattit le journal sur le plan de travail.

« Je n'ai pas bu, Josephine !

— Oh, bien sûr ! répliqua-t-elle d'un ton sarcastique. Comme tu n'avais pas bu cette fois où tu t'es endormi dans le train et où tu t'es réveillé aux chutes du Niagara ? Comme tu n'avais pas bu la fois où tu m'as dit – devant tout le monde, à la fête de Noël d'IBM – de demander à mon prochain mari de payer les cours de piano de Will ? »

Will sentit sa mère derrière lui, une main sur son épaule. C'était censé être un geste de soutien, mais il ne put s'empêcher de penser qu'elle le mettait littéralement entre eux. Il resta immobile, tel un bouclier humain. Son col était mouillé et il s'aperçut qu'il pleurait.

Des conversations comme celle-ci avaient-elles lieu dans toutes les cuisines de la ville, sous des listes de courses écrites à la craie : « *LAIT, AMPOULES, ŒUFS, POP-CORN* » ? Avant, il croyait que oui. Il en aurait juré. À l'église, quand il voyait d'autres parents s'embrasser sur la joue pendant la partie de la messe où on échange « la paix du Christ », il était certain que c'était leur seule démonstration d'affection hebdomadaire. Il aurait parié sur sa vie que tous les maris du monde étaient comme Douglas, chaque épouse comme Josephine. Mais à présent, il s'interrogeait… Il se demandait si les mères de tous les garçons de douze ans leur donnaient encore le bain, les appelaient « étalon » et leur pinçaient affectueusement les fesses. Il se demandait si tous les pères se faisaient lentement pousser hors de la famille comme une vieille chose blessée jusqu'à ce que, fous de douleur, ils réduisent tout le monde en pièces.

Douglas pointa le journal vers Joséphine comme une arme.

« Tu es la pire, la plus méchante, la plus méprisable des salopes que j'aie jamais connues ! »

Il hurlait, toutes canines dehors, et le mot *salope* produisit un arc de postillons.

Josephine prit la main de Will et la serra comme pour dire *Tu vois maintenant ? Tu vois comme il est violent ?*

« Un autre homme, Jo… Un homme moins bon que moi te frapperait presque à mort. »

Will serra deux fois la main de sa mère, une sorte de code secret.

VIOLET HURST

Ils arrivèrent avec un rameau d'olivier. En fait, c'était un bouquet de gerberas rouges et un ballon à l'hélium représentant un visage souriant. Ce dernier parut à Violet fourbe et chargé d'ambiguïté. Aucun doute que Josephine l'avait choisi en sachant très bien que cette attention plairait au personnel (*Comme c'est mignon ! Ils veulent qu'elle soit heureuse !*) mais aurait un tout autre sens pour sa fille : *Souris, petite conne, fais comme si tout allait bien.*

Violet se leva. Une heure après que Sara eut signé sa décharge, le personnel avait enfin retrouvé les vêtements qu'elle portait quand elle était arrivée. Son jean était toujours taché d'herbe et de boue depuis ses ébats tantriques dans le jardin des Field et elle le trouva plus serré que lors de son arrivée à cause de toute cette nourriture fade et réconfortante.

« Viola. » Sa mère lui posa une main sur la joue et l'attira à elle pour une accolade qui lui broya la colonne vertébrale à l'en faire frémir.

« Chérie, si tu savais comme tu nous as manqué ! Ta sœur t'a vraiment manqué, n'est-ce pas, Will ? »

Will garda le menton pointé vers ses chaussures, mais il leva lentement les yeux vers elle. On aurait dit qu'il redoutait que Violet le morde.

« Je suis désolée, Will, déclara Violet. Je suis toujours un peu confuse sur ce qui s'est passé, mais je sais que je n'ai jamais eu l'intention de te faire de mal. »

Du coin de l'œil, elle aperçut le sourire glacé et triomphant de sa mère.

« On apprécie que tu dises ça. N'est-ce pas, Will ? »

Will acquiesça. Il avait toujours la tête baissée, les mains toujours le long du corps comme une poupée de chiffon.

« Will et moi avons discuté, et nous avons décidé que si tu t'excusais et que tu promettais de ne plus jamais te droguer, nous pourrions tous les deux te pardonner et t'accueillir à la maison. Alors ? Tu promets ?

— Je ne me droguerai plus, répondit Violet en songeant que sa mère faisait peut-être vraiment d'elle une menteuse.

— Fantastique ! Will, prends ta sœur dans tes bras. Allez. Quel est le mot que tu m'as dit l'autre jour ? Celui qui te fait penser à Violet ? Tu m'as dit : "Maman, mon… préférée me manque."

— Autotonseuse.

— Eh bien, vas-y, explique à Violet ce que ça veut dire. »

La voix de Will fut presque un murmure.

« Ça veut dire une personne qui se coupe les cheveux toute seule. »

Violet attendit d'être dans la voiture avant d'allumer son téléphone, pour la première fois depuis une semaine. Sa mère était occupée à fredonner au son d'un concerto pour violoncelle lugubre et prétentieux tandis qu'à l'arrière Will fixait la route avec une intensité caractéristique – un regard qui semblait dire que s'il détournait ou clignait les yeux, la voiture sortirait de la route. Le téléphone vibra six fois dans la main de Violet, et les messages lui résumèrent la semaine.

Premier message. Vendredi soir, Finch :

ZAK ET CRYSTA EN QUÉBÉCOIS = MEILLEUR FILM DE DÉFONCE !

Deuxième message. Vendredi soir, Finch :

TOI, TU ES CRYSTA, MOI LE GROS LÉZARD EN AMOUR AVEC TOI.

Troisième message. Samedi matin, Imogene :

ÇA VA ? JE VOULAIS T'ÉCRIRE + TÔT MAIS JE REGARDAIS L'ÉCRAN EN ME DEMANDANT CE QU'ÉTAIT MON TÉLÉPHONE. JASPER (BAD TRIP !), DISAIT UN DÉTONATEUR.

En inspectant sa boîte d'envoi, Violet s'aperçut qu'elle avait expédié un tas de charabia à Finch et Imogene. Le plus clair disait : « *SNAPCRACKABOUM !* » et : « *DISPUTES BIEN MAIS VOIE GAUCHE CORRESPOND IDÉALEMENT !!!!!* »

Quatrième message. Samedi après-midi, Imogene :

TU NOUS ÉVITES À CAUSE DES DÉCLARATIONS D'AMOUR DE FINCH ? :) TU LUI PLAIS TOUJOURS, JUSTE STRESSÉ POUR MAMAN.

Cinquième message. Samedi après-midi, Imogene :

T OÙ ? TU AS EU DES PROBLÈMES AVEC SOCIO-JOSIE ?

Violet jeta un regard discret vers sa mère. Elle ne se rappelait pas exactement quand elles s'étaient mises à appeler sa mère Josie la socio (abréviation de *sociopathe*).

Sixième message. Du numéro de Rose :

ON SE RETROUVE AU TERRAIN DE BASE-BALL DE ROSENDALE. À QUELLE HEURE ? MINUIT ? UNE HEURE ? TU COMPTES T'ENFUIR APRÈS ÊTRE ALLÉE TE COUCHER ?

Instinctivement, Violet cacha son téléphone, craignant que sa mère le voie.

Josephine baissa le volume de la radio. Ses nouveaux cheveux blonds lui donnaient l'air d'une maman Barbie défectueuse.

« Alors, raconte-nous l'hôpital. Qu'est-ce que tu as appris ?

— Ce que j'ai appris ? »

Comme si l'internement était un stage d'été.

« Oui, Viola. » C'était la vraie voix de sa mère, dure, celle qui se tapissait sous son discours public. « Je ne sais pas pour ton Bouddha, mais mon Dieu nous donne la chance d'apprendre de nos erreurs. Il nous donne des leçons. »

Violet se retint de se cogner la tête contre la vitre. Au lieu de cela, elle appuya le coude dessus et posa sa joue dans sa paume.

« Voyons… J'ai appris qu'un cadenas dans une chaussette fait une arme meurtrière. J'ai appris que les cigarettes sont une monnaie d'échange. J'ai appris que si on laisse du sucre, du pain et des fruits pourrir pendant un mois dans une bouteille de shampooing, on peut se soûler avec. »

Sa mère éleva la voix, indignée.

« Oh, comme c'est amusant ! Planer plus haut qu'un cerf-volant, faire peur à tout le monde, nous coûter des centaines, voire des milliers de dollars en soins médicaux, blesser ton frère ? D'ailleurs, il t'a peut-être pardonné, mais je n'en suis pas encore là. Alors excuse-moi si je ne saisis pas ton humour.

— Pardon maman. C'était une blague stupide. J'essayais juste de détendre l'atmosphère. » Elle se rappela les mots d'Edie sur la manière de manipuler les narcissiques. Elle devait faire semblant de vouloir amadouer sa mère, même si l'idée la révulsait. « J'ai appris beaucoup de choses là-bas.

— Par exemple ?

— Par exemple, je ne suis pas sûre de vouloir toujours être bouddhiste. C'était juste une passade, comme tu as dit. La pression des autres. J'essayais de m'intégrer chez les Field, qui se comportent bizarrement avec moi de toute façon.

— Aha ! Donc tu es d'accord avec moi sur ces gens, maintenant ?

— Ouais. Je vois ce que tu veux dire sur leur style de vie, des bons à rien.

— Et ils sentent mauvais.

— Oui, ils sentent mauvais. »

Sa mère gloussa et retira les mains du volant pour applaudir de joie.

Edie avait raison. Sa mère était incroyablement crédule, perméable aux compliments et aux concessions qu'on voulait bien lui faire. Violet réfléchit puis ajouta :

« Odeur ou pas, je dois quand même trouver le temps d'aller récupérer mes devoirs chez Imogene. »

Elle répondit au texto de Rose :

UNE HEURE. J'AI TROP HÂTE.

Elle le pensait sincèrement. Elle allait enfin retrouver la sœur qu'elle aurait toujours dû avoir

– celle qu'elle aurait eue si leur mère à l'esprit tordu avait su se contenter de ce qu'elle avait. Au milieu de la jalousie et de la méfiance, elles avaient partagé peu de moments. Il y avait eu ce week-end où, alors qu'elles avaient la varicelle, en quarantaine dans la chambre d'amis, elle et Rose, âgée de onze ans, avaient entouré leurs boutons avec un feutre. Et elle se rappelait comme elles se retenaient de rire quand, à trois ans, Will appelait sa figurine Rambo « Rainbow ».

« Tu envoies un message à Imogene ? J'espère que tu lui as dit que tu étais punie, parce que c'est le cas. Si tu crois aller où que ce soit, tu te trompes lourdement.

— Non, c'est le boulot, mentit Violet. Ils attendent que j'aille chercher mon chèque. On peut y passer maintenant ? »

L'expression de Josephine sembla dire que c'était un ennui de plus dans une série de tracas insupportables.

« Je trouve que tu prends des libertés avec notre bonne volonté et notre temps précieux, répliqua-t-elle. Nous sommes en train de nous préparer à l'examen de maths, Will doit travailler comme un forçat. »

Violet jeta un regard à Will. Celui-ci se redressa, sur la défensive, comme si elle l'avait impliqué dans une affaire horrible.

« Pas de problème. Je peux y aller à vélo. Mais dans ce cas, je ne pourrai pas rapporter les tartes aux poires que Mme D. m'a mises de côté. »

Violet savait que sa mère adorait ces tartes aux poires. Parfois, elle les mettait dans une assiette à elle et les offrait au curé de Saint-Peter en prétendant que c'était sa recette.

« D'accord, fit Josephine. Mais dépêche-toi. »

En entrant, Violet trouva Troy Barnes en train de prendre un carton de patates en photo avec son iPhone. Il avait un bandana autour du poignet. Ses cheveux étaient teints d'une couleur quelque part entre le noir de jais et le violet.

« Eh, Violet, regarde ça, dit-il en brandissant une pomme de terre difforme. Elle ressemble à un mainate, tu ne trouves pas ? Je l'ai appelée *patanate*. Qu'est-ce que tu en penses ?

— Je pense que tu peux faire mieux que ça.

— Mainatate ? »

Ils accrochaient des photos sur le tableau dans la pièce de service : des avocats parfaitement ronds, des tranches de banane qui ressemblaient à des prises électriques, des champignons en forme de cul. À la fin de la saison, Mme D. choisissait la meilleure et offrait cent dollars de prime au gagnant.

« C'est pas aussi bien que le nugget de poulet en forme d'Afrique. Mme D. est là ?

— Elle est dans les tunnels, je crois. Tu veux que je l'appelle ? »

Violet hocha la tête.

Les tunnels étaient des serres sans chauffage où ils faisaient pousser choux frisés, laitues, épinards, carottes, bettes et betteraves.

Tandis que son walkie-talkie crachotait, Troy sembla étudier Violet avec un intérêt nouveau. Était-il au courant qu'elle était devenue zinzin ? L'idée était plus qu'insupportable. Le sang reflua de son cerveau.

« Madame D. ? » cria Troy au bloc de métal dans sa main.

Ses yeux avaient la couleur du sirop d'érable qu'ils vendaient. Les coins de sa bouche se recourbèrent en un petit sourire.

Un craquement sortit du haut-parleur.

« Oui ?

— Votre boule de billard préférée est ici. »

Troy caressa le crâne de Violet comme si c'était un chat. Sa main s'attarda sur sa nuque, et elle sentit un fourmillement chaud se répandre dans tous ses chakras.

« Je peux toujours mettre un chapeau pour dissimuler mon crâne chauve. Toi, tu ne peux rien faire pour cacher ton désespoir », murmura-t-elle d'une voix taquine.

C'est alors que la vérité la frappa : ses amis étaient la seule famille qu'elle ait jamais eue, et elle les quittait pour aller vivre avec quelqu'un qui avait le même sang qu'elle mais lui paraissait étranger.

Elle écarta rapidement cette pensée. Sara n'avait-elle pas dit que l'intimité se construisait avec le temps ?

Il faudrait qu'elle offre un cadeau à Rose. Elle pourrait sans doute voler une bonne bouteille dans le casier de ses parents. Un vin avec un goût de cannelle, de poivre et de réconciliation entre sœurs. Elle s'imaginait déjà la scène – Rose, rouge et éméchée, riant des imitations que ferait Violet des phrases préférées de leur mère : « Va te coucher, je suis fatiguée » ou : « Excuse-moi de vivre, mais le cimetière est plein. » Elle pouvait presque sentir Rose la serrer dans ses bras, si contente de la voir, tandis qu'elle dépliait une couverture sur le canapé. *Moi aussi, je suis contente*, dirait Violet. *Tu m'aides comme j'aurais dû t'aider l'année dernière. Je ne sais pas si je dois d'abord te dire « Merci » ou « Désolée ».*

« Rose ? »

Mme D. prononça ce nom de la même manière que Violet et ses collègues répétaient les questions bizarres des touristes de passage : *Pardon ? De l'huile de moteur ? Une pince à épiler ? Un cartable ? Qu'est-ce qui vous prend de croire qu'on vend ça ?*

« Vous pensez que c'est une grosse erreur ?

— Je n'ai pas dit ça.

— Vous me regardez comme si j'avais payé en pièces canadiennes.

— Oh, chérie, c'est juste que… Rose est partie depuis longtemps.

— Et on n'était pas si proches, je sais. Mais j'ai l'impression qu'on a beaucoup à se dire. Je ne pars pas pour toujours. J'essaierai de revenir cet été. Je pourrais peut-être dormir dans les dortoirs ? »

Les dortoirs étaient les cabanes où dormaient les travailleurs saisonniers autour du champ de maïs.

Mme D. soupira.

« J'espère qu'on sera encore là l'été prochain.

— Comment ça ? » Violet était abasourdie. Pour autant qu'elle le sache, les affaires se portaient à merveille. « Où seriez-vous ?

— Quelqu'un a dit au shérif que chez Dekker, on trafique des médicaments.

— *Quoi ?* » Violet n'en revenait pas. « Ça doit être une blague. Une blague stupide et tordue. »

Mme D. la regarda intensément.

« Tu n'es pas au courant ?

— Je suis un peu hors circuit depuis une semaine. Mais je demanderai autour de moi, si ça peut vous aider.

— Ne t'inquiète pas, on va s'en sortir. » Elle secoua la tête et lissa le calendrier usé sur son bureau. « Donc, tu es sûre que ta sœur est bien lotie ?

— Vous voulez dire dans un immeuble avec concierge ?

— Je veux dire émotionnellement. Tu es sûre que Rose peut prendre soin de toi ? En ville, les gens parlent encore de la manière dont elle est partie, tout le monde se demande si elle ne traînait pas avec des gens louches.

— Rose est heureuse maintenant. Et responsable. Elle a un boulot stable. Elle va m'aider à mettre des sous de côté. »

Pour l'instant, le plan de Violet consistait à être la meilleure invitée que Rose ait jamais eue. Elle cuisinerait, ferait le ménage, irait faire les courses et la lessive. Dès qu'elle trouverait un travail, elle lui proposerait de payer un loyer.

« Bon sang, chérie, à Manhattan, à moins d'être un milliardaire russe, je ne pense pas que tu économiseras beaucoup d'argent.

— Merci en tout cas, déclara Violet en agitant son chèque. C'est un bon début. »

Mme D. parut sceptique.

« Il y a toujours deux cents dollars entre toi et la rue », dit-elle.

Elle se pencha et sortit une boîte en métal du dernier tiroir du bureau. Elle tourna la clé et en tira encore deux cents dollars en billets de cinq et de dix.

« Tiens. »

Violet fixa l'argent, incrédule.

« Je me suis fait virer de chez moi quand j'étais jeune. J'ai quelques conseils à te donner si ça t'intéresse. » Violet hocha la tête. « Reste dans les quartiers des classes moyennes. Chez les riches, tu te feras arrêter et chez les pauvres tu te feras dépouiller. Ce n'est pas sûr de dormir dans une voiture. Si tu dois le faire, gare-toi dans le parking d'un motel. Tant que tu y es, choisis-en un qui fait des petits déjeuners continentaux. La plupart des employés ne sont pas payés assez cher pour en avoir quelque chose à faire si tu piques des fruits ou des céréales.

— OK. »

Violet n'eut pas le cœur de lui dire qu'elle n'avait pas de voiture. Josephine avait fait don de la vieille Honda de Rose à l'église.

« Les hôtels peuvent être utiles. Explique ta situation au directeur et propose de travailler pour payer ta chambre. Tu as ton extrait de naissance ? Ta carte de Sécurité sociale ?

— Ni l'un ni l'autre.

— Trouve-les. Emporte-les avec toi. Encore une chose… »

Mme D. ouvrit un autre tiroir et fouilla dedans. Elle en tira une pile de dépliants publicitaires d'autres fermes bio.

« Ce sont des endroits où ils cherchent des gens. Prends-les. Comme solution de secours. Donne des nouvelles, OK ? Appelle-moi le premier de chaque mois. Comme ça, je pourrai au moins te raconter les potins. »

Quand elle sortit de l'arrière-salle, Violet vit sa mère en train de renifler la brique de lait posée sur des glaçons à côté de la machine à café.

« Excusez-moi, aboya Josephine à Troy. Hé, garçon ! Vous pouvez venir ici ? Oui, vous, avec les écouteurs. Je crois que ce lait a tourné. »

Will fixait la vitrine des donuts comme s'ils étaient ses seuls amis au monde.

Les pensées de Violet retournèrent vers Rose. Peut-être qu'elle aurait un autre point de vue sur la situation, de nouvelles idées pour aider le pauvre Will étouffé par leur mère. Violet ne pouvait aider son frère que si elle prenait soin d'elle-même. Elle allait partir, oui, mais elle se promit de ne pas abandonner Will, de ne pas le laisser pour mort.

« Qu'est-ce qu'elle a, la haie ? » remarqua Violet quand ils se garèrent dans l'allée.

Au milieu, il ne restait que de tristes troncs noircis.

« Elle a pris feu, répondit sa mère.

— Comment ça ? Papa a brûlé des feuilles mortes ou quoi ?

— Oui », lança Will, aussi vif qu'un éternuement.

Il était resté tellement silencieux pendant tout le trajet que Violet avait presque oublié qu'il était sur la banquette arrière.

Josephine haussa les épaules et sourit.

« Tu connais ton père. Il déteste quand les feuilles tombent.

— Au fait, il est où ? » demanda Violet lorsqu'ils entrèrent dans le garage vide.

Elle n'était pas tout à fait prête à le revoir, surtout après ces disputes à l'hôpital, mais elle devait se comporter normalement, pour autant que ce soit possible.

« J'imagine qu'il est à une réunion, répondit Josephine en arrêtant le véhicule. Pas pour le travail. Une réunion d'alcooliques. »

Violet fit un petit bruit intéressé, comme si elle l'apprenait.

Josephine éteignit le moteur et se tourna vers sa fille avec une expression méprisante.

« Tu m'as entendue. Ton père arrête de boire, il travaille dur pour ça. Alors rends-nous service en évitant une autre de ces crises d'hystérie qui l'ont poussé vers la bouteille.

— Je ferai de mon mieux, répondit solennellement Violet. Je ne veux vraiment plus être la rebelle, la honte de la famille. »

Josephine marqua un temps.

« Eh bien, je suis contente que tu dises cela, Violet. Vraiment. L'acceptation est le premier pas vers le changement.

— J'ai compris beaucoup de choses à l'hôpital. Je me suis rendu compte que c'était moi qui tirais cette famille vers le bas. Je veux dire, c'est ma faute si Rose est partie. » Elle jaugea la réaction de sa mère (qui parut avaler le morceau) avant de poursuivre. « Rose m'a écrit. Elle m'a dit : "C'était comme vivre dans une zone de guerre… entre toi et maman qui vous disputiez tout le temps. Je ne le supportais plus." »

Josephine eut un sourire suffisant.

« Attends, que je comprenne. Tu me fais des excuses ? »

Un gouffre s'ouvrit dans l'estomac de Violet, un goût de bile lui vint à la bouche.

« Oui, je crois. Maman, je suis vraiment désolée. »

Josephine se pencha par-dessus le levier de vitesse pour la prendre à nouveau dans ses bras. Violet essaya de ne pas trop se raidir. Elle s'efforça de jouer le jeu en imaginant être ailleurs. À Central Park peut-être, avec Rose, par une chaude journée de printemps, à boire du café dans un gobelet en carton.

La salle de bains était la seule pièce de toute la maison Hurst dotée d'un verrou, et elle offrait donc au moins une illusion d'intimité. *Illusion*, car Josephine aimait y frapper juste au moment où vous veniez de vous enduire les cheveux de shampooing, exigeant de venir prendre quelque chose d'urgence dans le tiroir.

Violet ouvrit la douche et passa les vingt minutes suivantes à planifier. Elle rêvait de faire ses bagages tout de suite, mais elle savait qu'elle devrait attendre jusqu'à ce que sa fouineuse de mère aille se coucher. Même à ce moment-là, elle ne pourrait prendre que ce qui tiendrait dans son sac d'école : quelques vêtements, rien de trop lourd ni de trop gros car elle devrait parcourir trois kilomètres à vélo jusqu'au terrain de base-ball. Elle avait sa carte de Sécurité sociale, qu'elle avait trouvée dans la boîte à bijoux de sa mère, mais pour l'extrait de naissance, c'était un autre problème. Violet n'avait pas la moindre idée de l'endroit où Josephine rangeait les papiers administratifs de la famille.

Elle voulait aussi voir Imogene, même si elle n'était pas sûre que l'envie soit partagée. Assise sur le siège des toilettes, elle essuya la buée de son téléphone et composa un message ridicule où elle demandait à son amie si elle pouvait passer rendre *La Prophétie des Andes* à Beryl et lui dire au revoir avant de partir vivre chez Rose. Elle eut une moue en appuyant sur Envoyer. Elle savait parfaitement que cela ressemblait au genre de déclaration exagérée que ferait un mythomane, mais c'était la vérité, face à laquelle elle se sentait désarmée.

Tandis qu'elle attendait la réponse d'Imogene, elle reçut un message de Rose :

> *UNE HEURE DONC. À TOUT À L'HEURE ! BONNE CHANCE POUR T'ÉCHAPPER ! :)*

Aussitôt après, elle reçut la réponse d'Imogene. Deux mots urgents ou colériques, ou bien les deux :

> *VIENS MAINTENANT.*

Violet parvint à se rendre chez les Field en prétextant qu'elle devait rattraper les cours qu'elle avait ratés. Josephine fit une moue, l'air de dire qu'elle sentait le coup fourré. Mais de toute évidence, le discours de Violet dans la voiture lui avait valu quelques bons points, et sa mère finit par la laisser partir à vélo après lui avoir fait jurer d'être à la maison pour dîner.

En arrivant chez les Field, Violet fut soulagée de trouver Imogene et Finch seuls, sans leurs parents. Ils étaient à la cuisine, occupés à faire des sandwiches à l'aneth, une spécialité de la famille – une purée de concombre et d'ail cru mélangée avec de la mayonnaise vegan.

« Où est Beryl ? » demanda Violet, même si elle était soulagée de ne pas avoir à expliquer ses projets à un autre adulte ce jour-là.

Si Mme D. avait prudemment soutenu sa fuite, il y avait de fortes chances pour que Beryl suggère une thérapie familiale par la parole.

« Institut Oméga », répondit Finch.

Il plongea la main dans le bocal de sel rose de l'Himalaya à quarante dollars que sa mère achetait pour ses vertus curatives.

« C'est quoi, le cours ? »

Finch haussa les épaules.

« Un truc sur l'éveil kundalini, je crois.

— Non, intervint Imogene avec une force exagérée. C'est un cours sur la puissance chamanique. Une connasse de Woodstock a raconté à maman qu'elle était malade parce qu'elle avait perdu son animal de puissance.

— Ah, ouais, se souvint Finch. Elle a dit que l'animal de maman était un corbeau. »

Il coupa son sandwich en riant.

Le visage d'Imogene était dur.

« En plus, elle a persuadé maman qu'elle avait un cancer parce qu'elle avait perdu sa force vitale. Comment elle appelait ça ?

— “Perte d’âme”, mâchonna Finch. En gros, une énergie sombre – l’énergie du cancer – a rempli l’espace où était l’âme de maman. Quelle connasse ! »

Imogene ébouriffa la partie rose de ses cheveux arc-en-ciel.

« Bref, non seulement je dois supporter ça, mais ensuite je reçois ton message où tu me dis que tu vas emménager avec Rose.

— Je sais, c’est plutôt… inattendu.

— “Inattendu” ? Putain, c’est n’importe quoi ! » Elle jeta un regard à Finch, qui secouait la tête. « Désolée, mais c’est la vérité. Que tu ne veuilles pas habiter chez ta mère, je comprends. Mais tu peux venir ici ! Tu n’as pas besoin de t’enfuir en pleine nuit comme si tu avais braqué une banque. Tu n’as rien fait de mal. On te croit, hein Finch ? »

Son frère acquiesça.

« Complètement. »

Imogene joua avec une de ses énormes bagues.

« Je suis désolée pour ce que je t’ai dit à l’hôpital. On aurait dû se méfier de la source. »

Elle voulait dire Josephine.

« Parfaitement, renchérit Finch. En temps normal, on aurait pris la source en compte.

— C’est juste qu’on ne savait pas quoi penser. Tu étais là-bas… »

Imogene postillonnait. Elle avait une petite goutte de mayonnaise sur les lèvres.

Violet la prit dans ses bras.

« J’apprécie, vraiment. Mais je ne peux pas vivre chez vous. Tu sais que ma mère déboulerait dans la seconde en hurlant sur Beryl, en l’accusant de m’avoir retournée contre elle. Ce ne serait pas beau à voir, je ne veux pas infliger ça à votre mère. Surtout pas maintenant qu'elle se débat avec des chamans qui en veulent à ses seins. »

Le bruit que produisit Imogene se situait quelque part entre le rire, le crachat et le sanglot.

« Tu ne peux pas partir, protesta-t-elle. Ce n'est pas possible. Tu es ma sœur non biologique. Et tu es l'âme sœur de Finch ! »

Cette plaisanterie les fit rougir, elle et Finch.

« Tu viendras me voir, andouille, répondit Violet. Peut-être la semaine prochaine. On ira au musée d'Histoire naturelle. »

Imogene renifla et s'essuya le visage avec la manche de son pull.

« Seulement si on peut fumer avant d'aller se balader sous la baleine bleue.

— Tope là.

— Tu m'appelleras quand tu auras retrouvé Rose ? À n'importe quelle heure.

— Promis.

— Tu crois qu'elle aura changé ?

— Je pense. En tout cas, elle a l'air d'avoir changé. En bien. Rose est de mon côté. J'ai vraiment besoin de ça en ce moment.

— Nous aussi, on est avec toi.

— Je sais. Mais Rose est passée par là elle aussi. Elle comprend ce que c'est. »

Imogene hocha tristement la tête.

« C'est une bonne chose, j'imagine. En tout cas, n'oublie pas de m'appeler. »

À la maison, Will était en train de mettre la table pour ce qui s'annonçait comme un dîner végétarien de réconciliation. Au début, Violet resta méfiante. Elle inspecta, renifla. Elle souleva le couvercle de la marmite à soupe favorite de sa mère et découvrit quelque chose d'orange et de végétal (du potiron ? de la patate douce ?). Dans la cuisine, elle avait aperçu une courge coupée en deux farcie avec un mélange de haricots blancs et de bettes. Mais elle percevait l'ironie de la situation : son dîner de bienvenue était en réalité un repas d'adieux secret. Juste au moment où elle avait décidé de partir, une coexistence paisible paraissait envisageable.

D'excitation, elle devint désinvolte.

« Dis, maman, ça manque cruellement de bacon », lança-t-elle.

Josephine se crispa.

« Je ne crois toujours pas à ces balivernes qui t'empêchent de manger des aliments qui ont un visage, mais un repas sain ne nous fera pas de mal, je te l'accorde. » Elle détacha son tablier et ajouta : « Même si tu ne me verras jamais manger ce substitut de viande que tu adores – celui qui ressemble à une bouillotte à moitié cuite et qui te donne cette affreuse haleine. »

Violet faillit éclater de rire. Les choses qui en temps normal l'auraient mise en fureur semblaient plus drôles à mesure que l'heure fatidique approchait. C'était comme être défoncée, sauf qu'elle ne l'était pas. Soudain, elle comprit le sourire béat d'Edie le soir de son anniversaire. Avec cette échéance en vue, rien, absolument rien, ne viendrait la troubler : son baromètre à emmerdes était au beau fixe.

« Violet ! »

Douglas venait de rentrer de sa soirée entre hommes avec Bill W.[1] Il l'appelait depuis le palier du premier étage.

« Violet ! Tu peux venir ? »

1. Fondateur des Alcooliques anonymes. (*N.d.T.*)

Une autre chose qui l'aurait dérangée avant : le fait que son père, lorsqu'il était avec eux, passe le plus clair de son temps à les interpeller de loin. Il ne l'avait pas vue depuis qu'elle était rentrée de l'hôpital, ne pouvait-il pas descendre lui souhaiter la bienvenue ? Pourquoi se comportait-il comme un homme coincé au sommet de la montagne, à appeler dans la brume ?

Violet le trouva dans la chambre de ses parents.

« Vous avez sonné, sire ? »

Elle se préparait à une nouvelle conversation à cœur ouvert ou son équivalent alcoolique, à « foie ouvert ».

Mais clle le surestimait. Pas de *Comment tu te sens ? Bienvenue à la maison.*

« Il faut que je voie les lettres de Rose, dit-il. Les enveloppes aussi.

— Pourquoi ? Sérieusement, papa, qu'est-ce que ça peut te faire ? »

Elle avait envie de lui demander s'il lui était venu à l'esprit que, comme tout le monde, son intimité avait des limites. Et ce malgré les ingérences quasi constantes de ses parents. Mais elle se rappela : *Passé une heure du matin, je n'aurai plus jamais ce genre de conversation. Une heure. Une heure.* Elle se les répétait tellement souvent que ces deux mots étaient devenus comme un battement cardiaque.

« Tu ne peux pas les lire. Ce sont mes lettres.

— Violet, il y a trop de secrets dans cette famille.

— Ce n'est pas ma faute ! Ce n'est pas moi qui garde des secrets. Je les révèle, et ça me cause des problèmes. »

Son père la regarda comme si elle parlait une langue étrangère.

« Tu sais quoi ? Je vais au moins te donner ses adresses. Je vais chercher un bout de papier. »

Violet entra dans le bureau de sa mère pour chercher de quoi écrire. *Le Chien* de Goya s'étalait sur la table. En regardant la peinture avec la clarté mentale que lui procurait son départ imminent – ce n'était pas exactement une sagesse rétrospective, plutôt une prémonition –, elle se fit la réflexion que sa mère ressemblait beaucoup au chien noyé de Goya. Josephine marchait constamment sur l'eau. Elle se sentait toujours supérieure aux autres humains. Peut-être s'attendait-elle à ce que tout le monde l'abandonne et repoussait-elle les gens jusqu'à ce qu'ils finissent par le faire. Peut-être, comme le chien de Goya, Josephine se sentait-elle tellement inadaptée qu'elle se plaçait au-dessus des autres. Sa mère avait menti à son sujet, elle l'avait piégée, avait tenté de détruire ses amitiés, sa vie, mais alors même que le bracelet de l'hôpital tournait encore sur son poignet, Violet eut presque pitié d'elle.

Elle referma le livre en songeant : *Quel que soit ton problème, ce n'est pas moi qui l'ai provoqué. Je ne peux pas te soigner.* Sa mère n'était pas juste un chien noyé, c'était un pitbull noyé, et Violet était certaine qu'elle arracherait le visage de quiconque tenterait de la sauver.

Violet prit un morceau de papier sur le coin du bureau. On aurait dit une vieille feuille de cahier, quelque chose qui ne manquerait à personne. Elle la retourna et recopia les adresses (en ville et à la campagne) au dos, et elle la donna à son père, ainsi que les lettres, comme il l'avait demandé, ou plutôt exigé. Ce ne fut que plus tard, au dîner, tandis qu'elle mâchait ses haricots, qu'elle comprit ce que ça pouvait signifier, pour elle comme pour Rose.

Pendant le dîner, Will jetait des regards blessés à Violet tandis qu'il maniait maladroitement sa cuiller avec sa mauvaise main.

« Qu'est-ce que tu dirais de boire ta soupe dans une tasse ? murmura-t-elle. Will, tu veux que j'aille te chercher une tasse ?

— Oh, ta sœur s'inquiète pour toi », fit Josephine entre deux gorgées d'eau.

Si elle se moquait, elle n'en laissait rien paraître. Son verre claqua contre la table.

« Alors, tu as eu ton chèque, Viola ?

— Oui, maman. Merci.

— Doreen n'était pas trop préoccupée par ton séjour à l'hôpital ? »

Doreen était le prénom de Mme D. *Double D,* plaisantait-elle. *Comme les soutiens-gorge. C'est un miracle que j'aie survécu au lycée.*

Violet lécha sa cuiller.

« Mme D. s'est montrée vraiment compréhensive.

— C'est une chance. Je n'aimerais pas que tu risques de perdre ton travail là-bas. Nous savons tous à quel point il te satisfait. »

Douglas leva le nez de ses bettes.

Josephine saisit ses couverts. Son regard acéré contrastait avec la manière engageante dont elle penchait la tête.

« Un travail épanouissant, non ?

— Ouais, fit Violet, conciliante.

— On pourrait dire qu'il rend accro. »

Violet leva les yeux au ciel.

« J'imagine. Papa, tu peux me passer l'eau ? C'est une nouvelle carafe ?

— Ne change pas de sujet, Viola.

— Quel sujet, maman ? *Papa*. De l'eau. S'il te plaît.

— Que tu deales des médicaments avec cette bande de losers. J'ai lu ton journal, Viola. La *fermacie* ? »

Le téléphone de la cuisine sonna.

« Alors c'était toi ? Tu as envoyé la police chez Mme D. ? » La tête de Violet résonnait en rythme avec la sonnerie du sans-fil. « Tu essaies de détruire son entreprise, son gagne-pain, parce que tu es jalouse que je l'aime plus que toi ? »

Josephine jeta sa serviette sur la table.

« William, téléphone. Douglas, aide-moi.

— Violet, s'il y a de la drogue… et des mineurs…

— Mme D. ne vend pas de drogue, papa ! Elle vend des betteraves !

— Bonsoir, maison des Hurst. William à l'appareil. » Ses yeux habituellement grands s'écarquillèrent encore de quelques millimètres. « Ma sœur ?

— Bon sang, Viola, je t'ai dit de prévenir tes amis que tu étais punie. » Josephine traversa la cuisine et arracha le téléphone des mains de Will. « Ici la mère de Viola. À qui ai-je l'honneur ? »

Will se traîna jusqu'à sa chaise et fixa son assiette.

« Pardon ? Vous *savez*. Que savez-vous au juste ? » Josephine tourna le dos à la table. « Je vous préviens… Vous ignorez à qui vous avez affaire. Comment osez-vous… »

La fourchette de Douglas tomba au sol avec fracas quand il repoussa sa chaise.

« Qui c'est, Jo ? C'est Rose ?

— Elle est partie, Douglas. Tout va bien. Elle a raccroché. »

Violet sentit sa mâchoire se contracter.

« Qui c'était ?

— Une amie à toi, évidemment.

— Qui ?

— Francesca quelque chose. »

Un lourd silence suivit.

Violet croisa les bras.

« Elle prétend *tout savoir* au sujet de ta sœur. Que croit-elle savoir au juste ?

— J'en sais rien.

— Ne me mens pas, Viola. C'est un problème de famille. Qu'as-tu dit à cette personne ?

— Ça ne te regarde pas.

— Qui est cette Francesca ? Pourquoi ne l'ai-je jamais rencontrée ?

— C'est une copine. »

Violet haussa les épaules et fit rouler un haricot dans son assiette.

« De quoi avons-nous parlé toute la semaine, Violet ? intervint Douglas. Du danger de garder des secrets. Si cette Francesca a des renseignements sur Rose…

— Violet fait toujours comme ça ! » cria Will en brandissant sa courge avant de la retourner dans son assiette. Ses yeux étaient emplis de larmes de frustration contenue. « Elle ne pense qu'à elle !

— Viola, va dans ta chambre, ordonna Josephine. Tu perturbes Will.

— Je n'ai rien fait à Will ! Qu'est-ce que je lui ai fait ? Papa, aide-moi.

— Violet, qu'est-ce que tu as appris cette semaine dans toutes ces réunions ? Tu es aussi malade que tes secrets.

— Bon sang, papa ! Il ne s'agit pas de ta putain de maladie !

— Eh bien, Viola, tu nous as vraiment manqué, fit Josephine, soudain calme. Tout cela nous a beaucoup manqué. Va dans ta chambre. Tout de suite. Ne t'occupe pas de ton assiette. Je ne veux plus te voir. »

Violet alla se coucher à neuf heures et passa les trois heures suivantes les yeux grands ouverts. Son esprit tournait en rond tandis qu'elle regardait défiler les chiffres découpés sur son réveil. Elle entendit sa mère parler d'une voix basse, énervée tandis qu'elle brossait les dents de Will. Violet attendit que quelqu'un entre dans sa chambre avec une torche pour vérifier qu'elle respirait toujours, comme à l'hôpital, mais elle était seule avec ses interrogations et sa peur croissante.

À minuit et demi, elle descendit au rez-de-chaussée plongé dans l'obscurité et vola la lampe frontale de son père. Peu lui importait de commettre un vol, maintenant. Plus rien n'avait d'importance. Quoi qu'il se passe ce soir-là, elle coupait les liens familiaux. Elle avait toujours pensé que le rejet de sa mère était une condamnation proche de la mort, mais à présent elle le prenait comme une libération. Elle ne partageait pas la psychose des siens, ni leur pensée magique. Elle était libre de chercher des réponses et elle entendait les trouver, aussi tordue que soit la vérité.

D'une certaine manière, elle devait remercier les Dekker. Mme D. lui avait appris les trois M de l'élagage : « Tu coupes tout ce qui est malade, mort ou mal en point. » Les Hurst étaient les trois à la fois. Elle n'avait aucun espoir d'aller mieux tant qu'ils pesaient sur elle.

Son vélo patina quand elle prit le virage serré dans la descente vers le terrain de base-ball. L'espace d'une seconde, elle craignit de perdre le contrôle, de déraper sur des graviers et de s'écraser contre le stand de hot dogs où elle avait tant traîné pendant les matches de Will. Mais ses pneus retrouvèrent leur adhérence et elle se laissa rouler jusqu'à la pelouse au bord du ruisseau, après le terrain de base-ball.

La nuit était claire, la pleine lune commençait à se coucher, et elle avait les mains raidies par le froid. En descendant de son vélo, elle souffla sur ses doigts et alluma la dernière cigarette d'Edie. D'après l'heure sur son téléphone, elle avait dix minutes d'avance. Elle éteignit donc sa lampe et suivit le bruit de l'eau à travers le bosquet.

Le ruisseau était haut en raison des pluies. Le courant recouvrait entièrement les rochers où, en été, Imogene et elle aimaient lire et fumer de l'herbe, tandis qu'en aval Finch se promenait en canot et travaillait ce qu'il appelait son « bronzage de chambre à air », qui consistait à prendre des coups de soleil partout sauf sur les fesses et l'arrière des jambes. Elle reverrait ses amis. Ils trouveraient une manière de passer bien d'autres étés au bord du ruisseau, les cheveux emmêlés, avec des chaussures ridicules. Elle n'avait pas besoin de renoncer à cultiver la terre, à sentir la poussière sous ses ongles, et à cette douleur profonde et satisfaisante qu'elle éprouvait après avoir manié la pelle et arraché des mauvaises herbes.

Un chien aboya au sommet de la colline sur la berge opposée. Violet sursauta. Le gouffre dans son estomac s'élargit. Quand elle regarda son téléphone, il était une heure et deux minutes. Son inquiétude changea de nature. À présent, au lieu de redouter ce qui allait se passer, elle craignait que rien ne se passe. Et si personne ne venait ? Si elle restait là pendant des heures dans le froid glacial avant de devoir retourner à la maison ? Et si elle ne découvrait jamais où était Rose ?

Le chien se remit à aboyer furieusement et des phares percèrent l'obscurité à travers les arbres. Violet écrasa sa cigarette et s'approcha discrètement, elle voulait maintenir ses distances pour pouvoir inspecter la voiture. Mais elle n'en eut pas besoin. Elle entendit le moteur, puis la radio. Un morceau qu'elle connaissait bien : le *Quatuor à cordes n° 15* de Dmitri Chostakovitch. En s'approchant, elle vit le visage de sa mère dans la lumière de l'habitacle. Elle était en train de charger son vélo à l'arrière du véhicule.

Grâce à ses Converse, Violet parvint à s'approcher en silence et tira sur le pneu arrière.

Le guidon vint frapper le torse de Josephine et, pendant un instant, celle-ci se retrouva coincée entre le vélo et la portière ouverte. Violet tira plus fort et le vélo s'affaissa sur le côté ; son frein raya bruyamment le flanc de la voiture lorsqu'il tomba.

Une fraction de seconde, sa mère parut effrayée, mais elle reprit rapidement le masque inexpressif qu'elle affichait toujours. Son visage ne changeait jamais, ni avec l'âge ni avec la sagesse, encore moins avec l'inquiétude.

« Je sais ce que tu mijotes, Violet. Et je ne peux pas te laisser le faire. » Sa voix était aussi calme, froide et autoritaire que toujours. « Nous pouvons réparer notre relation. J'ai compris cela aujourd'hui. Nous avons passé une bonne journée, non ? Ça prouve que nous sommes capables de parler, de rire et de profiter l'une de l'autre. »

Violet eut envie de répondre qu'elle n'avait jamais vu sa mère rire autrement qu'aux dépens de quelqu'un d'autre. Elle ne parlait jamais *avec* quelqu'un, elle lui parlait ou elle lui mettait ses *propres* mots dans la bouche comme un bâillon-boule. D'une manière ou d'une autre, elle parvenait toujours à faire dire aux gens ce qu'elle voulait entendre.

« Je ne veux pas de relation avec toi, maman.

— Tu ne peux pas vivre avec Rose. C'est impossible. »

Josephine avait préparé son coup, il ne restait plus à Violet qu'à détruire l'édifice. C'était le moment qu'elle redoutait et attendait depuis qu'elle avait trouvé le bout de papier sur le bureau de sa mère. Tous les muscles de son corps se tendirent. Elle frémit, comme si un courant électrique parcourait l'air glacial d'automne, et elle mit un instant à comprendre qu'il s'agissait de son propre cri originel.

« Non, je ne peux pas aller vivre avec elle ! hurla-t-elle d'une voix suraiguë. Je ne peux pas ! Et on sait toutes les deux pourquoi !

— Je ne comprends rien à ce que tu racontes. Tu es redevenue folle, petite cinglée ? Tarée ? » Josephine roula les yeux, agitant son index. « Monte dans la voiture. Tout de suite. On rentre à la maison. »

La main de Violet se serra autour du portable dans sa poche.

« Je ne vais nulle part avec toi. »

Josephine s'approcha. Instinctivement, Violet recula.

« Violet, je suis ta mère. Tu vas m'obéir. » Violet appuya sur Appeler et porta le téléphone à son oreille. « Pose ce téléphone. Je te préviens. Qui est-ce que tu appelles ? Je t'ai posé une question. »

Violet leva une main. *Attends*. Quand la ligne commença à sonner, elle répondit d'une voix sarcastique :

« J'appelle Rose. Voyons ce qui se passe quand j'appelle Rose. »

Il y eut un silence, et Violet crut un instant qu'elle s'était trompée sur toute la ligne. Qu'elle était folle, paranoïaque, schizophrène bipolaire. Elle était presque prête à laisser sa mère charger son vélo dans la voiture, quand elle entendit une petite sonnerie sur le siège avant.

Sa mère s'interposa lorsqu'elle se dirigea vers la portière du passager.

« Qu'est-ce que tu fabriques ? Réponds-moi. Violet ? Je te parle ! »

Mais Violet la repoussa et saisit la poignée. À l'intérieur, elle suivit le bruit et ouvrit la boîte à gants, où elle trouva un téléphone. Bon marché. Sans doute prépayé. Elle le brandit à quelques centimètres du visage de sa mère. Sa colère était aussi pure et électrique qu'une montée de drogue.

« Ça ne te suffisait pas ? Ça ne t'a pas suffi de te mettre entre Rose et moi pendant qu'elle était là ?! Il fallait vraiment que tu continues après sa disparition ?! »

Le visage de sa mère prit une expression suffisante. Elle s'apprêtait à employer le murmure surarticulé dont elle usait quand elle était dans une rage folle.

« Qu'est-ce qui te fait croire que Rose a disparu ? Ce n'est pas toi qui disais l'avoir vue l'autre soir ? »

Violet agita à nouveau le téléphone. Josephine tenta de le lui arracher. Elles finirent par lutter pour la possession de ce morceau de plastique. Les touches bipèrent à plusieurs reprises sous leurs doigts, et Violet ne put s'empêcher de se faire la réflexion que sa mère ne savait pas comment mettre l'appareil en mode silencieux. Josephine ne comprenait rien à la technologie. Les lettres en étaient la preuve.

En un éclair, les doigts de Josephine se plantèrent vicieusement dans le visage de Violet, lacérant son œil gauche de ses ongles manucurés de frais. La douleur fut telle qu'elle eut l'impression de voir des étoiles rouges, pire qu'un trip d'acide. Instinctivement, Violet lâcha le téléphone pour porter la main à sa paupière. Josephine en profita pour s'enfuir en courant vers les bois.

Violet la poursuivit. Aussi rapide et silencieuse qu'un renard, elle courut dans la direction des bruits de branches et de brindilles. Dans les bois, elle était à son avantage. De ce point de vue, elle portait bien son nom. Sa mère, fière de sa coquetterie, avait divorcé de tout ce qui l'entourait. La nature, le monde entier, était le point faible de Josephine.

Elle trouva sa mère assise sur un tronc abattu au bord de l'eau, les jambes croisées aux chevilles comme une jeune fille qui attend son amoureux.

« Où est le téléphone ? » demanda brusquement Violet.

Josephine se retourna vers l'endroit d'où venait sa voix.

« Devine », lâcha-t-elle de la petite voix chantante, malicieuse qui avait le don de rendre Violet malade.

Dire qu'elle s'était laissé persuader pendant toutes ces années qu'elle était une fille à problèmes. Si quelqu'un était un enfant terrible, c'était Josephine.

« Tu n'as pas fait ça. Dis-moi que tu ne l'as pas jeté dans la rivière !

— Oups », fit sa mère en levant les mains.

Ce n'était pas si grave. Du moins, elle s'efforça de s'en persuader. Elle avait toujours les lettres de « Rose » et le bout de papier qu'elle avait trouvé sur le bureau de sa mère. Au début, elle avait cru que c'était un devoir scolaire. Mais ces lettres… Violet avait tellement vu cette écriture pointilleuse ces derniers temps. Quelques instants lui avaient suffi pour comprendre la clé de cette graphie : Josephine avait sans doute utilisé les anciens cahiers de Rose pour apprendre à tracer chaque lettre de l'alphabet à la manière de sa sœur.

Violet tenait son propre téléphone à la main.

« Je sais que c'est toi qui m'as écrit, mère.

— Oh, veux-tu bien… » Sa mère leva les yeux vers la lune et émit un grognement, comme si Violet lui gâchait le paysage. « Si tu en sais tant, pourquoi être venue ?

— Je suis venue pour me confronter à toi. Je ne voulais pas avoir cette discussion à la maison avec papa et Will pour nous interrompre. Je n'avais pas besoin que vous vous liguiez contre moi comme au dîner.

— Ils me défendaient. Parce que j'ai raison, Viola. Parce que c'est toi qui dois être remise à ta place.

— Ils ne t'aiment pas, ils ont peur de toi ! J'étais contente à l'idée de voir Rose. Tu ne peux pas comprendre ça ? »

Violet détestait et craignait sa mère plus que tout, mais quand elle avait passé les doigts pour la première fois sur le sceau de cire, quand elle avait élaboré ses réponses avec tant de soin, jamais elle n'avait envisagé que Josephine puisse être froide et calculatrice à ce point. Au plus profond d'elle-même, elle avait sincèrement cru manquer à sa sœur. Elle y croyait lorsqu'elle avait annoncé la nouvelle au travail. Elle y croyait lorsqu'elle avait préparé son sac et dit au revoir aux seules personnes qui se souciaient un tant soit peu d'elle.

« Mais, bordel, pourquoi tu as commencé à m'écrire ? Pourquoi maintenant ?

— À cause de ce que tu as écrit dans ton journal. »

Violet serra la mâchoire.

« Pourquoi est-ce que tu continues à lire mon journal ?

— Oh, Viola, arrête de jouer la comédie. Nous savons toutes les deux que tu veux que je lise ton journal. Après chacune de nos disputes, tu écris des choses comme : *“Je me sens coupable de la manière dont j'ai traité maman”* et tu le laisses en évidence pour que je le lise. »

Ce n'était pas le moment de lui répondre que sous son matelas n'avait rien à voir avec « en évidence ». Et pas davantage toutes les autres cachettes qu'elle avait essayées : dans sa taie d'oreiller, dans son tiroir à chaussettes, dans une boîte de serviettes hygiéniques.

« Qu'est-ce que j'ai donc écrit qui vaille tout ce cirque ?

— Toutes ces choses – que tu me trouves étouffante. Tu as dit que Rose devait sûrement avoir envie de se suicider. Tu as dit que c'était pour cette raison que tu t'affamais. »

Violet se rappela ce passage. Elle avait écrit sur le *sallekhana*, disant que sa seule réserve était l'idée que ce soit sa mère qui la trouve morte dans son sommeil. « *Je n'arrive pas à l'imaginer pleurer pour moi. Elle préférera sûrement me rhabiller avec une tenue qu'elle aime mieux. Ou alors elle me mettra une douzaine de claques, sachant que je ne pourrai le dire à personne.* »

« Tu étais tellement sensible, reprit Josephine. Tellement vicieuse. J'ai eu l'impression que tu avais besoin qu'on te rappelle… Rose m'aimait. Même quand on se disputait, elle m'aimait. Elle n'a jamais été comme toi. »

Violet mit une seconde à comprendre. Elle avait cru que sa mère l'avait envoyée à Fallkill parce qu'elle avait crié : *Regardez ! Rose est là ! Vous l'avez vue ?* Mais un mot la frappa avec la force d'un train lancé à pleine vitesse.

« Suicide. L'autre soir, à la cuisine… j'ai dit le mot *suicide.* »

Bien sûr, elle pensait au sien, mais sa mère, en bonne narcissique, avait placé le mot dans le seul contexte qui avait du sens pour elle.

« Oui.

— Alors tu as dû faire comme si Rose était toujours vivante parce que tu nous as caché son suicide. » Violet inspira profondément. Son téléphone tremblait dans sa main. « Dans sa lettre d'adieux, Rose disait qu'elle allait se suicider, hein ? »

Josephine s'était tournée vers la rivière.

« Allô ? Mère, ici la Terre ! Réponds-moi ! C'était une lettre de suicide, hein ?

— Chut, siffla Josephine. Baisse la voix.

— Quoi ? Qui va nous entendre ? Les roseaux ? Les putain de cerfs ? Papa aussi était au courant ? »

Josephine ne dit rien. Douglas ne savait donc pas. Il ne serait jamais venu à l'esprit de sa mère de penser à quelqu'un d'autre. Elle n'avait jamais envisagé que le reste de la famille veuille dire au revoir à Rose et porter le deuil. Elle n'avait jamais pensé qu'ils auraient besoin de savoir.

« Je ne comprends pas. Pourquoi tu as fait ça ? »

Violet s'approcha, même si tous les muscles de son corps lui criaient de s'enfuir. Elle devait piéger sa mère comme Edie le lui avait appris. Si elle voulait des réponses, elle devait la flatter, feindre de s'inquiéter pour le monstre qui se tenait face à elle – même si elle mourait d'envie de lui planter un pieu dans le cœur et d'appeler la police tel un petit enfant perdu. Violet tenta de conserver une voix égale.

« Enfin, à part le reste – elle entendait par là la *loi* –, ça n'a pas été dur pour toi ? De supporter seule cette tragédie ? J'aurais pu t'aider. Les autres aussi.

— Oh, Violet, comme tu es stupide. Tu ne comprends donc pas ? Je refuse que les gens la voient de cette manière. »

Violet eut le souffle coupé. La voix de Joséphine tremblait.

« Je comprends, maman. Mais tu ne peux pas contrôler les perceptions des autres, pas plus que tu ne peux contrôler Rose. Les gens ont leurs propres pensées. La vie n'est pas une grande pièce que tu peux diriger, orchestrer et mettre en scène.

— Je refuse que toute la ville voie en Rose une dépressive ! hurla-t-elle. Rose n'était pas une loseuse ! Ta sœur était une star ! Elle avait tout le talent du monde, même si elle avait choisi de le gâcher ! » Violet posa une main sur le dos fragile de sa mère. « Tu comprendras quand tu auras mon âge. Je lui ai rendu service. À toi et à ton frère aussi. Quand les gens entendent le nom des Hurst, ils pensent à la jolie petite fille qui jouait Sandy dans *Grease*. Pas à une petite beatnik torturée.

— Ce n'est pas grave, maman. On va en parler. Respire. Détends-toi. Laisse-toi aller.

— Oh, Violet, je n'ai vraiment pas besoin de tes conneries de hippie maintenant. »

Violet se sentit blessée mais ne se laissa pas décourager. Elle songea au chien de Goya.

« Je sais que tu as l'impression de te noyer. Mais tu n'es pas seule. Je suis là. » Elle se rappela ce qu'avait dit Edie sur l'ego des narcissiques. *C'est comme une drogue pour eux. Quand ils sont défoncés, tu peux leur faire croire que tout se passe comme ils en ont envie.* « Je peux t'aider. Mais avant, il faut que je comprenne. Mon esprit est plus lent que le tien. Commence par la lettre de Rose.

— La lettre était sur le siège avant quand j'ai trouvé Rose. »

La voix de Josephine était aiguë et étranglée.

« Où est-ce que tu l'as trouvée ?

— Dans le garage. Le moteur allumé. »

Elle semblait épuisée, comme si Violet lui faisait perdre son temps avec des questions inutiles, alors même qu'elle savait déjà tout.

« Les voisins, comprit soudain Violet. Ils ont dit que la porte du garage était restée ouverte toute la journée. Tu aérais.

— J'ai dit à la police que Rose devait l'avoir laissée ouverte.

— Je me rappelle », lâcha Violet. Son esprit battait au rythme de la rivière, mais elle tenta de parler d'une voix rassurante. « La lettre…

— Je n'ai pas pu la lire. J'étais tellement en colère contre elle, je ne supportais même pas d'y toucher. Je ne voulais pas lui donner cette satisfaction. Je l'ai laissée sur le siège à côté de moi pendant que je conduisais la voiture de Rose à la gare. Durant tout le trajet, je me suis répété qu'elle n'avait pas le droit de me quitter. Que je ne pourrais jamais la remplacer. Ta sœur était irremplaçable. »

Violet déglutit avec difficulté. Sa mère parlait de Rose comme d'un objet, un objet inestimable, mais tout de même…

« Tu n'es pas seule, répéta-t-elle. Les gens t'aiment. Will t'adore. Tu es tout pour lui. »

Un petit rire fragile.

« J'ai toujours su que Rose me quitterait comme ma mère l'a fait. Elles se ressemblaient tellement. Chaque jour, Rose me regardait avec ces yeux – les grands yeux bleus de ma mère – et je me disais : *Un jour, tu te rendras compte que je ne suis pas la femme parfaite que tu imagines. Ce jour-là, tu me jetteras comme si je n'étais rien. Comme un déchet.* »

L'image fit frémir Violet. Sa mère accusait les autres de ses propres défauts : Will était « malade ». Violet était « folle ». Et maintenant, Rose avait « jeté »

Josephine, alors que, d'un point de vue criminel, c'était clairement l'inverse.

« Alors, c'est toi qui as fait la valise de Rose ? Tu as pris son ordinateur et éteint son téléphone ? » La voix de Violet vacilla. « Tu as payé un ticket de parking et un billet de train avec la carte de crédit de Rose ? »

Silence.

« Tu as menti à la police en disant que Rose t'avait appelée avec son petit ami.

— Ça me paraît évident.

— Damien n'existe pas. Tu as inventé ce coup de téléphone. Tu as inventé ce nom. »

Évidemment, sa mère avait choisi quelque chose de plus ronflant que Joe ou Mike. Même Koch avait un certain prestige : c'était un nom à cent millions de dollars.

« C'est toi qui as renoncé à l'inscription de Rose à l'université ?

— J'ai falsifié sa lettre de démission. J'étais obligée. Ton père avait signalé sa disparition. Sans même m'avoir consultée ! Tu imagines ? Il ne m'a pas laissé le choix : je devais faire comme si Rose s'était enfuie. J'ai pris de nouvelles cartes de crédit à son nom. Je me suis dit que tout le monde serait convaincu en voyant son relevé de compte. » Même dans le noir, Violet était sûre que sa mère souriait. « Je sais ce que tu penses, avec ton éthique bouddhiste. J'ai surtout utilisé les cartes pour acheter des places de théâtre. Je m'en suis servie pour faire des choses que Rose aurait aimées, en son hommage. Je lui ai donné la vie qu'elle aurait dû avoir. Celle qu'elle aurait voulue. »

Violet n'y tint plus.

« Tu lui as donné la vie que *tu* aurais voulue pour elle. » Mais il y avait encore une chose qu'elle ne comprenait pas. « Les images de sécurité ont montré Rose à la gare. Tu as dit que la police vous les avait montrées, à papa et toi. »

L'image de sa mère visionnant les vidéos s'imposa dans son esprit et son estomac se serra.

« Oh, Violet. » La voix de Josephine redevint condescendante. « Ces caméras sont tellement en hauteur, et elles n'enregistrent qu'une seconde sur quatre. »

Violet resta bouche bée.

« Tu portais ses vêtements. Ses chaussures. Tu tirais sa valise.

— Ce manteau blanc, fit sa mère, nostalgique. Il sentait tellement le parfum de Rose que j'en ai pleuré. Tu te rappelles ce parfum ? À la vanille. Ta sœur sentait le biscuit sucré. Quand j'ai mis la capuche, j'ai perçu un instant ce que ça pouvait faire d'être Rose – les femmes qui se tordaient le cou pour la regarder, les hommes qui bavaient. »

Il était plus probable que les gens se soient retournés pour regarder ces vêtements inadaptés à son âge.

« OK, donc tu es montée dans le train à Poughkeepsie déguisée en Rose. Comment es-tu revenue à la maison ? »

Le voyage en train jusqu'à New York durait une heure et demie, or Josephine était déjà rentrée à Old Stone Way quand le bus scolaire avait déposé Will et Violet devant chez eux.

« Fais marcher ton cerveau, Violet. Je ne suis pas allée jusqu'au bout. Je suis descendue à Beacon et j'ai pris un taxi.

— Et Rose, dans tout ça, maman ?

— Comment ça, Rose ?

— Où est-elle ? » Elle ne voulait pas finir la phrase, mais le silence de sa mère l'y obligeait. « Où est son corps, maman ? Qu'est-ce que tu as foutu du corps de Rose ?

— Elle est dans un endroit qui lui a procuré beaucoup de plaisir. C'est tout ce que tu as besoin de savoir. »

C'en était trop.

« Ce n'est pas toi qui décides ce que je dois savoir ! Je sais que tu ne peux pas comprendre ça, et je compatis avec toi, vraiment. Je sais que tu as eu une enfance difficile, que ton cerveau n'est pas bien fini… »

Josephine se leva et fit un pas dans sa direction.

« Violet, je te préviens. Je n'accepterai pas que tu me parles ainsi.

— Le fait que tu aies mis Rose au monde ne fait pas d'elle ta propriété ! C'était ma sœur ! C'était un être humain, pas une marionnette ! Dès qu'elle a cessé de jouer le jeu, tu as fait tout ce que tu as pu pour la détruire. Rose a agi comme elle l'a fait parce que c'était une fille obéissante. Parce qu'au fond, elle savait que c'était ce que tu voulais. Elle s'est peut-être tuée, mais tu as son sang sur les mains !

— C'est ridicule. Je voulais que ta sœur soit heureuse. C'est ce que toute mère veut pour ses enfants. »

Violet éteignit l'enregistreur de son téléphone.

« Certaines mères. Pas toi. Ces mots sont vides pour toi. Une formule de carte de vœux. Quelque chose que tu as entendu dire par une autre mère aux réunions parents-profs et que tu continues à répéter parce que ça te paraît bien. Tu ne sais rien de tes enfants. Tu n'as pas la moindre envie de nous connaître.

— J'aime mes enfants, Violet ! Même toi ! Je ne t'apprécie peut-être pas, mais je t'aime !

— Tu aimes l'image que tu as choisie pour nous. Tu aimes Will quand il joue le bon garçon parce qu'il colle à la version idéalisée que tu te fais de ta vie. Et tu m'aimes quand je suis une mauvaise fille parce que tu peux projeter tes travers sur moi. Tu n'as rien à foutre de notre bonheur, il n'y a que le tien qui compte. Et le pire, c'est que tu ne seras jamais heureuse ! »

L'espace d'une seconde, le masque de reine de beauté de Josephine se fissura.

« Violet, je suis ta mère ! Comment oses-tu me dire ça ?

— C'est la vérité ! Tu ne seras jamais heureuse parce que tu ne vis pas dans le monde des autres. Tu es incapable d'établir un lien avec qui que ce soit. Tu n'as aucune empathie. Dis-moi, maman, pourquoi est-ce que tu t'es fait passer pour Rose, pourquoi m'as-tu fait venir ici ? »

Josephine secoua la tête.

« Allez ! Pourquoi est-ce que tu m'as envoyé cette lettre à l'hôpital, quand tu as compris que tu ne pourrais pas me laisser là-bas jusqu'à la fin de mes jours ? *Salut, c'est Rose. Je t'aime. Tu peux venir vivre chez moi.* Tu voulais me faire disparaître pour de vrai, hein ? Rose était une bonne fille. Dès qu'elle a senti à quel point tu la méprisais, elle s'est suicidée pour toi. Mais pas moi. Pas cette bonne à rien de Violet. » Elle écarta les bras. *Me voilà.* « Si tu veux que je disparaisse, il va falloir que tu t'en charges toi-même, maman. De tes propres mains.

— Je ne comprends pas un traître mot de ce que tu racontes.

— Oh, putain, assume, pour une fois dans ta vie ! Tu m'as empêchée de vraiment connaître Rose. Maintenant, c'est impossible. »

Rose avait disparu pour toujours. Cette révélation, qu'elle digérait encore, réveilla en Violet une douleur aiguë.

Josephine s'approcha d'elle.

« Violet… Il faut qu'on parle de ce qui va se passer à présent… »

Viola secoua la tête.

« Je ne garderai pas ce secret. »

Josephine tendit doucement le bras et caressa les courts cheveux de Violet.

« Maintenant, tu sais, Viola. Qu'est-ce que je dis toujours ? Je ne veux pas t'encombrer d'informations inutiles… »

L'instant d'après, sa mère avait enroulé sa jambe autour de la cheville de Violet, et celle-ci tombait sur le dos, agitant les pieds sans parvenir à trouver de prise sur le sol de la berge jonché de feuilles mortes et de gravier. Tout se passa très vite, pourtant Violet perçut chaque image. Elle haletait, griffait les mains de sa mère qui se refermaient autour de son cou. Le chien aboyait toujours. Des phares apparurent au loin. Josephine s'assit à califourchon sur elle de manière quasi incestueuse, tout en essayant de lui couper le souffle. Dans un spasme, Violet, qui se rappelait à peine quelques mots de la Bible, pensa à Job. *Celui* (ou plutôt Celle) *qui donne peut ôter*. Violet sut sans l'ombre d'un doute que sa mère pensait la même chose tandis qu'elle lui écrasait la pomme d'Adam. Bouddhisme, jaïnisme, catholicisme, peu importait. Au fond, le seul Dieu que Josephine voulait qu'on adore, c'était elle.

Violet dégagea ses fesses. Elle tortilla les hanches. Elle aurait voulu hurler, mais elle était trop concentrée sur la pression derrière ses yeux et sur l'immense silence sous-marin qui envahissait sa tête. Le sang afflua à son visage. Elle s'évanouit puis revint à elle. Ce n'était pas du tout comme on disait. Il n'y eut pas de lumière blanche. Elle ne vit pas son existence défiler devant ses yeux. Une seule pensée l'obsédait : elle ne voulait pas mourir avec comme dernière image le visage de sa mère. Cette seule raison valait la peine de vivre.

WILLIAM HURST

Ce fut la première décision personnelle de Will depuis des années. Il n'avait pas demandé l'autorisation. N'avait pas consulté sa mère. Sitôt son esprit remis de sa surprise, à la vue du poinçon dans la boîte à couture de Josephine, il l'avait glissé dans sa poche. Il avait également pris le bâtonnet de cire rose, se rappelant avec horreur qu'il était là quand sa mère l'avait acheté dans une papeterie élégante de Manhattan. Sur le moment, elle avait affirmé que c'était une bougie, et il s'ennuyait trop pour y prêter attention. Ils étaient à côté d'Union Square, Will regardait les skaters à travers la vitrine du magasin. Ils l'hypnotisaient, avec leurs jeans tombants mais serrés que Josephine lui interdisait, rejetant leurs longs cheveux en arrière tandis qu'ils exécutaient des boardslides et des shove-it, s'écrasant sur leur visage d'une féminité charmante comme s'ils ne ressentaient pas la douleur.

À présent, devant le bureau de sa mère, les deux derniers mois prenaient une tout autre signification. C'était comme voir le revers d'une illusion d'optique. Tenir la clé de sol dans sa main revenait à contempler un vase à la place de deux visages sans menton. Il comprit enfin pourquoi sa mère, si prompte à lire le journal de Violet, avait apporté les lettres de « Rose » à l'hôpital sans même ouvrir l'enveloppe à la vapeur. Il comprit pourquoi, quand ils s'étaient mis sur leur trente et un pour aller à l'Opéra, Josephine avait posté du courrier dans une boîte à lettres bleue. Même la disparition de sa mère à Newburgh trouvait soudain une explication. Il y avait une boutique UPS dans le centre commercial. Sa mère utilisait « Rose », une personne en qui Violet avait confiance, pour informer celle-ci des abus de leur père. Si Violet apprenait qui lui avait réellement écrit, elle ne se fierait plus jamais à leur mère. Si elle découvrait le sceau et la cire, elle empêcherait tout le monde de partir à Londres.

Il jeta donc le tout dans les toilettes et tira la chasse, bien qu'on lui ait répété des milliers de fois qu'y jeter autre chose que du papier-toilette abîmait la fosse septique. Sa mère ne lui en voudrait pas, il en était sûr. Elle le remercierait sans doute, le traiterait en héros.

Mais au moment d'aller se coucher, sa mère avait paru irritée. Ce n'était pas exactement de la rage, et elle n'en avait pas après lui. Elle dégageait simplement une sorte de colère sourde, diffuse, comme cela lui arrivait de temps à autre, quand ses pupilles se dilataient et qu'elle ne semblait pas entendre un mot de ce qu'il lui disait. Elle avait trouvé plusieurs infractions mineures sur lesquelles le reprendre : des mouchoirs sales dans ses poches, des croûtes derrière ses oreilles. Quand il avait essayé de l'interroger sur les lettres de Rose, elle l'avait repris sur son vocabulaire (« Will ! Je t'ai dit cent fois que ça s'appelait un sceau. Tu veux que je t'envoie chez l'orthophoniste ? »). Il s'était donc tu. Elle l'avait coiffé si fort que le bout en bois du peigne n'avait cessé de lui cogner le crâne. Lorsqu'elle lui avait enfilé son haut de pyjama, elle avait failli l'étrangler avec le col.

Will était allé se coucher empli de honte. Il était resté éveillé bien après que la maison avait sombré dans le silence, révisant à voix basse des exercices de diction, inquiet pour son examen. Il détestait cette partie méprisable de sa personnalité, le petit garçon faible.

Finalement, à une heure indue de la nuit, il avait fait la seule chose qui l'aidait quand il se sentait ainsi. Il avait doucement fermé la porte de sa chambre, avait appuyé sa tête contre le montant et s'était mis sur la pointe des pieds, avant de glisser les mains sous l'élastique de son pyjama.

Cacoethes : un besoin urgent, une mauvaise habitude.

Il respirait en silence, ses mains s'agitaient impitoyablement. Il pensait aux skaters, aux garçons de l'internat, il pensait à des hommes, des adultes comme le Dr Martin ou M. Razz. Il avait même visualisé Jake Greenberg qui, pour se moquer de lui, avait fait un certain geste avec la main – celui-là même qui lui avait donné cette idée. Il devait le faire de cette manière, toujours pareil, appuyé contre une porte qui ne fermait pas, celle qui signifiait que sa mère pouvait entrer à n'importe quel moment. Mais ce n'était pas seulement ça… Debout le front contre la porte, comme ancré, c'était la seule manière qui lui paraissait juste. Il avait ensuite sombré dans une transe, se jurant comme toujours que c'était la dernière fois. Juste avant, il se promit de ne plus jamais succomber à cet étrange rituel nocturne. Puis vint le frisson fort, vertueux, et cette seconde vive, délicieuse, où son esprit se vidait. Il ne pouvait penser à rien, pas même combien il était inacceptable pour ce monde, combien il était mal équipé pour y vivre.

Le calme intérieur ne durait jamais. Il avait retiré sa main mouillée – ce n'était jamais arrivé auparavant –

avant de retourner au lit. Il s'était senti plus immoral et contre nature que jamais. Rouge de honte, il avait roulé son pantalon en boule, l'avait caché sous son lit et en avait pris un autre, convaincu d'avoir trahi à la fois Dieu et sa mère.

Il faisait encore nuit quand il se réveilla. Des moteurs ronflaient dans l'allée. Des lumières bleues et blanches clignotaient derrière ses rideaux à carreaux. Des pas résonnèrent dans l'escalier ; son père l'appelait, le traquant comme un prédateur.

Il se redressa dans son lit. Ses genoux pliés formaient un tipi avec sa couette à bulldozers. Son premier instinct fut de chercher un endroit où se cacher. Dans le placard. Sous le lit à côté du pantalon qu'il comptait nettoyer le lendemain matin. Son réveil lumineux indiquait quatre heures deux. Peut-être qu'il rêvait encore, que la voix de son père n'était qu'un cauchemar. Will resta assis, immobile comme la mort, glacé par la peur et la culpabilité. Il ne savait pas de quoi il avait peur ni ce qu'il avait fait de mal, mais ces deux émotions semblaient être ses seules possibilités.

La porte s'ouvrit à la volée. Soudain, son père se tenait devant lui, retirait ses couvertures, lui touchait la poitrine, l'arrachait à son autel d'oreillers, le secouait trop fort avec ses grandes mains maladroites, le visage trop près du sien, son haleine trop viandeuse, trop chaude. Il lui posait des questions agressives, envahissantes. *Ça va ? Tu vas bien ?* Chaque fois que Will le repoussait en couinant, d'autres questions pleuvaient. Le contact menait aux attouchements.

« Maman ! hurla Will en sautant à bas du lit. Maman ! Maman ! »

Will courut jusqu'à la chambre de ses parents et l'appela à s'en arracher la gorge.

Douglas le rejoignit et posa les mains sur ses épaules.

« Will, est-ce que ta mère est là ? C'est important. Réponds-moi. »

Chaque fois qu'il retournait Will vers lui, celui-ci faisait le mouvement inverse.

« Lâche-moi ! Ne me touche pas ! »

Will s'aperçut qu'il pleurait. Puis il vit un policier qui montait l'escalier, les épaules larges, un ceinturon à la taille, la seule personne au monde qui puisse le sauver à cet instant précis.

« Libérez-moi de lui ! » supplia-t-il.

Rebelle, inconsolable, il enfreignit toutes les règles non écrites de la famille Hurst. Il pleura comme un enfant, appela à l'aide. Il savait à quel point sa course vers le policier était gênante. Ce n'était pas gentil. Ce n'était pas respectable, mais il était trop paniqué pour s'en préoccuper. Il le supplia de l'aider. Il hurla tout ce que sa mère lui avait dit sur les abus de Douglas.

« Je veux ma maman ! Je veux ma maman ! » dit-il au policier.

Puis il entendit les mots qui le frappèrent comme une balle en plein ventre :

« On cherche ta mère, petit gars. Je te promets. Le problème, c'est qu'on ne sait pas où elle est. »

VIOLET HURST

Elle revint à elle au son de la voix de sa mère.

« Oui, crut-elle l'entendre dire au loin. Quand j'ai compris ce qui se passait, je me suis inquiétée aussi. »

La lune vacilla dans le ciel tandis que Violet tentait d'y voir clair. Elle inspira une petite bouffée d'air glacé. Sa gorge lui faisait tellement mal qu'elle peina à déglutir, ses jambes étaient si molles qu'elle parvenait tout juste à plier les genoux. Elle tendit l'oreille. Il y avait d'autres moteurs. D'autres voix disaient des choses que Violet ne distinguait pas.

Puis à nouveau la voix de sa mère, trop forte :

« Je ne sais pas ce qui lui a pris. S'enfuir toute seule pour retrouver Dieu sait qui. *[Inaudible.]* On croirait que je ne lui ai rien appris. »

Hors de la famille, Josephine parlait toujours un peu plus fort que les gens normaux. Seule son apparence – veste de serge et dents blanches, tirée à quatre épingles avec ses cheveux de présentatrice télé – lui donnait l'illusion de la santé mentale. *La voix ne ment pas*, songea Violet étendue à terre. La voix perçante de sa mère faisait très *Grey Gardens*. Si seulement les gens fermaient les yeux quand elle parlait, ils l'entendraient : une folle entourée de ses chats, ivre de sadisme et d'envie.

Quand Violet se redressa sur un coude, ses os crissèrent. Elle s'aperçut que la déglutition n'était pas son seul problème. Même inspirer lui faisait mal. Essoufflée comme elle l'était, chaque bouffée d'air constituait une souffrance. Elle roula sur le côté en claquant des dents et vomit de la soupe tiède dans le gravier.

Elle aurait sûrement dû avoir peur, mais sa seule pensée était d'atteindre la personne à qui parlait sa mère avant que cette dernière ne l'éloigne. Prudemment, elle se mit dans une position quasi verticale. Son cœur battait à se rompre. À travers les arbres, elle distinguait deux paires de phares, pareils à des yeux qui fouillaient devant eux, entourés de gaz d'échappement. Violet soutint le regard de ces voitures tandis qu'elle traversait les bois, chancelante, raclant des pieds les feuilles mortes couvertes de détritus. Elle se tordait les chevilles sur des racines, des pierres, des cannettes écrasées. Chaque inspiration l'étouffait. C'était une douleur claustrophobe, qui la gardait prisonnière. Elle se concentra sur les voix, les moteurs et les phares au loin. La conversation s'était calmée, et Violet entendit des portières claquer. Elle pressa le pas, prenant appui sur des troncs d'arbre. Tant qu'il y avait quatre phares et non deux, elle n'était pas seule avec sa mère. Tant qu'il y en aurait quatre, elle ne serait pas seule dans les bois, seule au monde.

Une portière s'ouvrit et de la musique, Van Morrison, se déversa dans le parking.

« Violet ?! »

C'était Imogene qui courait vers elle, les yeux écarquillés dans la légère fumée des pots d'échappement.

Josephine aussi se dirigeait vers elle, affichant de nouveau son visage public. Elle porta les mains à sa bouche.

« Violet, chérie ! Dieu merci, nous étions tellement inquiets ! »

Ses sourcils s'agitaient pour composer une expression qui puisse passer pour de l'inquiétude maternelle, mais ses yeux paniqués ne savaient pas où regarder. Ils glissaient sans cesse vers Imogene. En grande actrice, Josephine tentait d'évaluer son public.

De toutes ses forces, Violet essaya d'articuler *Je ne vais nulle part avec toi*, mais ne parvint à émettre qu'un chuintement douloureux. Elle continua à se propulser en avant, vers Imogene, alors même que Josephine tirait sur sa veste pour la faire entrer dans sa berline rouge.

« Monte dans la voiture, ordonna Josephine. Viens, on rentre à la maison ! Ensuite on parlera des problèmes dans lesquels tu t'es fourrée. »

Mais Imogene s'aperçut de quelque chose. Fut-ce l'œil écorché de Violet, le vomi sur son jean ou son expression ?

« Oh, mon Dieu ! s'écria-t-elle. Mais qu'est-ce qu'elle t'a fait, Rose ?

— Merci, Imogene, lâcha Josephine. Je m'en occupe. Viola, monte immédiatement dans la voiture. »

Violet mit un temps infini à se faire comprendre. Elle secoua la tête. *Non* NON *NON.* Tenta désespérément de se libérer de la main de sa mère qui la rattrapa aussitôt, la serrant plus fort que jamais avec ses doigts d'araignée qui la révulsaient.

Imogene prit une expression effrayée mais polie.

« Madame Hurst, je ne crois pas qu'elle ait envie… »

Josephine resserra sa poigne.

« Ça ne te regarde pas, Imogene. Arrête de parler au nom de ma fille. D'ailleurs, arrête de lui parler tout court. Sans toi, on n'en serait pas là. »

Bouche bée, Imogene posa une main sur sa poitrine.

« Moi ?

— Oui. Toi et ton frère avez une mauvaise influence sur elle. Marijuana. Sexe et blasphèmes. C'est insensé ! Si j'étais votre mère…

— Tu n'es pas sa mère, Josephine. »

Abasourdie, Violet leva la tête et vit Beryl Field. Elle se tenait entre les deux voitures, son pashmina noué sur la tête, ses boucles d'oreilles se balançant doucement, la lumière des phares brillant à travers les trous de son poncho au crochet.

« Je pense préférable que Violet passe la nuit chez nous, dit Beryl d'un ton ferme. Viens, chérie. Imogene, s'il te plaît, aide Violet à mettre son vélo dans la voiture. »

Un frisson parcourut l'échine de Violet. Elle regarda Josephine du coin de l'œil. Elle s'attendait à une leçon de morale, à ce que sa mère se lance dans une diatribe bien rodée – celle qu'elle rabâchait en privé sur l'éducation molle et laxiste de Rolf et Beryl. Au lieu de ça, elle se dirigea vers sa voiture à pas mesurés. Avant de démarrer dans un nuage de poussière pour disparaître dans l'immense nuit noire, elle se retourna pour lancer :

« C'est quoi ton pronostic, Beryl ? Je te dirais d'aller crever, mais Violet m'a dit que tu y étais presque. »

Beryl emmena Violet tout droit aux urgences de Kingston. Sur la banquette arrière, Imogene pleurait en tenant la main de Violet tandis que celle-ci crachait littéralement l'histoire de la semaine passée ainsi que tout ce que sa mère lui avait avoué au bord de la rivière. Malgré le traumatisme, elle vomissait les détails. Elle ne pouvait les garder pour elle. Il fallait qu'elle dise ces choses avant que Josephine ne trouve un moyen de les retourner, de rationaliser sa folie.

« J'ai failli ne pas venir ! répétait Imogene. Mais je me suis inquiétée en voyant que tu ne m'appelais pas. Pendant tout le trajet, je me disais : *Je sais que c'est stupide, je sais que je suis folle*. Hein maman ? Je n'étais pas assez folle. Qu'est-ce qui serait arrivé si on n'était pas venues ? »

Beryl tenta d'écourter le trajet en mettant une musique joyeuse à faible volume. Elle emprunta à vive allure les petites rues à sens unique de Kingston. Le lierre et les vieilles maisons de pierre avalaient ses feux. Beryl alluma les phares. Elle laissa les filles partager ce moment, se gardant d'intervenir. Sauf une seule fois quand, arrêtée à un stop, elle frissonna affreusement alors que Violet racontait comment Josephine s'était déguisée avec les vêtements de Rose.

« Elle devait être ivre de douleur, murmura Beryl. Folie passagère. »

Attribuer des émotions humaines normales à Josephine était une erreur, mais comment lui en vouloir ? songea Violet. Beryl était pleine d'empathie avec tout le monde comme avec ses enfants – elle tentait de se mettre à la place des autres, de percevoir le monde comme eux, leurs amis et leur famille. Sa mère faisait l'inverse. Si quelqu'un refusait de reconnaître son fantasme comme étant la réalité, elle le rejetait, le blessait ou le cachait. Abreuvée de la satisfaction narcissique que lui procurait Will, elle devait se sentir invincible. Elle imaginait sans doute qu'elle ne se ferait jamais prendre.

« Impossible, répondit Imogene, entre le rire et le sanglot. Josephine est folle en permanence. »

Beryl la fit taire.

« Violet, chérie, je suis sûre qu'elle pourra se faire aider. Une thérapie, quelque chose. »

Violet acquiesça d'un air évasif, mais elle en doutait. Beryl avait un cancer, elle savait qu'elle était malade. Elle avait mené des recherches, elle écoutait les professionnels de santé et elle tentait activement, désespérément de guérir. Josephine, en revanche, n'admettrait pas une seconde qu'elle faisait du mal aux autres Hurst ou à elle-même. Face à un tribunal, Violet savait que sa mère jurerait ses grands dieux qu'elle n'était pas plus manipulatrice que n'importe quelle femme sur terre. Si un psychologue tentait de l'aider, elle l'intimiderait et l'humilierait jusqu'à ce qu'il se sente pire qu'elle, jusqu'à le briser. Pour se soigner, il faut d'abord admettre qu'on est malade, or Josephine ne le ferait jamais. Elle préférait de loin continuer à se prétendre parfaite, quitte à effacer tout ce (et tous ceux) qui affirmaient le contraire.

À l'hôpital, on photographia les bleus sur le cou de Violet et on releva les empreintes digitales. On lui mit un pansement sur la paupière et sur la joue. Le médecin inspecta son œil et sa gorge avec une lampe et lui demanda si elle avait mal. Tout lui faisait mal, mais pas autant que le fait de savoir que Rose était morte et introuvable, son cadavre caché dans un lieu secret que sa mère avait choisi.

Malgré la résistance de son corps et de son esprit, Violet laissa ses amis s'occuper d'elle. Imogene s'assit à son côté sur son lit d'hôpital, un bras autour de ses épaules, la télécommande de la télévision dans l'autre main, évitant soigneusement ce qui pourrait lui causer un choc émotionnel comme elles l'avaient fait pour Edie à Fallkill (pas de téléréalité policière, pas de reportages sur des familles dysfonctionnelles édentées). Quand la cafétéria ouvrit, Beryl leur apporta du café chaud et des viennoiseries huileuses qui avaient seulement un goût de gras. Elle les enveloppa dans une couverture en patchwork qu'elle gardait dans le coffre de sa voiture pour les pique-niques d'été et les urgences d'hiver et s'assit dans un coin, soufflant sur son thé dans un gobelet en carton sans jamais laisser paraître ce que cela représentait pour elle que de revenir à l'hôpital si peu de temps après l'ablation de sa tumeur. Violet essaya de se détendre et d'ignorer la voix dans sa tête qui lui répétait sans cesse : *Si tu as besoin d'aide, ne demande rien. Débrouille-toi toute seule.*

Finch était le plus en colère. Il arriva à l'hôpital dans le van Volkswagen des Field et se mit à arpenter la pièce froide et neutre, enragé contre personne et tout le monde. Il prenait à partie le médecin et le policier pour exiger plus de réponses d'une manière protectrice et flatteuse, à défaut d'être tout à fait utile. Il ne comprenait pas. Cette situation ne rentrait pas dans la définition de l'humanité, ne cessait-il de répéter.

« Une mère qui attaque son propre enfant ! C'était peut-être logique dans le Sud pendant l'esclavage, pour sauver sa fille des horreurs qu'on subissait – ça, je peux le comprendre. Une histoire à la Toni Morrison. Mais Josephine n'essayait pas d'épargner à Violet une vie de viols et de pauvreté. C'est une femme blanche privilégiée qui vit dans un monde développé !

— Ce n'est pas logique pour nous, mais pour Josephine, où qu'elle soit, ça a un sens, répondit Imogene. La psychologue de garde nous a dit que c'était sans doute l'aboutissement d'un long processus. »

En fait, elle avait dit qu'il s'agissait d'un long processus de dysfonctionnement relationnel. Violet avait très mal supporté cette évaluation psychologique, la énième depuis une semaine. La psychologue était restée trop longtemps, trop près du lit, avec ses yeux marron emplis de compassion qui semblaient appeler les larmes de Violet. Mais celle-ci n'avait pas pleuré une seule fois. Elle avait toujours l'impression d'être au fond d'un vieux puits et que tout le monde l'appelait depuis la surface. On évitait les mouvements brusques et on lui disait des choses rassurantes. On lui tendait des déclarations et des formulaires médicaux. On remplissait des flacons avec son sang. Elle devait employer toute l'énergie qu'il lui restait à répondre, signer au bas des documents, tendre le bras pour l'aiguille.

Beryl demanda à Finch de retourner à la maison préparer la chambre d'amis pour Violet. À peine était-il parti qu'une femme des services sociaux, Trina Williams, entra. Elle affirma être une collègue de Nicholas Flores. Quand Violet lui demanda pourquoi Nick n'était pas venu lui-même, elle répondit avec émotion que certaines choses étaient plus faciles à évoquer entre femmes. S'ensuivit toute une batterie de questions sur Douglas : était-il alcoolique ? Avait-il jamais frappé l'un des enfants Hurst ? Était-il vrai qu'il portait un intérêt malsain à la sexualité de Rose ? Elle posait ces questions d'un air contrit. Ses gentils yeux marron disaient qu'elle savait que Violet préférerait penser à autre chose. Violet répondit sincèrement : *Oui, alcoolique, mais en sevrage. Non, pas de violences. C'était leur mère qui inspectait les sous-vêtements de Rose.*

Le soleil matinal explosait par la fenêtre, qu'il éclairait de rose et d'orange comme le vitrail que Violet avait observé tant de fois à l'église quand elle était petite. Elle ne cessait de penser aux endroits où sa mère pouvait avoir jeté Rose. C'était ainsi qu'elle y pensait : *jetée* ou *balancée*, comme un sac-poubelle depuis une voiture en marche. Aucun doute que sa mère aurait affirmé avoir donné à Rose un repos bien mérité. Mais où que se trouve sa sœur, ce n'était certainement pas l'endroit tranquille qu'elle imaginait quand elle avait allumé le contact pour la dernière fois. Elle ne reposait pas, elle pourrissait dans une tombe anonyme, ou bien elle avait déjà été dévorée par une famille d'ours noirs. Telle était la déplaisante vérité. Pas de certificat de décès. Pas d'enterrement. Josephine devait avoir choisi parmi trois éléments sur quatre – terre, feu ou eau – pour se débarrasser d'elle.

Quelques heures avant qu'on laisse partir Violet – ses résultats toxicologiques étaient négatifs –, l'inspecteur Donnelly se présenta. Il s'excusa, disant que ce qui s'était passé la veille était sa faute. Il comptait la contacter. Douglas s'était présenté au commissariat hier avec un journal qui prouvait selon lui que Josephine avait harcelé Rose, mais quand la police l'avait examiné, ils avaient découvert qu'un certain nombre de pages avaient été arrachées. Douglas avait dit qu'il entretenait toujours des doutes concernant la vidéo de surveillance de la gare prise l'année précédente. Le pas de Rose manquait d'une certaine raideur. Au début, il avait pensé que sa soudaine liberté l'avait un peu détendue, mais depuis qu'il avait cessé de boire, il se posait davantage de questions, notamment sur le timing des événements. Rose avait commencé à disparaître des photos de famille peu après qu'il avait suggéré d'engager un détective privé pour partir à sa recherche. Sa voiture avait été rayée, supposément par Rose, à l'époque où Josephine l'avait accusé d'avoir une liaison. Dès que Rose avait « refait surface », Douglas avait remarqué que Josephine parlait d'elle comme du chien de la famille : si quelque chose disparaissait, « Rose » en était tenue pour responsable, si quelque chose se brisait inexplicablement, « Rose » l'avait fait par vengeance.

À la lumière de ses échanges avec Douglas, Donnelly s'était rendu avec la photo de Rose à Newburgh, où le directeur de la boutique UPS avait affirmé ne jamais l'avoir vue. D'après l'un des employés, la boîte postale appartenait à une brune d'âge moyen qui parlait toujours au téléphone et se plaignait des prix comme si on cherchait à l'arnaquer personnellement.

« J'ai pensé à ta mère, dit Donnelly à Violet, mais quand je l'ai rencontrée, elle était blonde. La dernière fois qu'elle est venue au commissariat, ta mère était blonde.

— Ses lettres arrivaient régulièrement, remarqua Violet. Quand je lui écrivais, elle répondait presque immédiatement.

— C'est un service qu'ils proposent. Dès qu'une enveloppe arrivait pour elle, ils l'appelaient sur le numéro qu'elle t'a indiqué dans la lettre.

— C'était un téléphone jetable je crois, dit Violet. D'ailleurs, elle l'a jeté dans la rivière.

— Pardon de vous interrompre, intervint Beryl. Avez-vous arrêté Josephine ? »

Donnelly hocha la tête.

« Elle est rentrée à Old Stone Way en début d'après-midi. Elle avait passé la matinée à faire du shopping à Rhinebeck. Elle a dit que, tant qu'à être arrêtée, elle voulait porter une robe neuve. Elle est même allée dans un salon de beauté. Elle a dit au photographe du commissariat qu'elle s'était fait maquiller par un professionnel. Pardon, mais ça a bien fait rire les gars. Ils l'appellent *Maybelline*. Vous savez, comme la marque de cosmétiques. »

Violet était trop fatiguée pour sourire.

« Quel que soit son problème, elle doit être née avec », dit-elle.

À peine avait-elle prononcé cette phrase qu'elle se demanda si c'était vrai. Était-ce la maltraitance ou la génétique qui avait fait de sa mère ce qu'elle était ? Peut-être ses gènes étaient-ils la mèche, et la maltraitance ce qui y avait mis le feu ? Mais peu importait la cause, Violet ne pouvait que regarder les flammes danser.

Au moins, elle était plus persuadée que jamais de ne pas être comme sa mère. Quelles que soient les horreurs qui lui arriveraient dans la vie, et à moins d'une transplantation de cerveau, jamais elle ne verrait le monde comme Josephine.

WILLIAM HURST

Voici les choses dont Will s'assura que le procureur ne pourrait accuser sa mère :

Meurtre (un crime passible de prison) pour avoir intentionnellement causé le suicide de Rose. Restait le témoignage de Violet, qui affirmait que leur mère avait présenté à Rose une photo sanglante de bébé démembré. Mais l'avocat de Josephine – un homme magnifique, quoiqu'un peu ventripotent, aux cheveux gris qui avait déclaré sa flamme à sa cliente dès la fin du procès – avait rappelé au jury que Violet était une droguée qui voyait régulièrement des choses qui n'existaient pas : symboles aztèques, hindous, messages mystiques de l'« au-delà ». Au cours du procès, il avait évoqué ce qu'il appelait la « crise de schizophrénie » de Violet. Il avait montré une photo de collège de Violet et Imogene au-dessus de laquelle elles avaient inscrit : « *Psychonautes* ». Josephine avait détruit la partie finale du journal de Rose, et Will avait juré sur la Bible qu'il n'avait jamais rien lu d'aussi accablant que ce que racontait son père. Techniquement, c'était une fausse déclaration. Mais il était certain que Dieu accordait plus d'importance au fait d'honorer sa mère. Et il portait toujours Dieu dans son cœur : *ChristLove*. Dès qu'il en avait eu l'occasion sans éveiller de soupçons, Will s'était connecté à l'e-mail de Rose et avait tout effacé. Messages reçus, envoyés, tout.

Usurpation d'identité et recel d'objets volés (un crime et un délit) pour avoir possédé et utilisé des cartes de crédit au nom de Rose. Avant de partir pour le commissariat ce matin-là, Will avait enfilé les vêtements que sa mère lui avait préparés. Une tenue décontractée, pour changer : un sweat-shirt à motifs de sous-marin et un jean avec un ourlet. En enfilant le pantalon, il avait senti quelque chose de dur et rectangulaire dans la poche. Des cartes de crédit. Quatre, au nom de Rosette P. Hurst. Bien sûr, Josephine pouvait les avoir placées là pour le piéger ; cette idée sacrilège lui avait traversé l'esprit. Mais il préférait penser qu'elle les lui avait remises parce qu'elle lui faisait confiance, parce qu'elle savait qu'il ferait ce qu'il fallait si les choses tournaient mal. Tandis qu'un policier attendait derrière l'unique porte qui fermait dans la maison des Hurst, Will avait découpé les cartes au-dessus des toilettes avec les ciseaux affûtés que sa mère utilisait pour lui couper les cheveux. Disparues à jamais après deux coups de chasse d'eau. (*Pardon pour l'attente, monsieur l'agent ! Mon estomac se noue dès que je me retrouve seul avec le monstre qui me sert de père !*) Plus d'objets volés. La mère de Will avait utilisé les cartes exclusivement pour aller au musée, chez le coiffeur, ou déjeuner au 21 Club. Elle avait acheté des billets pour *Reviens petite Sheba* et *La Revanche d'une blonde*.

Voici les accusations auxquelles Josephine ne pouvait échapper :

Agression par strangulation (un crime violent) pour avoir étranglé Violet. Le procureur avait voulu l'accuser de tentative de meurtre, affirmant que Josephine avait attiré Violet jusqu'au terrain de base-ball dans ce but précis et qu'elle serait allée jusqu'au bout si Imogene ne l'avait interrompue. Mais le bel homme aux cheveux d'argent leur avait assuré qu'aucun jury sur terre ne la condamnerait pour ça. Il avait raison. Ils n'en firent rien. Même quand les billets d'avion apparurent : Josephine avait acheté des billets de première classe (pas pour Londres, mais pour la Croatie, où la vie coûtait moins cher et avec laquelle les États-Unis n'avaient pas d'accords d'extradition). L'un des jurés avait même dit que chaque mère ressentait parfois l'envie de tordre le cou à sa fille adolescente. Josephinc avait pris deux ans pour l'agression, et elle avait de fortes chances de sortir plus tôt.

Entrave à l'exercice de la justice (un délit grave) pour avoir dissimulé le suicide de Rose. Les aveux de Josephine enregistrés sur le téléphone de Violet n'étaient pas recevables par le tribunal. Bien que leur mère ait raconté plus ou moins la même chose à la police, il n'existait tout simplement pas de jurisprudence. Ils avaient tenté de la coincer pour avoir creusé une tombe illégale, mais les chiens avaient retrouvé les restes de Rose sur le terrain des Hurst, à l'endroit exact que leur avait indiqué Josephine. Celle-ci n'avait rien creusé. Elle avait simplement descendu Rose dans l'une des profondes failles rocheuses dans les bois juste derrière le jardin (qui faisaient partie de la propriété de Stone Ridge). Quand Rose étudiait la géologie, elle était fascinée par ces profondes fissures de trois mètres sur trois dans le sol, formées par des années d'érosion glaciaire, dont l'ouverture n'excédait parfois pas soixante centimètres. Josephine affirmait que c'était un enterrement naturel, écologique, et qu'à son avis Violet aurait dû apprécier. Pourtant, certains détails – la bâche, la brouette – avaient dégoûté tout le monde.

« C'est un enterrement digne d'un chien, avait craché le procureur. Ce n'est pas ainsi qu'on rend hommage à un être humain, une belle jeune femme, un individu unique. »

En entendant cette dernière phrase, la mère de Will avait relevé le menton et souri à travers ses larmes.

En secret, Will aurait aimé voir Rose embaumée. Dans l'enterrement de ses rêves, sa sœur aurait été allongée dans un cercueil de verre, aussi parfaite qu'une princesse de conte de fées, avec un bouquet de bal.

Douglas avait fait exhumer puis incinérer Rose. À la cérémonie, qui avait rassemblé bon nombre des amis convaincus qu'elle les avait abandonnés, les fleurs se limitaient à quelques bouquets miteux, des tournesols et des cosmos dans de tristes petits bocaux. La photo qu'il avait choisie représentait Rose dans son équipement complet de randonnée, le nez pelé par le soleil.

Agenouillé sur le prie-Dieu, Will songeait que sa mère aurait bien mieux fait les choses. Il y aurait eu des tentures de satin rose, des pivoines blanches (les roses étaient trop ostentatoires), un portrait de sa sœur avec un effet flouté, et un morceau des *Enigma Variations* d'Elgar. Sans doute « Nimrod ».

Mais Douglas et Violet s'en étaient occupés. Il y avait donc eu une veillée aux chandelles et une version folk de « This Little Light of Mine » interprétée par une bande de crétins vêtus de flanelle qui n'avaient même pas pris la peine de se raser pour l'occasion. Will, quant à lui, était lisse comme une poupée Ken. Le duvet avait disparu de sa lèvre supérieure. Juste avant le procès, le bel homme aux cheveux d'argent lui avait montré comment faire et lui avait même révélé le secret pour se raser autour de la pomme d'Adam (avaler et retenir). Ce conseil ressemblait à d'autres leçons que les garçons lui apprenaient au pensionnat : il s'avérait qu'« avaler et retenir » s'appliquait aussi à la fumée de marijuana et au whisky.

Eh oui. Pour finir, Will était parti en pensionnat.

L'idée lui était venue au cours de ces premiers mois où les choses semblaient empirer sans cesse. Douglas avait demandé le divorce. Josephine attendait son procès en prison. Violet vivait chez les Field, parce qu'elle, visiblement, avait le droit de chier devant sa porte puis de partir ailleurs – le monde entier était le lieu d'aisances de Violet. Les services sociaux avaient fait mine de prendre au sérieux les accusations de Will contre son père, mais la chose était difficile à prouver sans la collaboration de Violet, et Douglas avait retrouvé ses droits parentaux après les ridicules cours d'éducation qu'il avait suivis pendant que Will passait quelques semaines en famille d'accueil.

Ces gens qui l'avaient accueilli étaient tellement ternes et cohérents que Will en avait été perturbé. Pas de tirades dramatiques, pas d'effusions de rage ou de dévotion. Il avait eu une réaction quasi allergique à la tranquillité. Il habitait dans une ferme à Pallenville, entouré d'hectares et d'hectares sans rien d'autre que des traces d'écureuils sur les champs blancs et des marques couleur bronze de pisse de daim dans la vieille neige. Les parents d'accueil, Sally et Larry, ne possédaient pas le câble, et ils n'avaient rien d'autre à lire que le catalogue Lehman et un magazine de survie, *Pioneer Living*. Cela l'avait rendu à moitié fou, impatient, concupiscent.

Encore pire, Larry et Sally s'étaient montrés trop gentils. Leur compréhension l'avait étouffé et avait aggravé les problèmes de comportement des autres pensionnaires. Les garçons avec qui vivait Will, Carson et Bodean, déchiraient leurs vêtements pour que Sally leur achète la marque et le style qu'ils voulaient (principalement des tenues de camouflage de chez Gander Mountain). Ils exigeaient d'aller aux urgences s'ils avaient mal au ventre, juste comme ça, parce qu'ils savaient que la loi obligeait Larry à les y emmener.

Will avait rappelé Bodean après que les services sociaux l'eurent renvoyé chez lui à Old Stone Way, où il avait passé quatre longues journées à se sentir comme un hérétique à vivre avec Douglas, l'homme qui avait fait des déclarations calomnieuses à la presse au sujet de sa mère, qu'il traitait de « reine de la manipulation » et d'« équivalent humain d'un immeuble en flammes ».

Will voulait que Bodean le frappe au visage de toutes ses forces. Il avait fantasmé sur ce coup de poing pendant des semaines avant qu'ils puissent enfin se rencontrer à Forsyth Park pour le concrétiser. Le coup avait satisfait Will plus qu'il ne l'aurait imaginé. Il lui avait laissé un bel œil au beurre noir et un goût pour la douleur. Ce soir-là, en rentrant à la maison, Will avait annoncé à Douglas qu'il avait une semaine pour signer un chèque d'inscription à un pensionnat mixte à la frontière du Massachusetts, sans quoi il irait raconter aux services sociaux qu'il l'avait battu. Il avait menacé de se blesser tous les jours et d'accuser Douglas s'il ne l'envoyait pas vivre au pied des monts Berkshire. Au moment de la confrontation, il tenait le numéro des services sociaux dans une main et la brochure de l'école dans l'autre. *À toi de choisir*, avait-il dit. Si son père avait pris le soin de la lire avant d'accepter, il aurait vu des garçons en short de lacrosse, des tours enneigées, des arcades de briques et toute une future génération de l'élite.

Will portait son uniforme (cravate rouge, veste bleue) à la cérémonie pour Rose, et il sentait les yeux de Violet rivés sur l'écusson de l'école. Elle le traquait depuis des semaines et lui envoyait des lettres très similaires à celles qu'elle-même avait reçues de « Rose », dans lesquelles elle lui demandait de ne pas lui en vouloir d'avoir porté plainte, de vivre chez Imogene et de faire ce qu'elle « *avait à faire* » pour mener une vie « *tranquille et productive* ». Will n'avait jamais répondu, mais il aimait qu'on le poursuive, et savoir qu'il n'était pas le seul à ne pas supporter la soudaine tranquillité de son existence lui plaisait assez. Comme lui, Violet semblait accro aux confrontations familiales et aux larmes. Contrairement à lui, elle n'avait pas les jalousies mesquines et les trahisons de l'internat pour satisfaire son appétit pour les disputes.

Avant la cérémonie pour Rose, Violet l'avait coincé afin de lui proposer un marché et de tenter de lui faire comprendre que Josephine s'était interposée entre eux de nombreuses manières.

« Je veux qu'on essaie d'avoir des relations directes, avait-elle dit. Sans que maman vienne se mettre entre nous. J'aimerais penser qu'on peut aller l'un vers l'autre… Tu sais, rien que toi et moi. Sans faire semblant. Sans jouer un rôle, une fausse représentation de nous-mêmes. »

Pour toute réponse, il s'était contenté de sourire d'un air suffisant et de lui demander où en était sa *xérophagie*. Violet n'avait pas compris et il ne lui avait pas donné la satisfaction d'une explication (*un régime au pain et à l'eau*). Elle avait détruit sa famille, l'avait brûlée, comme tous les ponts qu'elle avait traversés. Qui savait si le mot de xérophage s'appliquait encore à elle ? La mauvaise coupe au carré de Violet avait arrondi son visage. Elle avait des joues d'écureuil. Huile, sucre, farine, le tout vegan bien sûr.

La seule contribution de Will à la cérémonie avait été le poème qu'il avait choisi, « En souvenir d'une actrice », de Victor Daley. Il l'avait lu avec le brio qu'il appliquait autrefois à ses représentations d'Edgar Poe :

Dis-en peu : où elle gît, laissons-la reposer :
Que lui importe de la Célébrité, de l'Art ?
Des applaudissements ? Elle a joué son rôle.
Ses mains sont jointes calmement sur sa poitrine,
Dieu sait !

Son deuil ressemblait un peu à celui qu'on porte pour une célébrité. Il se sentait ému par la douleur collective, les effusions de la communauté, mais il n'avait pas assez connu Rose pour vraiment souffrir. Rose avait été une princesse, elle n'appartenait pas au peuple. Aux yeux de Will, elle était tellement privilégiée, tellement belle et tellement grande qu'elle n'avait jamais été tout à fait humaine. À mesure que le temps passait et qu'il s'enfonçait dans l'adolescence, il s'était mis à la considérer comme un symbole du passé, du bon vieux temps qu'on aime se rappeler. Rose était comme un 4 × 4 ou une nouvelle maison : un symbole de réussite, un objet plaisant mais trop coûteux, que les Hurst avaient payé le prix fort.

Après le service, il avait rendu visite à sa mère vêtue de son uniforme orange et ils avaient échangé des potins comme deux vamps de série télé. Elle l'avait mis au courant du divorce et de son idylle tardive avec l'avocat, après quoi il lui avait fait une manucure de niveau professionnel (cuticules et limage).

Chirocosmétique : l'art de la manucure.

Comme toujours, ils avaient parlé de Londres. (Josephine : « Les Anglais apprécient les excentriques comme toi et moi à leur juste valeur. ») Ils iraient toujours vivre là-bas, promis, dès qu'elle connaîtrait sa date de libération. Leur vie à l'étranger serait plus confortable quand elle recevrait sa pension alimentaire. Ils loueraient un appartement à Marylebone. Elle lui achèterait un costume sur mesure du meilleur tissu anglais. Elle l'enverrait chez Fortnum & Mason, où ils vendaient des biscuits au beurre faits de pétales de rose et de violette cristallisés.

« Et des biscuits au William ? » avait-il plaisanté, mais elle n'avait pas compris.

Elle l'avait simplement regardé comme s'il avait roté sans demander pardon, puis elle avait voulu voir les derniers articles des journaux et d'Internet la concernant.

La photo prise au commissariat lui avait plu, mais pas les titres.

Elle avait pris sa main et lui avait dit :

« Will, n'oublie jamais ce que je vais te confier. Promis ? »

Il avait promis.

« Mieux vaut être haï qu'ignoré. »

Il l'avait crue. Quand il l'appelait ou lui rendait visite, ils parlaient surtout de Violet. Comme elle était égoïste. Le tort qu'elle avait causé à Josephine. Comme elle avait souillé Rose et sa mémoire. Josephine n'interrogeait jamais Will sur ses crises, qui semblaient lui avoir passé avec le temps, ni sur son éventuel syndrome d'Asperger. Si tel avait été le cas, il aurait aimé lui confier ses difficultés scolaires – son retard accumulé en sciences, en géographie et en maths –, lui raconter que les garçons le poussaient parfois dans les couloirs en le traitant de *pédé* ou de *pervers*, et qu'il avait fini par avoir des relations sexuelles maladroites avec une étudiante coréenne pour leur prouver qu'ils avaient tort. Il aimait penser qu'elle l'aurait rassuré comme dans les séries télé ou une carte de fête des Mères : qu'elle lui aurait dit d'être lui-même, de s'entourer de gens qui ne se contentaient pas de tolérer sa personnalité mais qui l'aimaient pour ce qu'il était. Un jour, alors qu'il pleurait par terre dans les douches – parce que le garçon BCBG refoulé dont il était amoureux lui avait donné un coup de poing dans les côtes –, il avait imaginé que sa mère le prenait dans ses bras, lui disait qu'il mènerait une vie brillante et magnifique. Parce qu'il en valait la peine. Parce qu'il était spécial.

Ces derniers temps, des mots inhabituels flottaient dans son esprit.

Garçon : un serveur masculin.

Cadet : un homonyme qui signifie soit le plus jeune fils, soit un apprenti.

Hiraeth : la tristesse d'un endroit perdu. Nostalgie d'une maison où on ne peut pas retourner. Un chez-soi qui n'a peut-être jamais existé.

Mais le mot préféré de William Hurst restait sans conteste *eellogofusciouhipoppokunurious*. Il signifiait *bon*. Il ne s'attendait pas à ce que quiconque le comprenne, ce mot si long pour un concept apparemment si simple. Mais pour lui, *bon* était précisément très compliqué. *Bon travail. Bon garçon. Bonne remarque. Bon cœur.* C'était le genre de mots simples que toute sa vie il avait voulu entendre. Ils n'étaient jamais venus, mais il n'avait jamais cessé d'attendre ; il avait donc continué à jeter ces mots étranges, compliqués, à la face du monde en espérant qu'un jour les mots simples arriveraient.

VIOLET HURST

Au début, l'attention médiatique lui était apparue comme une forme poétique de justice. Violet était secrètement excitée de voir que sa mère – la femme qui avait commis tant de crimes atroces parce que son estime dépendait de l'opinion des autres – apparaissait dans l'émission d'Anderson Cooper sur CNN et qu'on parlait d'elle dans la page « Crimes étranges » du *Huffington Post*, où les commentaires des lecteurs disaient :

Et le prix de la Mère de l'année est décerné à... #ironie.

Ce genre d'article me fait dire que les États-Unis devraient faire comme la Chine antique et délivrer des permis de naissance avant d'autoriser la reproduction.

Putain de karma !

Mais au fond, le karma n'était pas si mauvais, et il avait suffi à Violet de regarder les nombreuses interviews télévisées de Josephine devant le palais de justice pour comprendre qu'elle était flattée par l'attention qu'on lui portait et ne faisait pas la différence entre célébrité et infamie. Violet, elle, devait porter la honte de sa mère. C'était elle qui avait dû retourner au lycée de Stone Ridge et entendre les gens murmurer sur son passage.

Elle n'avait prévu de rester que quelques semaines chez les Field, mais il s'avéra qu'eux aussi avaient besoin d'elle. La colère et les sarcasmes de Violet trouvèrent un écho chez les Field, surtout chez Beryl, qui avait opté pour une nouvelle approche, bien plus occidentale, à savoir : « Merde au cancer ! ». La chimio avait remplacé le varech. Sur une suggestion des filles, elle avait surnommé ses seins Knuckle et Knobby et notait leurs progrès, les obligeant à entrer en compétition pour se soigner. Quand ils ne parvenaient pas à guérir à la même vitesse, Violet, Imogene et Finch les réprimandaient à tour de rôle d'une voix autoritaire : *Écoute, cancer, on n'est pas en colère. On est juste déçus.*

Aux vacances de mars, Rolf les avait envoyés à Hawaï pour suivre un stage de permaculture, tandis que Beryl et lui se reposaient au Mauna Lani Bay Hotel. Au début, Imogene avait refusé de quitter Beryl, fût-ce pour quelques semaines, un jour, une seconde ; elle considérait cela comme du temps perdu, de précieuses heures avec sa mère qu'elle ne rattraperait jamais. Mais une fois sur place, tandis qu'ils dormaient à la belle étoile à quatre cents mètres d'altitude, entourés d'une forêt tropicale grouillant de cochons sauvages et du sifflement nocturne des grenouilles coqui, tous trois avaient convenus que c'était exactement le dépaysement dont ils avaient besoin. Pas le temps de faire une crise de conscience quand on passe ses journées à écraser des noix de coco, à faire bouillir des racines de taro et à laver ses affaires dans des toilettes à compost sombres, humides et puantes.

Violet avait tourné son hamac vers l'ouest car elle avait lu dans un livre New Age de Beryl que c'était la direction des achèvements.

« *Que devez-vous terminer ? À qui devez-vous dire au revoir ?* » écrivait l'auteur. Le coucher de soleil hawaïen n'était que roses mousseux et nuages de beau temps, mais quelque chose de noir s'agitait, plus fort que jamais, dans la poitrine de Violet. Il y avait trop de choses auxquelles elle devait dire adieu.

Elle n'arrivait pas à dire au revoir à Rose, cette sœur qu'elle avait mieux connue qu'elle ne l'aurait jamais cru. Elle n'arrêtait pas de ressasser les deux dernières années, d'imaginer les moments où elle aurait pu construire un pont, dire ou faire quelque chose qui les aurait unies contre la présence destructrice de leur mère. (Josephine. Berk, Josephine : aussi sale, puissante et rapide que l'Hudson.) Elle revoyait sans cesse Rose, une main révélatrice sur son ventre. Elle la revoyait à la table de la salle à manger, occupée à surligner ses dernières répliques. Et si elle l'avait accompagnée au Planning familial ? Si elle avait proposé de lui faire répéter ses rôles ? Chaque scénario paraissait faux et improbable. Mais elle ne cessait d'imaginer ce qui aurait pu changer les choses. Son cerveau envisageait constamment des réalités parallèles où Rose était vivante, où elles étaient proches l'une de l'autre, où le sentiment de proximité ne signifiait ni douleur ni trahison.

Elle se sentait également coupable pour Douglas. Son père financièrement aux abois, saigné par Will, arpentant la grande maison vide qu'il ne pouvait vendre avant que le divorce soit prononcé. Elle lui rendait visite presque tous les dimanches et il lui préparait une recette d'Ottolenghi. Il regardait des tonnes d'émissions culinaires, empruntait à la bibliothèque de Stone Ridge des livres de cuisine, qu'il couvrait d'huile et de sauce soja. Il semblait réussir à rester sobre malgré la dose de stress qu'il subissait, mais elle le trouvait trop épuisant pour retourner vivre avec lui. Il passait trop de temps à la convaincre qu'il tenait le coup, et pas assez à lui demander comment elle allait. Il avait un regard quémandeur, enfantin. Parfois, il regardait Violet comme si elle était sa mère. D'autres fois, il lui sortait d'étranges compliments, comme si elle était sa femme. Violet avait eu vent de la rumeur selon laquelle il s'était rapproché de la monitrice de vélo de sa salle de sport – une femme bronzée, anorexique, qui portait des soutiens-gorge de sport et avait quelque chose de Josephine dans ses yeux noirs volontaires. Quand elle se réveillait la nuit après avoir rêvé que sa mère l'étranglait, Violet s'inquiétait souvent de la femme que son père choisirait quand il se remarierait. Elle ne doutait pas une seconde qu'il se remarierait, et assez rapidement. Même s'il arrêtait de boire, c'était un homme très attaché aux choses familières. Il ne voulait pas créer de liens, il voulait seulement être attaché.

On aurait pu croire que, de tous les membres de la famille Hurst, Will serait celui qui lui causerait le moins de soucis, mais ce fut tout l'inverse. Violet voyait en lui les enfants que ses deux parents avaient sans doute été. Elle avait souhaité lui offrir une relation proche, respectueuse, confiante. Ce n'avait été qu'après la cérémonie pour Rose qu'elle avait compris à quel point la proximité l'angoissait. La confiance était pour lui une forme de torture. Il ne voulait pas être aimé : pour lui, l'amour était un sac sur la tête. Plus que tout, il voulait s'en tenir au scénario conçu pour lui dès sa naissance et jouer tous les rôles à la fois. Tour à tour, il serait le bourreau, la victime, le spectateur et le héros, mais jamais il ne quitterait le théâtre. Parfois, dans ses bons jours, elle gardait espoir. Peut-être un jour Will rencontrerait-il un petit ami aimant ou un psy patient – quelqu'un qui le libérerait de la poigne de sa mère, centimètre par centimètre.

Non qu'elle-même soit tirée d'affaire. À Hawaï, elle avait compris qu'elle ne pouvait pas jouer. Pas comme les autres. Bien sûr, elle pouvait creuser des tranchées et tisser des feuilles de palmier jusqu'à en avoir les mains raides et couvertes de cloques. Certes, elle pouvait boire du thé aux champignons avec du miel, et nager ensuite dans une mer chaude, hallucinogène et métaphysique. Mais elle ne parvenait pas à taper sur des bongos ou un vibraphone avec ses camarades. Pas sobre, et pas juste pour s'amuser. Quand le bébé d'un membre de la coopérative – blond, de sexe indéterminé, torse nu dans une salopette maison – était venu vers elle avec un poney en plastique, son premier instinct n'avait pas été de hennir mais de retenir ses larmes. Elle n'était pas traumatisée. Ce n'étaient pas les retombées de deux années terribles, ni le fait que sa mère avait tenté de lui tordre le cou tel un torchon. Malgré sa désinvolture et ses fous rires occasionnels causés par les drogues, elle avait compris alors qu'elle était incapable de s'amuser en toute innocence.

À Hawaï, elle s'était retrouvée confrontée à sa propre culpabilité : elle s'en voulait de vivre pour son plaisir. Elle s'en voulait de posséder sa propre identité, et était doublement terrifiée quand elle trouvait quelque chose beau ou simplement agréable, trop habituée à ce que sa mère vienne tout gâcher, usurper ou dénigrer.

Un jour peut-être, quelqu'un – un acupuncteur, ou un guérisseur reiki – parviendrait-il à extraire d'un coup tous les éclats de Josephine logés dans son corps : sa honte, son inhibition, sa tolérance à des douleurs physiques et émotionnelles que la plupart des gens n'accepteraient pas de vivre. En attendant, elle avait décidé de se contenter d'accueillir la terreur douce-amère qui se réveillait dès que quelque chose d'un peu important lui arrivait, comme un avertissement. Elle ne demandait rien d'aussi fondamental qu'une évolution ou une guérison, juste que son malaise enfantin laisse place à un peu de gratitude pour les petits instants qu'elle pourrait vivre sans se poser de questions, tout en étant elle-même.

Un soir, après avoir étendu du paillis, Finch l'avait embrassée dans le sauna à bois. C'était un beau baiser, profond, qui lui avait chatouillé l'échine. Elle s'était mise à sangloter comme s'il l'avait frappée à la gorge. Doucement, Finch avait attiré sa tête sur sa poitrine. « Alors, tu as trouvé ça bien ? » avait-il dit en riant.

Cette première réaction mise à part, elle avait apprécié. C'était bon, terrifiant et fantastique tout à la fois.

La veille de leur départ, ils avaient vu une laie mettre bas. Trois mâles et trois femelles. Rayés, couleur fauve, pareils à des biches miniatures ou des écureuils géants. Chaque petit était tombé la tête la première dans le monde, étourdi, dans la poussière jusqu'à ce que ses frères et sœurs viennent le renifler. Puis, toujours reliés au cordon ombilical, ils s'étaient mis à marcher en piaillant, luttant pour se dresser sur leurs pattes. C'était peut-être stupide de se sentir ému par un cousin du cochon, mais ç'avait été le cas de Violet, Finch et Imogene. C'était une naissance intense, aussi sanglante qu'une tragédie. Ils en étaient restés fascinés. Plus tard, Finch s'était soûlé au rhum. Imogene avait pleuré si fort que son visage en portait encore les marques le lendemain. L'un de leurs camarades ivres ne cessait de répéter :

« Ça serait génial, non ? De naître et de pouvoir aussitôt tenir debout tout seul. »

C'était génial, en effet, et c'était exactement ce que Violet avait fait. Elle venait de s'éloigner du premier et du pire désastre de sa vie. Sa naissance. Sa mère. La dynamique de sa famille et de son enfance. Elle avait survécu, mais à présent elle devait faire plus que cela – réellement *vivre*, plutôt que se contenter de supporter une journée après l'autre. Honnêtement, cela lui paraissait plus décourageant qu'excitant. Il était facile de rendre Josephine heureuse (ou malheureuse). Se battre pour son propre bonheur était moins évident. Elle ne savait pas par où commencer.

Violet se surprit elle-même en s'inscrivant à une école d'art. Douglas, ruiné par les frais de scolarité de Will, ne pouvait se permettre de l'y envoyer. Elle avait donc travaillé pendant un an à temps plein chez les Dekker pour économiser.

C'était exactement le genre de travail pratique dont elle avait besoin. Mme D. lui avait épargné la caisse et les touristes pour la laisser accomplir des tâches plus difficiles. Traîner des tuyaux d'arrosage. Poser de vieux pneus pour retenir la bâche sur le fourrage. Cela l'éloignait de la boutique où le nouveau petit ami avocat de Josephine tendait à s'attarder sur le parking (lunettes de soleil, décapotable) pour l'espionner. Que pouvait-il bien raconter ? *Violet a rempli la cuve à compost, ensuite elle a réassorti les quiches surgelées.* Croustillant. Mais peut-être que ça l'était vraiment. Peut-être que, du fond de sa cellule de trois mètres sur trois, Josephine se sentait réconfortée par le fait qu'elle n'aille pas à l'université. Elle parvenait encore trop facilement à réentendre la voix de sa mère : *Tu vois ? Je t'avais dit que Violet était une ratée. Aucune discipline. Pas assez intelligente. Bien sûr qu'elle a renoncé à son éducation !*

C'était précisément le genre d'idée qu'elle ne pouvait avoir quand elle était dans les champs, tandis que ses articulations craquaient et que son nez rougissait. Impossible de retourner ses pensées quand elle faisait ce travail. Toute l'énergie qu'elle dépensait à porter et creuser consommait une partie de sa panique (face à sa mère), de sa colère (contre Will) et de sa frustration (envers son père).

Sa vie chez Dekker ne consistait pas uniquement en tâches subalternes. Mme D. l'avait prise sous son aile, elle l'emmenait aux réunions de l'association des producteurs locaux, lui demandait chaque semaine de peindre le panneau de la ferme avec la récolte du moment. Le résultat était généralement sombre mais amusant : une femme lilliputienne qui traînait un épi de maïs, un garçon avec une pomme sur la tête comme si on s'apprêtait à lui tirer dessus. Violet avait même convaincu Mme D. d'héberger un marché aux puces pendant les mois d'hiver. Ce n'était pas très rentable, mais ça distrayait tout le monde pendant les dernières semaines avant que la neige fonde et que les catalogues de graines arrivent dans les boîtes à lettres.

Quand Finch et Imogene partirent à l'université, Beryl laissa Violet habiter gratuitement dans la dépendance. Elle parvint à acheter une voiture à un fournisseur de viande des Dekker. Un camion, en fait. Un pick-up affreux mais bien entretenu qu'elle comptait conduire sur des millions de kilomètres jusqu'à ce que les jantes fondent. Elle l'empruntait surtout pour rendre visite à Imogene au Hampshire College et à Finch au Wesleyan. Le frère et la sœur rêvaient de partir pour l'université du Vermont, mais ils avaient choisi de rester proches de chez eux, ou plutôt proches de Beryl, et Violet pouvait rejoindre les deux écoles en deux heures.

Violet et Edie se parlaient toujours. Edie était retournée à Vassar afin de terminer un cours théorique pour lequel elle devait écrire des dissertations sur les sociétés néolibérales et les philosophes postclassiques. Ses camarades abusaient de l'expression *construction sociale* au point de la rendre folle.

> *Aujourd'hui, quelqu'un a levé la main pour dire que la dépression est une construction sociale*, avait-elle écrit à Violet dans l'un de ses e-mails quasi hebdomadaires. *Je te jure, Violet, je me suis retenue pour ne pas renverser la table. Je sais que je n'aurais pas dû le prendre personnellement. Ils croient que le ketchup est une construction sociale. Ils croient que les pantalons sont une construction sociale. Mais quand même, je me sens seule et jugée.*

Une fois, Violet était allée passer le week-end à Poughkeepsie avec elle. Edie était restée plus longtemps que prévu à Fallkill, si bien que ses colocataires avaient été obligés de prendre quelqu'un d'autre pour la remplacer. Elle était donc de retour à la cité universitaire, où elle partageait sa chambre avec une fille (qu'elle n'avait pas choisie) qui mettait trop de rouge à lèvres, buvait de l'eau dans un verre à vin et parlait essentiellement de son « hétéroflexibilité ».

Ou, plus précisément, qui se demandait si son envie de coucher avec les amies de son copain signifiait qu'elle arrivait à la fin d'une relation monogame ou qu'elle s'apprêtait à entamer une vie polyamoureuse.

Violet ne se sentait plus si déplacée sur un campus universitaire, contrairement aux premières fois où elle avait rendu visite à Imogene et Finch et où les acronymes qui désignaient les divers lieux : BU, RU, UFR lui avaient paru absurdes. Elle n'était plus sidérée par les histoires de sexe dans la bibliothèque ni révulsée par les odeurs de linge humide et de bière aqueuse.

Grâce à son dernier cocktail de médicaments, Edie n'avait pas connu de rechute, mais elle ne semblait pas totalement à l'aise. Comme si elle avait abandonné le chien noir de la dépression dans un champ à la frontière de la Pennsylvanie. Il avait disparu, mais il était toujours là, quelque part. Edie attendait simplement de l'entendre gratter à sa porte, plus sale et affamé que jamais.

« Je ressens la même chose avec ma mère », lui avait confié Violet.

Au début de sa peine de prison, Josephine lui avait adressé une courte lettre dans laquelle elle disait vouloir « *reconstruire leur relation* ». Elle racontait que ses codétenues en avaient assez de l'entendre pleurer et qu'elle avait l'impression d'avoir perdu deux filles, et non une. Violet avait laissé reposer la lettre pendant une semaine ou deux afin de déterminer si ce n'étaient que des mots – le même genre d'histoire que raconterait un mari violent. *Je suis désolé, chérie. Ça ne se reproduira plus. Tu es tellement importante pour moi.* Sauf que Josephine ne reconnaissait pas la moindre faute. En fait, elle ne disait même pas qu'elle était désolée.

Prête à lui accorder le bénéfice du doute, Violet avait commencé à rédiger une réponse à sa mère quand une autre lettre était arrivée. Josephine l'y accusait d'utiliser tout ce qui s'était passé avec Rose comme « *excuse* » pour « *mettre un terme* » à leur « *relation* ». Elle disait que Violet avait toujours été difficile : bébé à coliques, enfant méfiante, adolescente bornée, fermée et impossible à aimer.

Violet avait répondu à cette lettre-là. En chemin vers la poste, elle avait réalisé son inconscience. Parce qu'elle n'était pas parvenue à l'attirer par de fausses promesses, sa mère essayait les insultes dans l'espoir qu'elle accourrait pour se défendre. Alors, au lieu de tomber dans le panneau, Violet avait déchiré l'enveloppe plutôt que de l'envoyer.

Plus tard, le petit ami de Josephine avait commencé à lui envoyer des cadeaux à l'adresse des Field. Une robe de chambre en laine polaire (le mot d'accompagnement disait : « *Maman veut être sûre que tu restes au chaud* »). Un collier avec un pendentif en forme de H (pour Hurst) avec une carte qui disait : « *De la part de ta mère qui t'aime et pense à toi pour ton anniversaire.* » Violet avait donné le peignoir au magasin de charité du Centre tibétain. Sur le collier, elle avait inscrit « *retour à l'expéditeur* ».

Finalement, Josephine avait adressé une lettre cinglante à Beryl, l'accusant de retourner Violet contre sa propre famille. Violet avait réussi à convaincre Beryl de ne pas répondre.

« C'est contre-productif pour nous tous, avait-elle déclaré. Au lieu de m'aider à l'oublier, ça réactivera le cercle vicieux et je la détesterai encore plus. »

S'en étaient suivis plusieurs mois d'un silence sinistre de la part de Josephine. Un calme éphémère, sans doute. Violet avait l'impression que sa mère n'en avait pas terminé.

Un week-end, Edie avait dressé les grandes lignes de sa libération, tandis qu'elles buvaient du café au miel dans son bar préféré près de Vassar.

« D'ici à un an, tu en arriveras au point où ta mère n'existera plus pour toi. Tu réussiras peut-être à mettre des mots sur tes propres mécanismes de défense et sur tes attitudes défaitistes. Tu te lâcheras un peu. Tatouages, sexe. Ne te rends pas dingue. Au bout de deux ans, tu devrais réussir à te voir hors du contexte familial. Tu arriveras au bout de ta période de deuil. Tu seras en plein dans le processus de désapprentissage de tout ce qu'elle t'a appris : les trucs tordus que tu te dis mais qu'au fond tu ne crois pas. Dans trois ans, tu devrais être capable de choisir des hommes à qui tu fais confiance, pas juste des mégaconnards qui te rappellent quelque chose de ta famille. Dans quatre ans, tu comprendras que c'est bien de prendre soin des gens mais que tu n'es pas Atlas, que tu n'as pas besoin de porter le monde sur tes épaules, de t'occuper des crises de tout le monde. Au bout de cinq ans, tu auras sans doute encore des problèmes avec l'intimité, mais tu ne te sentiras plus obligée de te jeter la tête la première dans des relations que tu ne veux pas. »

Violet hocha la tête, même si les choses se passaient bien avec Finch. Ils avaient sérieusement évoqué l'hypothèse qu'elle déménage à Middletown l'année suivante. Il l'encourageait à s'inscrire à l'école d'art en proposant la série sur laquelle elle travaillait. Il s'agissait de dessins 3D au fusain qu'elle avait photographiés. Si elle dessinait une tarentule, elle ajoutait ses doigts en train de la saisir. Une série de dominos en train de tomber, elle photographiait sa main qui abattait le premier.

« Et quand est-ce que je me sens bien ? avait demandé Violet. Ou au moins neutre ? »

Edie avait réfléchi une minute. Elle paraissait plus vieille qu'à l'hôpital, avec des fils gris prématurés dans ses cheveux noirs.

« Dans cinq ou dix ans, peut-être. Ou alors à ce moment-là tu seras simplement trop fatiguée, tu n'auras plus l'énergie de te faire du mal. »

Parfois, Violet repensait avec nostalgie au programme de désintoxication qu'elle avait suivi à l'hôpital. Elle aurait préféré que son problème soit l'addiction. Renoncer à sa famille, même malsaine, semblait plus dur que lutter contre la dépendance à la drogue.

« Autre chose que je devrais savoir ? avait-elle demandé.

— Ça aide de connaître des femmes plus âgées. Des voisines. Un modèle. Ne fuis pas les femmes qui t'offrent une attention maternelle. Simplement, ne puise pas toute ton affection à une seule source. C'est là que les choses risquent de mal tourner. »

Quand Beryl perdit son combat contre le cancer, Violet avait déjà fait son deuil de Josephine comme si elle était morte. Elle était passée par une phase de colère. Une phase de désespoir. Une phase de malaise social où elle se sentait maladroite et inadaptée : ses conversations étaient bizarres, même sa manière de saluer. Elle s'était réconciliée avec le fait qu'elle n'aurait pas de mère à ses côtés pour fêter la naissance de son premier enfant. Elle avait accepté de ne pas avoir quelqu'un à appeler quand les choses se passeraient mal – si elle était licenciée, si sa voiture tombait en panne. Quand bien même Josephine aurait encore fait partie de sa vie, Violet n'aurait pas pu faire toutes ces choses. Josephine ne tolérait le bonheur de personne, à moins qu'elle-même n'en soit la source. Si Violet se sentait bien, Josephine devenait mesquine et envieuse. Si elle se sentait mal, sa mère la rouait de coups à terre. Ce qui manquait à Violet, c'était le concept de maternité plutôt que sa mère en particulier.

Beryl était différente. Lorsqu'elle était morte, Violet avait perdu un million de petits détails précis. Ce qui lui manquait, c'était la manière dont Beryl lui expliquait les choses sans la faire se sentir stupide – par exemple quand elle ne comprenait pas quelque chose en cuisine : étaler la pâte entre deux feuilles de papier sulfurisé, écraser une gousse d'ail en appuyant la main sur la lame d'un couteau. Ce qui lui manquait, c'étaient les mille excuses qu'avait trouvées Beryl pour lui rendre visite lorsqu'elle avait déménagé dans la dépendance : lui raconter ce qui lui était arrivé tandis qu'elle allait acheter un matelas, s'assurer que Violet avait du courant pendant une tempête de neige. Mais ce qui lui manquait par-dessus tout, c'était la manière dont Beryl la regardait droit dans les yeux quand elle lui parlait : *Je suis avec toi*, semblait-elle dire. *Même si je ne suis pas d'accord, je suis là. Je m'engage. Je cherche à comprendre.*

Au cours des premiers mois suivant l'enterrement de Rose, Beryl lui avait déclaré : « Je sais que tout doit te paraître confus en ce moment. Tu dois te dire que la vie t'a jeté tous ces ingrédients à la tête. La farine flotte dans l'air. Le lait coule de la table. Mais tout ce que tu as subi… un jour, ça fera de délicieux pancakes. »

La dernière fois que Violet lui avait rendu visite à l'hôpital, Beryl avait levé la tête de l'oreiller pour dire : « Va chercher du sirop d'érable. Je sens une odeur de pancakes. »

Les infirmières avaient cru qu'elle délirait, mais Violet savait ce qu'elle avait voulu dire. Sa vie ressemblait à un plaisir coupable. Quelque chose qu'elle avait volé. Le seul cadeau que sa mère n'avait jamais eu l'intention de lui faire. Josephine avait donné naissance à Violet pour son propre intérêt.

Mais Violet allait vivre pour elle-même.

REMERCIEMENTS

Comme dirait Violet, je dois avoir été une personne exceptionnellement bonne dans une vie antérieure pour connaître des femmes aussi stimulantes dans celle-ci.

Merci avant tout à mon éditrice, Alexis Washam, pour avoir été une enseignante patiente et une sœur dans les moments sombres. Je n'ai jamais autant aimé écrire qu'avec ton énergie contagieuse et tes conseils chaleureux et directifs. Mon mari me surnomme « Spoiler Alert » : sans toi, ce livre aurait été bien moins haletant. J'espère que supprimer tous ces indices ne t'a pas endommagé le canal carpien.

Merci à mon agent Amanda Urban pour avoir lu, relu et re-relu mon texte, toujours avec la même franchise et la même gentillesse.

Merci à Josie Freedman, également de chez ICM, d'aimer Will autant que moi. De plus, au moment exact où je poussais un cri à la Munch, tu m'as appelée pour me donner toutes les réponses dont je pouvais avoir besoin.

Molly Stern, de chez Crown Publishers, je ne sais comment exprimer dix ans de gratitude avec des mots. Dans l'étrange Oz de ma vie adulte, tu as été ma Glinda la Bonne Sorcière. Tu m'as envoyée sur le chemin de ce livre il y a longtemps (sûrement sans t'en rendre compte), et je te suis reconnaissante de m'avoir donné la possibilité de le réaliser.

D'autres joyaux de la couronne : Sarah Bedingfield, Sarah Breivogel, Lauren Kuhn, Rachel Meier, Jessica Prudhomme et Jay Sones.

Merci à tout le monde au pays de *Notre mère* : Martha Frankel et son toujours aussi génial Festival des auteurs de Woodstock ; Barbara Cole ; Cassandra Mahoney, Robin Shornstein ; la garderie de Woodstock ; les bibliothèques du Mid-Hudson ; et The Golden Notebook, la meilleure librairie de Woodstock.

Au sujet des libraires, je dois également beaucoup à Miwa Messer et au programme Discover Great New Writers de Barnes and Noble, qui ont été mes amis et mes pom-pom girls depuis le temps où j'étais… une pom-pom girl alcoolisée.

Merci à Christie Lafranchi, Devon Banks, Corvette Hunt, Mary Karr, Joan et David Lehmann, ainsi qu'aux nombreux Hamilton (en particulier Carol, qui a toujours été présente pour parler de littérature féminine noire et pour me rappeler, de manière très britannique, de garder mon calme et de continuer à écrire).

En parlant d'alliés britanniques, je suis extrêmement reconnaissante à Kim Young de chez HarperCollins UK pour son aide sur la dernière version de ce livre.

Merci surtout à mon mari, Eamon Hamilton, et à mes trois enfants d'être mes anti-Hurst. Vous êtes ma famille comme je ne pensais pas qu'elle pourrait être.

MIXTE
Papier issu de
sources responsables
FSC® C003309
FSC
www.fsc.org

10/18, une marque d'Univers Poche,
est un éditeur qui s'engage pour
la préservation de son environnement
et qui utilise du papier fabriqué à partir
de bois provenant de forêts gérées
de manière responsable.

Imprimé en France par CPI

N° d'impression : 3013016
Dépôt légal : janvier 2016
X06674/01